中央民族大学国家“十五”“211工程”建设项目

张公瑾 丁石庆 主编

浑沌学与语言文化研究新视野

中央民族大学出版社

图书在版编目(CIP)数据

浑沌学与语言文化研究新视野/张公瑾,丁石庆主编.北京:中央民族大学出版社,2008.11

ISBN 978-7-81108-536-5

Ⅰ.浑… Ⅱ.①张…②丁… Ⅲ.混沌学—应用—文化语言学—研究 Ⅳ.H0-05

中国版本图书馆 CIP 数据核字(2008)第 163415 号

浑沌学与语言文化研究新视野

主　　编　张公瑾　丁石庆
责任编辑　戴佩丽
封面设计　布拉格工作室
出 版 者　中央民族大学出版社
　　　　　北京市海淀区中关村南大街 27 号　邮编:100081
　　　　　电话:68472815(发行部)　传真:68932751(发行部)
　　　　　　　68932218(总编室)　　　68932447(办公室)
发 行 者　全国各地新华书店
印 刷 者　北京宏伟双华印刷有限公司
开　　本　880×1230(毫米)　1/32　印张:9.625
字　　数　240 千字
印　　数　2000 册
版　　次　2008 年 11 月第 1 版　2008 年 11 月第 1 次印刷
书　　号　ISBN 978-7-81108-536-5
定　　价　25.00 元

目 录

浑沌学与语言文化研究新视野(代序)

张公瑾

我们把浑沌学与语言文化结合起来研究已经有 10 多年了，这种研究的成果在《文化语言学发凡》、《文化语言学教程》以及大家的许多论文中都有所阐述，并针对浑沌学的不同侧面进行了研究分析。2005 年出版的《浑沌学与语言文化研究》一书，算是对这个理论思想的集中反映。从这本书的畅销情况来看，说明这个思想已引起社会广泛的关注。今天开这个会，我们要回顾经过的历程，总结已有的成绩，交流研究的经验，估计发展的前景，规划今后的任务，把这项研究工作更全面、更深入地开展起来。

一种新的思潮，只要它具有足够的生命力，就能克服种种困难和阻挠，不断开辟前进的道路，扩大活动的天地，发挥自己的影响，逐步实现学科的革新。这个过程可能是很缓慢的，一般需要作比较长期、比较细致的工作。10 多年的时间我们只是开步走，后面的道路更艰苦，更漫长。由于浑沌学的思想不合常规，要使这种思想为一般人所接受，总得有一个过程，特别是在语言文化研究领域中，应用这样一种新的思维方式，我们今后有几方面的工作要做，一方面是普及性的宣讲，一方面是研究性的阐释，还有一方面是理论性的探索。这三个方面同时并举，以推进浑沌学与语言文化研究工作的发展。

我们要尽量把普及性的和研究性的工作结合起来，这要求我们把浑沌学的基本原理和概念用通俗的话语联系语言文化实际进行讲解，以解决历史上或现实中一些疑难的或无法解决的问题。浑沌学从上世纪 70—80 年代发展起来以后，在很多领域得到承认和实际应用。浑沌学是一个新的思维框架，与以往分析性的思维方式有很大的不同。浑沌学理论的核心问题是认识客观世界普遍存在的浑沌状态。所谓浑沌状态就是有序和无序的统一，确定性和随机性的统一。以往科学研究的主要是有序的、稳定的世界，我们现在还要研究无序的和随机的方面。在语言学方面，以往的任务主要是寻找语音和语法的组合规则，浑沌学则要求我们不仅寻找语言中的有规则现象，还要寻找那些无规则的现象中隐藏着的规则。由于这是一种新的思维方式，我们要应用许多新的概念，诸如初始条件，蝴蝶效应，自相似性，分形，分叉，稳定性，随机性等等。这些新的概念并不是逻辑游戏，它将帮助我们观察问题，发现问题，分析问题，例如，我们根据世界历史上语言不断减少的事实，提出了取代谱系树理论的“河网状”语言发展模式。周国炎在《以浑沌学的方法审视语言谱系分类》一文中对此作了比较详细的分析，不过他没有使用“河网状”这个术语。河网状模式说明历史上语言的统一是与语言的分化同样强烈的潮流，或者是比语言的分化更加强烈的潮流。语言的统一过程有多种方式，其中最主要的方式是语言替换，但语言替换是如何进行的呢？我们可以根据整体与局部，局部与局部自相似性的原则，从文字的传播方式的自相似性中得到一点启发。一种文字形式在一个文化中心区域产生和发展起来之后，就会传播到邻近的民族或国家中去。如汉字传播到日本、朝鲜、越南以及国内壮族、布依族、白族地区。这些国家或民族原来还没有文字，汉字起着填补空白的作用，但为了适应这些国家或民族语言的实际情况，常常需要改变字形或字的组合方式，于是形成了后来的多种同源的文字形式。语言与文字不同的是，语言传播中不再起填补空白的作用，而且要替换原来使用的语言。当这种替换完成之后，为了适应新的情况，这种语言也发生了一定程度的变化，于是，它与原来语言的关系，就是后人看到的亲属语言了。语言统一与文字传播其实存在着这种自相似性，这是从浑沌学概念中得到的新的认识。

这种语言兼并过程也可以在语言内部结构的关系中看到，例如，汉语中“个”字在众多量词中不断取代其他量词，而扩大它的使用范围，正如吕叔湘先生所说：“近代汉语里……似乎在让‘个’字逐渐扩展它的地域，变成一个独占优势的单位词”（《汉语语法论文集》第73页）。可见语言的不同层次的演化过程，其间也存在自相似性。自相似性表现为结构组合上的同构原则或同形原则，对语言与文化关系的研究十分重要。

其次，我们在各民族的文字上也可以看到一些浑沌现象。我想举西双版纳傣文为例。这是一种非线性拼音文字的模型。拼音文字按语音的音位用符号来表示，从理据上来说，应该是线性的。古代的希腊文、拉丁文，现代的英文、俄文，凡是拉丁字母系统的文字，一般都是线性的。傣文属于婆罗米字母体系，但它与众多的婆罗米字母文字的组合方式并不完全相同。不少婆罗米字母的文字已经线性化了，但西双版纳老傣文有自己组合的特色，最能体现非线性的特点。这是一种文字系统在发展过程中的分叉现象。西双版纳傣文的非线性特点主要表现在以下几个方面：

1. 字形与音序的变换：元音字母既可在辅音字母的前面和后面，也可在辅音字母的上面或下面；

2. 音节结构以辅音字母为中心向四周辐射，一个音节成为一个整体；

3. 字母在音节结构中常常一身兼数职，一个字母既是前一音节的结尾，又是后一音节的开头；

4. 半个字母当一个字母用；

5. 字母与符号可以交替使用，一个元音既可用一个符号来表示，也可用一个辅音字母来表示；

6. 有些字母有形而不发音；

7. 数目字有多种功能：1、2、3、4、5、6、7、8、9，既代表数字，又可代表日、月、火、水、木、金、土、计都、罗睺等行星，又可代表白羊、金牛、双子、巨蟹、室女等星座。

总之，在西双版纳老傣文字母的组合中，带有极大的随机性，而在随机应用中，又有严格的组合规则，使字形变换无穷，而意义毫不混淆。这种字母组合形式最能说明无序中的有序，即所谓“浑沌序”。掌握这种字形随机变化的规则，最能锻炼人的综合思维能力，提高人对事物整体把握的本领。

西方的拼音文字是严格线性的，汉字不是拼音文字，每个字是个体独立的。西双版纳老傣文作为一种拼音文字，以其非线性特点独树一帜，可见文字的设计有多种选择的可能。每一种设计方式都有它的合理性，正像世界上每一种文化都有自己存在的价值一样。这也是一种自相似性。

现在讲讲我们在理论上探索的任务，就是怎样把浑沌学理论相关的原则、理念和概念，更全面地应用到语言文化研究中来。我现在要讲的是一个我们以前未曾说到过的新的概念：“熵”。有两本书讲到“熵”的问题，一本是普里戈金和斯唐热著的《从混沌到有序》，一本是里夫金和霍华德著的《熵：一种新的世界观》。两本书使我们有理由把“熵”纳入浑沌学的范畴。

什么是熵？“熵”是一个物理学的概念。物理学中的热力学有所谓第一定律，就是能量守恒定律，即能量是守恒的，不灭的，只能从一种形式转换到另一种形式。世间万物的形态、结构和运动不过是能量的不同聚集与转化形式。而热力学还有第二定律，是说能量只能不可逆转地沿着一个方向转化，即沿着耗散的方向转化。从对人类的关系来说，指的是这种能量是从可利用的到不可利用的转变，从有效地到无效的状态转变，从有序到无序的转变。就是说，这种能量虽没有湮灭，但对人类来说，是不可挽回地失去了，也就损失了能在将来发挥作用的一定的能量。物理学意义上的熵，就是这种不能再被转化为可利用的能量的总和，或者说，熵是不能再被转化的能量总和的测定单位。于是，熵的增加就意味着有效能量的减少。熵将随着时间而增大。熵的增大过程也是系统从有序趋于无序的过程，熵值越大，混乱和无序的程度也越大。这是初始条件的后续效应，是从有序到无序的一种非线性的浑沌现象。

“熵”这个概念从它在物理学中产生之后，逐渐被应用于哲学、心理学、经济学、政治学、社会学和西方文化的许多领域，它同样可以运用于语言学领域。我们一向认为，语言是随着社会的发展而发展的，但这种发展是无止境的吗？“熵”为我们敲起了警钟。语言的不断发展，就是熵值的不断增大，它将促使语言的有效能量不断减少。

自从社会进入到信息化时代，语言信息化首当其冲。但我们要认识到，语言也像能源和物资一样，是一种不可替代的有限资源，语言的发展意味着熵的增大。语言的熵的不断提高，将使其消亡和退化的进程迅速加快。这在语言信息化中表现得最为明显。语言文字信息化最基本的要求是标准化。标准化使概念获得一致的理解，即概念的单一性，它可以减少乃至消除信息传递中的混乱现象，以利于计算机运用，达到高速高效地处理信息的目的。但与此同时，由于高速高效必将促使语言的简约化。语言简约化的着重点就是突出语言表达中的主要信息、理性信息，而减少、削弱语言中的次要信息和感性信息。这就要求语言表达中尽量减少这种语言中本民族所特有的韵味，尽量靠拢世界性语言的共同要求，其后果将使语言表达基本概念越来越清晰，而语言中的情感因素越来越减少，这将使语言的交际功能发挥到极致，而语言中的民族文化功能逐渐削弱以至趋向消失。语言必将变得越来越单调，越来越乏味。可以说，信息化、标准化是对语言资源的大规模破坏，它将削弱语言宝库，语言这棵智慧之树就会在它的大发展中趋向枯萎。这是我们从熵定律中得到的一点启发。

萨丕尔在他的《语言论—言语研究导论》里曾经说到：“每一种语言都有它鲜明的特点……用一种语言的形式和质料形成的文学，总带着它的模子的色彩和线条”[①]（199页）。他接着又说，作为文学的媒介，语言可分为两层，一层是语言的潜在内容，是我们经验的直接记录，一层是语言的特殊构造，是特殊的记录经验的方式。主要从前面一层取得质料的文学，是可以翻译而不至于有什么损失，而如果后面一层的活动多于前面一层，特别是一些特点突出的抒情诗，就不如说是不能翻译的。这不能翻译的部分，正是一种语言最具特点的色彩和线条，而这一部分将是网络语言要摒弃的部分。

语言信息化、标准化是大势所趋，不可阻挡，但与此同时，我们要提高信息化的水平，这就要求信息化不仅传递理性信息，还要传递感性信息，不仅意思清楚，还要生动感人，不仅以理服人，还要动人心弦。如果信息化做不到这一点，我们就要有措施，采取其他有效的手段加以补救。

人类的自然资源是有限的，经过资本主义几百年的开发和消耗，现在人们认识到，要努力去保护环境，保护自然资源，还注重再生资源的利用。我们应该说，人类的语言资源也是有限的，信息化、标准化是对语言资源的肆意开发和消耗，在当今信息化的热浪中，这一点至今好像还没有人意识到。我们是不是可以不等几百年，现在就提出保护语言环境，保护语言资源的要求呢？就是说，我们在网络语言标准化、简约化的同时，大力提倡语言的民族化、人文化、情感化。采取必要的措施来补救或减少信息化给语言带来的损耗。

---

① 萨丕尔：《语言论—言语研究导论》，商务印书馆，2000年。

近几年来，保护语言的意识逐渐深入人心，逐渐为主流社会所接受，但这种语言保护措施多只限于保护语言的生存权，而忽略保护语言的发展权。如今文化部和国家民委都已意识到要采取各种措施保护濒危语言，使尚能生存的语言获得更好的生存条件，但仅仅如此则非常不够。我们所讲的发展权，就是指的要丰富语言的表达能力，使语言更加丰满充实，更多地体现语言的民族特性和文化韵味，以丰富掌握母语者的精神世界。

对弱势语言如此，对强势语言也是如此。汉语是一种强势语言，但它也面临着信息化带来的语言危机。网络语言的普及和风行，推动了汉语的简约化，单调化，它将影响整整的年青一代，人们不写信了，不写日记了，四百字的稿纸被淘汰了。人们获得信息量越来越快、越来越多了，人们的精神世界却越来越单调、越来越残缺不全了。有人说："我们得到的信息越多，我们有时反而更加糊涂。"[①] 这是熵增大的客观事实，是难以避免的。我们必须增大调控力度，必须未雨绸缪。这也体现了浑沌学的实际应用价值。把浑沌学理论与语言文化实际紧密结合起来，我们就会站得更高，看得更远，调控语言沿流的走向，避免因盲目给语言发展带来不可挽回的损失。

浑沌学既是一种理论，也是一种方法。在方法论问题上，有哲学方法论、一般科学方法论和具体科学方法论三个不同层次。浑沌学方法属于一般科学方法论，它可以应用于若干个学科，但它依然是在哲学方法论的框架内运转的。这个哲学方法论就是唯物主义辩证法。马克思主义关于对立统一、质量互变、否定之否定的三大定律和对偶然性与必然性的精彩论述，依然包含了浑沌学的一般方法论原则。只是浑沌学在若干学科研究中的新发现，可以进一步丰富、充实、发展唯物辩证法。马克思主义的哲学方

① 里夫金等著：《熵：一种新的世界观》，第5页，上海译文出版社，1987年。

法论是随着时代演进而不断发展的。语言学曾经是人文科学中的一个领先学科。浑沌学理论在语言学中的应用，能不能为丰富和发展唯物辩证法作出自己的贡献呢？这就要求我们更好地工作，更勤于思考，在这个领域里作出一些实实在在的成绩来。

我们是幸运的，我们生活在一个多彩的语言世界和一个多彩的文化世界里。语言多样性和文化多元性为我们创建和谐世界和和谐社会提供了先天的条件，也为我们用浑沌学的视角观察语言和文化提供了无比丰富的资源。

浑沌学理论的深度和广度，我们一时还无法去穷尽它，但我们有可能进一步去挖掘它深刻的内涵、拓展它的范围、提高它的应用价值。希望我们的语言文化研究迈上一个新的高度。

理论与方法篇

浑沌学与语言文化研究中的几个问题

丁石庆

浑沌学自上个世纪 70 年代创立以来，不但在自然科学领域得到了迅速发展，也以其独特的研究理念及视角吸引了众多人文社会科学家们的眼球，并得到了勇于进取、勤于探索的学者们的特殊青睐。著名语言学家及民族古籍专家张公瑾先生经过长期的探索，于上世纪 90 年代初率先将浑沌学理论和方法引入到语言与文化的研究中，至今在国内语言学界尤其是少数民族语言文化研究方面已经形成了广泛影响。

以直观和整体为基点来研究复杂性现象及各种非线性现象是浑沌学理论的重要特征。浑沌学所研究的诸如非线性、随机性、自相似性、分形、分叉、初始条件、耦合、涨落、奇异吸引子、平衡与平衡破缺、初值的敏感依赖性、蝴蝶效应等现象在语言的历时演化和共时运用中都普遍存在。因为，语言本身就是一个开放的系统，在其演化进程中受到大量因素的干扰和影响。其中具有诸多复杂的且难以用以往现成的理论与方法可以解释的现象。浑沌学理论与方法的引进，则给我们对这些错综复杂之难题的研究提供了全新的理论视角和方法论基础。尤其是对语言文化的综合研究，更是提供了新的思路、新的突破口。近些年来我们在这方面做了有益的探索，形成了以张公瑾先生为领军人物的学术团队，并取得了初步的研究成果。但作为一个新兴学科，需要我们从初始阶段就对其进程和发展予以特殊关注和培育，梳理目前我们研究中的不足与问题，对学科今后的发展将大有裨益。本文想就近年来浑沌学与语言文化研究中的几个问题与学界及同仁们讨论，并试图从学科发展的角度来提出某些建议，仅供参考。

问题之一：浑沌学理论与方法引进及其相关问题。

近年来，国外浑沌学有了长足进展，创始者及追随者的研究成果颇丰，显示了扎实的理论基础和雄厚的研究势力，且已形成一定的规模，其中不乏结合语言例证进行浑沌学分析的经典作品。而国内虽也有部分追随者步入该领域，与浑沌学相关的论著及相关成果比前些年有所增加，但数量上仍显少，内容上也较单一，尤其是浑沌学的普及读物更是少之又少。由此看来，目前的首要任务应是大量介绍与浑沌学相关的研究成果，其中包括经典名著或主要论文的评介，并重点介绍浑沌学理论与方法的最新成果及发展动态，如果有可能的话出版译著或译文更好。其次，了解国外语言学同行们所从事的浑沌学研究成果也是我们的当务之急。近年来，国外已有部分语言学家开始引入该理论，并已有许多结合具体语言材料进行浑沌学分析的成果，但由于各种原因，我们在国内很少能够看到这些与我们的研究关系最为密切的文献，或受外文文献阅读能力所限不能及时地了解到相关文献中的内容，这给我们的研究也带来了许多问题。其实，我们自己的队伍中就有多年从事外语教学与研究工作的高校教师或科研部门的研究人员，其中部分还掌握多门外语，且具有较高外语文献阅读和研究水平，有些还长期与国外同行保持着业务上的联系，具有良好的人脉资源，外语文献信息掌握渠道畅通，这是我们从事浑沌学与语言文化研究必须重视的有生力量。我们应充分利用和发挥他们的优势和特殊作用，积极培养兴趣，使他们能够自觉地认识到自己在学科发展中不可替代的地位和作用，并鼓励他们做一些力所能及的基础工作，逐渐形成相应的团队和梯队，他们将会对学科的发展作出特殊贡献。此外，也可充分利用我们目前所具有的各种资源优势，创造各种可能与国外相关人士互相交流的平台和条件，采取请进来或走出去的办法，与外国同行进行积极沟通，广泛地了解和掌握浑沌学与语言学研究的相关信息和发展动态。同时，在相互访学或交流的进程中，寻找最佳的合作论题和条件，并团结协作，集体攻关，为学科的发展而同舟共济，携手并肩。

问题之二：浑沌的基本特征和浑沌学相关概念的理解与把握及研究规范化问题。

准确理解和把握浑沌的本质，乃是当前学科面临的另一个重要问题。正如学者们所说，“要理解浑沌，必须把它们作为流动范畴，着眼于两极之间的相互过渡、相互转化。谁先从思维方式上实现这种转变，承认矛盾范畴的流动性，谁就能率先把握浑沌的本质。”① 经过这些年的学习，我们认识到了浑沌的三个基本特征：一是系统本身及其系统发展的内在随机性，即非平衡非线性浑沌系统产生的类似无规律的非周期性行为，意思是随机性完全是系统自身的属性，而与外在因素无关。二是对初值的敏感性，即系统的长期行为对初值具有敏感的依赖性。三是浑沌序，即非平衡非线性浑沌既不是简单的无序，也不是通常意义上的有序，而是“浑沌序”。浑沌学给予我们许多哲学启示，首先，它用全新的视角和方法重新刻画了世界及其演变的图景。整个世界被描绘成一个确定性和随机性、必然性和偶然性、有序和无序辩证统一的充满活力的新的图景。其次，它引起了传统方法论的变革，其中最为突出的就是由还原论到整体论的转变，线性观到非线性观的转变以及简单性到复杂性的转变，而“研究非线性系统时，不是针对个别情形，而是把各种可能的系统作为一个连续过渡的序列去考察，以图一举阐明全部可能性。可以把这种整体论

① 苗东升、刘华杰：《浑沌学纵横论》，第238—239页，中国人民大学出版社，1993年。

思想用于考察矛盾问题。"[①] 此外，它再次揭示了人类认识能力有限性和无限性的辩证统一，从而启发人们更深刻地认识世界及人类自身。通过浑沌学相关概念和术语的认真学习和消化，我们才能初步掌握一些基础知识，并在此基础上逐渐领会浑沌学的基本理论与方法，进而为我们将该理论引入到语言文化研究创造条件。前提是必须要掌握浑沌学的基本知识，包括对一系列概念和术语的准确理解和把握，才能够谈如何将这些知识合理地、科学地运用于我们的具体研究工作中的问题。浑沌学及其相关理论对大家来说都是一个新的学科知识，需要认真学习与仔细消化，同时也需要我们整合相关知识体系，创造性地运用浑沌学理论与方法进行语言文化研究。

此外，我们的研究中可能还需要在某些细节包括某个术语的使用上予以统一或规范，如"混沌学"——"浑沌学"，"奇怪吸引子"——"奇异吸引子"，"分岔"——"分叉"等术语使用上的规范和统一等。[②] 还有就是非线性语料例证的积累和分析样本等，也需要为大家创造更多的集体攻关的平台。总之，目前学科发展呼唤一个具有规范性和可操作性较强的教材或分析范式样本。

问题之三：语言文化研究方法论的补充完善问题。

在此，有必要重温语言与文化研究方法论中的几个基本原则：其一，多元互补：对各种语言及其文化背景资料广泛收集，综合利用；其二，死活并重：古代文献和田野调查资料兼收并蓄；其三，古今兼顾：兼顾语言的历时研究和共时研究；其四，

---

① 苗东升、刘华杰：《浑沌学纵横论》，第 243 页，中国人民大学出版社，1993 年。

② 近年来，学界多采用"浑沌学"、"奇异吸引子"、"分叉"等形式，我们应尊重、沿袭并逐步统一使用此类术语，以求规范化。

科际整合：以语言学为基点汲取其他学科的理论和研究方法。[1]上述基本原则，其实已经强调了语言文化研究中对不同学科或语言学各研究方向理论与方法中的合理成分的整合和统一。我们关注并强调引入浑沌学的理论与方法，倡导运用这种特殊的研究视角观察和分析语言学问题，是站在博采众长，综合各种语言学理论与方法的合理成分的基础上，力图实现"思维框架的转换"，并以浑沌学作为语言与文化研究的方法论基础，但不意味着我们主张唯浑沌学。因为，语言学问题中，还有许多线性问题如亲属语言语音系统之间整齐的对应规律、语言各要素之间组合和聚合上的衔接关系、共时视角内语音和语法结构系统内部的同一机制、黏着语类型语言附加成分的叠加和分解、语言的内部屈折变化和词尾的语法变化等仍需要我们基本采用线性分析的方法去分析研究。浑沌学的理论与方法确实给我们的研究带来了许多新的启示，但并不是说有了浑沌学的理论与方法，其他方法就已经过时。我们积极鼓励并支持大家运用各种语言学及其他学科的理论与方法研究语言问题，尤其是研究具有综合性特征的语言文化问题，也希望大家在研究中逐渐进行方法上的探索和思考，并倡导大家能够在整合的基础上运用综合性的研究方法来研究语言文化论题，以使各种方法的合理成分得以科学地整合和体现。多元化的研究方法，是方法论的基本原则和指导方针，是一种致思途径，也是一种重要的学科发展的方法论基础与依据。还需要强调的一个重要的问题便是理论引进与材料的有机结合问题。在这方面，目前的研究中，存在某些问题，如下结论无证明过程，结论具有较多的主观色彩，某些成果纯属一种意会或臆断，甚至有些随心所欲。还有的研究成果中普遍存在简单套用某些浑沌学概念

---

① 张公瑾、丁石庆主编：《文化语言学教程》，第100页，教育科学出版社，2004年。

的现象，能够看出对浑沌学基本知识的理解、消化还有较大的提升空间。

问题之四：学科总体规划和发展问题

作为一门新兴学科，除了需要理论与方法论的支撑外，还需要有一个可持续的科学发展规划。因为任何一个学科的建立，不是一朝一夕能完成的，也可能不是一代人能够完成的。需要有一个承前续后、继往开来的发展机制。浑沌学与语言文化的研究同样不会例外。浑沌学与语言学的结合需要大家投入一定的时间与精力，也需要作长期的共同努力。在这方面可能有以下几个方面的工作需要关注与思考：

1. 凝练学科特色，并确定学科基础与发展平台

近年来，浑沌学与语言文化研究的视角及取得的初步成果，在学界造成了一定的影响，也在某种程度上填补了国内相关领域的空白，体现出其显著的学科特色及广阔的发展前景。一个学科的特色是该学科的立足之本，也是其发展的重要动力。我们应大力倡导原创性，积极追求前沿性的学科发展理念。总的发展趋势是十分乐观的，但我们还应清醒地认识到，目前，还有许多工作需要我们投入一定精力和财力。如非线性的研究视角及方法论体系一般知识的普及和相关人才的培育，运用浑沌学理论与方法研究语言文化问题的学术环境的营造等，独特视角的大众认可及与相关学科人士的沟通与交流等。我们通过召开全国性的浑沌学与语言文化研究专题研讨会，一方面可引起国内学术界的广泛关注和讨论，征求和吸纳各学科的不同意见和建议，另一方面也可扩大学科影响，同时起到积极的宣传作用，以使与其他学科的沟通达到更有效的目的。此外，在适当的时候召开国际性的专题研讨会，邀请国外的相关学者进行广泛的交流，以促进和进一步推动语言文化研究向纵深发展，也可使学科的影响进一步扩大。

2. 组建团队，形成合理的发展梯队

学科建设需要队伍建设，更需要合理的梯队建设。我们目前的队伍从年龄、职称、知识结构等层面的分布具有一定的合理性，并进行过浑沌学及相关知识的系统学习，也都各有相关的初步研究成果。尤其是分布于各高校及科研部门领域的相关人员为我们从事浑沌学与语言文化研究，为我们讨论共同感兴趣的论题提供了较好的基础。今后应进一步加强沟通和深入研究，互相补充，彼此完善，想必会形成一个强有力的团队力量并具备可持续发展的潜质。

3. 科学策划长远规划，合理实施短期主攻策略

从学科发展角度可设置相关系列课程，培育相关人才，在目前已有的课程基础上思考相关内容的课程或讲座，并逐渐形成特色课程和精品课程，在此基础上形成“浑沌学与语言文化研究”系列教材。通过这样一些具体措施打造一批从事相关内容研究的学科后备人才。在这方面，应坚持教学与科研相结合的原则，即所有的科研项目都紧密地围绕教学，因教学需要而选择科研课题，形成教学科研的有机结合和良性循环。此外，还需要讨论目前我们所需要解决的问题和主攻策略等，根据不同时段、不同层次、不同内容、不同角度等所出现的问题安排相应的科研重点，逐步解决当下亟待解决的紧迫问题。在此方面应体现规划一体性，实现整合性的原则。此外，在策划上实施分工合作，采取既整合团队合力，又兼顾个人优势与特点的策略，将每个人的能力、特点、优势等发挥到极致。

4. 挖掘和充分利用各类资源

学科一方面要利用国内外各类资源，同时又要挖掘已有的各种资源，如领军人物所具有的学科影响和所具有的学科队伍优势，如所培养的众多研究生资源以及他们所具有的各种人脉资源、语言资源、思想资源等。另一个需要利用的是每届研究生所写的学位论文资源，其中不乏运用浑沌学理论与方法研究

各类具体问题的思考和研究成果，而且也有部分写得很出色的论文。这些初步成果进行深度加工有可能会成为一批很有影响的力作。

综上，我们对学科的发展也应充分利用浑沌学的理论与方法来进行审视和充分梳理，以使学科的发展更为科学合理和顺利有效。当下，我们更应准确地把握领军人物和学科的学术思想体系、学科任务与目标，进一步全面完善学科方法论及具体方法，并积累和进一步挖掘相关材料，为学科建设作出我们各自的贡献。

认知语言学概念的浑沌学解释及启发

戴红亮

一、学科发展与概念体系

任何一门学科的发展都需要概念体系的支撑，概念体系的完整性和相互间的联系密度是一门学科成熟的重要标志。如果缺乏核心概念或者概念体系不完善，那么一门学科就很难获得充分的发展。语言史告诉我们，任何一次思维框架的变换或语言学思潮的兴起，都需要提出一些新的核心概念和形成新的概念系统。如历史语言学给我们提供了对应、构拟、类推、谱系树、互补、波浪等新概念，结构语言学给我们提供了共时、历时、系统、层次、组合、聚合、所指、能指、线性诸多概念，认知语言学给我们提供了范畴、原型、认知模式、意象和意象图式、图形和背景、转喻和转指、隐喻、有界和无界、家族相似性。正在发展中的浑沌语言学借鉴浑沌学的相关概念，业已组成了自己的核心概念，如非线性、动力系统、确定性与随机性、有序与无序、奇异吸引子、临界点、分叉、分形、层次自相似性、平衡破缺、初值敏感依赖性、耦合、涨落、耗散、蝴蝶效应等。从语言学角度看，这些概念既有对原来概念的某些继承，如浑沌语言学和历史语言学都讲究对应，讲究自相似性；浑沌语言学和结构语言学都讲究层次、讲究有序、讲究系统等，有些则是对他们的批判，其中最明显的分歧是线性和非线性这个基本概念的不同。历史语言学和结构语言学都非常强调线性，强调规则。而对那些不规则的现象要么置若罔闻，要么将它作为系统的例外和特例。而浑沌语言学不仅重视规则系统，同时也重视不规则系统，认为这两种形式都是事物存在的自然状态，而且交织在一起的，浑沌学不仅要揭示语言学中的规则部分，更注重揭示那些非线性部分，从而扩大了语言学的解释视野。但是另外我们也应该看到，与历史语言学和结构语言学等发展比较成熟的语言学理论比较，浑沌学语言学理论概念体系目前还不完善。主要体现为以下五个方面：

1. 浑沌语言学所依赖的基础研究——浑沌学本身还仍然处在不断发展的阶段。浑沌学虽然产生于20世纪初，但它真正的成长却是20世纪70年代以后的事情。它同自组织理论、协同理论、耗散理论等组成的新思潮是复杂理论发展的必然结果。这些理论在阐发开放的系统发挥了很大的作用。但是这些理论本身也在不断发展之中，浑沌学近些年来又在新的领域取得了进展，并提出了一些新的概念，适时消化和吸收这些概念也需要思考。

2. 浑沌学概念主要源自于物理学和数学领域，许多概念学术性太强，理解起来比较困难，使用起来有些不方便。如何充分理解并学科化是一个需要探索的过程。浑沌学很多概念都植根于天体物理和精确数学。许多概念学科性很强，我们在移植过来的时候需要充分理解各个概念真正的内涵，否则有可能歪曲概念真实的含义，成为一个独自理解的话语。

3. 概念之间的联系性不是很紧密，各个概念之间离散性比较强，怎样形成一个概念体系还需要进行整合，借用浑沌学术语，也就是怎样增强他们之间的连续性问题。浑沌学并不是由某个科学家一时提出来的，而是在不断发展过程中累积起来的。这些概念在解释某个具体问题时都发挥了很大的效应，但之间的系统性并不是很强，显得有些分散。怎样整合这些概念，并将它有序化是浑沌语言学发展必须面对的问题。

4. 浑沌学概念有些宏观，研究微观的能力有限。虽然浑沌学主张从整体和宏观上研究对象，但如果对微观现象缺乏解释力，这种理论生存的基础就会大受影响。

5. 浑沌语言学概念对解释语言历时性质具有较强的解释力，

但对共时的解释似乎还缺乏有效的解释功能。

二、认知语言学非线性思想及两对核心概念的浑沌学解释和比较

认知语言学是20世纪80年代在美国和欧洲兴起的语言学流派，是通过对结构主义的反叛发展起来的。经过20多年的发展，认知语言学也形成了自己的概念体系，如范畴、原型、认知模式、意象和意象图式、图形和背景、转喻和转指、隐喻、有界和无界、家族相似性等。其中有些概念范畴与浑沌学思想不谋而合，体现了科学发展的共同思潮，认知语言学在共时语言学的解释中发挥了很大的作用，我们应该关注认知语言学的成果，并吸收它有益成果，补充和完善浑沌学的概念体系。

1. 认知语言学的动力学思想和非线性思想

认知语言学认为，语言不是自足的封闭系统。一方面语言的编码和解码过程以人的认知为基础，另一方面，语言在结构方面也参照人类概念认知、身体经验等，所以语言知识和非语言知识之间没有明确的界限，语言能力跟一般的认知能力是分不开的。体现在语言形式上，就是句法不是自足、自主的形式系统。句法、词汇、语音、词义相互制约、相互依存，这些系统还与人的认知世界发生关系，形成一个开放的系统。也就是说，句法的形成并不是在一个线性平面上形成的，而是几个平面的共同作用，形成一个非线性立体系统。同样，语音、词汇、词义这些看似独立的系统它们之间也不是在一个线性平面上就可以自足构成的，而是一个非线性系统。任何一个层面它都必须从其他平面或外界中获取演变和变异的动力。基于这样的理念，认知语言学从很多角度和方面揭示了语言事实中很多非线性事实。

2. 范畴化过程中的离散性和连续性

“范畴”是事物在认知中的归类，也是认知语言学最核心的

概念。范畴理论有传统范畴理论和认知范畴理论的区分。传统范畴理论认为范畴由客观事物的基本特征所决定，并具有以下属性：1. 范畴是由充分特征和必要特征的合取进行定义的；2. 特征是二元的；3. 范畴有着明确的边界；4. 范畴的所有成员地位相等。认知语言学纠正了传统范畴的缺陷，他们认为范畴化的依据是事物的属性而非基本特征。属性是事物性质在心理上的体现，与人们的认知与现实的互动模式密切相关。范畴的边界有一定的模糊性。相邻范畴之间并非彼此界限分明，而是部分地互相渗透进对方的领地；而且范畴成员之间地位并不相等，有典型成员和非典型成员的差异。这些成员的典型程度从高到低逐渐过渡，而且这些成员的典型程度也不是一成不变，随着语境的变化，不同成员的典型程度会进行相应的调整。但是范畴之间并不是杂乱无章的，其中基本的层次范畴是典型的原型范畴。典型的原型范畴是认知的参照点，它往往关注的是一种范畴的最核心部分，体现了事物的离散性特征。它通常是一种语言中最基础的部分，其他范畴要么建立在基本范畴基础之上，要么通过各种关系与基本范畴相联系，从而形成诸多范畴链和范畴丛。一种语言的原型范畴体现了语言的离散性。如我们常说的方言代表点就是这种方言的语言典型范畴。但是认知语言学同时也看到了范畴之间的成员不是平等的，各个成员之间与典型范畴之间具有某些共同的特征，而不享有一些特征，范畴之间的界限不是分明的，而是模糊的。再以方言为例，一种方言的代表点是比较容易确认的，但是这种方言的边界是不容易确认的，而且两种方言的交接处，他们之间不仅界限模糊，而且互相渗透进对方的领地，形成一个连续体。这种离散性和连续性其实体现在语言的各个层面，如一个结构格式一般都有一个最为典型的原型，以此原型为核心，向周围边缘逐步过渡，在核心与周围边缘地带，不同成员构成了一个最为合格到逐渐不合格的连续体。

认知语言学中还有一对很重要的概念，那就是有界和无界。认知语言学认为“有界和无界”是客观事物在空间、时间、状态等方面的离散性和连续性的对立统一在认知上的体现。如果事物的界限特征比较显著，内部结构往往体现出离散性。有界事物内部往往是异质的，具有可重复性；无界事物自身没有什么界限跟周围事物区别开来，内部结构往往体现为连续、广延性的均质特征，无界事物内部是同质的，可以伸缩，但没有可重复性。有界和无界并不是一成不变的，它取决于观察的角度和距离。有界可以转化为无界，无界的事物在一定条件下也可以转化为有界。举个例子，如吴方言和闽方言，它们是有界的，它们内部结构也多体现为离散性；而吴方言的各个次方言和土语之间是无界的，往往体现为连续性。

2. 家族相似性和自相似性

认知语言学一个核心概念就是家族相似性。所谓家族相似性就是语言范畴成员之间关系就像同一个家族当中的不同成员，在某个方面表现出相似性，却不完全相同。同一家族的成员不是由共同特征决定的，没有哪一种特征是所有成员共同拥有的，而是由家族相似性决定的，有的成员比其他成员享有更多的共性，享有更多共性的成员往往就是这个家族中的原型范畴。从认知原理看，相似原则是形成家族成员之间联系的基本认知依据。

浑沌学中有一种分形理论。分形理论最重要的特征是具有自相似性，也就是许多事物常常呈现出与整体相同或相似的特征。部分中包含着整体的若干信息。

认知语言学的家族相似性和浑沌学的自相似性都强调语言之间具有相似性。不过认知语言学的相似性是强调成员之间具有相似性，而浑沌学的自相似性是强调分形中自相似性。两种相似性都是语言中实际存在的相似性，如果把它们结合起来，则不仅可以解释语言各个成员之间相似性，也可以解释部分与整体之间的相似性，可以增强相似性原理的解释性。

三、比较后的启发

以上简单地比较了认知语言学几个重要的核心思想和概念，从中不难看出它与浑沌语言学存在着很多契合点。

1. 浑沌语言学与认知语言学有许多共性。认知语言学和浑沌语言学都主张将语言看成一个开放的复杂系统，都认为语言整体大于部分之和。都认为系统是匀质性和非匀质性综合体，即系统内部存在有序性成分，也存在无序性成分。都主张从语言系统外寻找语言与其他文化事项的对应关系。都是一种认知方式，都注重对语言本身的解释力。

2. 两者可以互相借鉴，浑沌语言学可以将认知语言学若干概念纳入自己的系统之中，丰富自己的概念体系，促进浑沌语言学的发展。浑沌语言学主要着重于解释语言与文化的关系，解释语言与文化之间的相似性、分叉、分形等。这种解释有力地促进了语言与文化之间的深度研究。而在语言系统内部，浑沌语言学则主要从历时的角度解释语言演化的面貌。认知语言学虽也重视历时研究，但更多地在共时平面上展开，或者历时问题共时化。我们可以吸收认知语言学的一些核心概念，并将它纳入浑沌语言学概念体系之中，从而增强它的解释能力。

3. 浑沌语言学与认知语言学概念的“相似性”说明了科学思潮发展的必然性，随着人们对非线性知识的积累和处理复杂性问题能力的提高以及对系统内部的非均质性认识的不断深化和对语言与其他文化事项之间的复杂关系的揭示不断深入，浑沌语言学的发展有很大的提升空间。

四、两点建议

1. 密切关注浑沌学及其他复杂性学科的发展

浑沌学正在不断发展之中，近几年又出现了不少新发展和变化，我们应该紧紧跟踪浑沌学的发展态势，观察其体系的不断完善和深化，并借用其有用概念和思想完善语言与文化之间的浑沌学研究，同时我们还应注意与浑沌学有密切联系的控制论、耗散论、自组织理论等学科的发展。同时应关注其他与浑沌语言学有相同研究倾向的其他语言学派的成果。

2. 应重视浑沌学的个案和微观研究

当前，最为重要的是，我们应该从浑沌学的各个概念出发，从语言学的角度拿出一些个案出来，如利用非线性、动力系统、确定性与随机性、有序与无序、奇异吸引子、临界点、分叉、分形、层次、自相似性、平衡破缺、初值敏感依赖性等这些概念各有一个经典分析样例，然后我们再进行概念间的整合。这需要有目的有组织地进行。

浑沌学对语言文化研究的两点启示

马琳琳

对事物之间整体联系关系最精辟的假设和论述莫过于浑沌学中的蝴蝶效应了。那只只因扇动一下翅膀却导致美国大西洋沿岸飓风的日本西海岸的蝴蝶也成为浑沌理论中最大的功臣。而随后建立在对初始条件的敏感性认识的基础上的浑沌学也成为和相对论及量子力学并驾齐驱的微观领域的宠儿。然而，不论这一理论多么崭新和模糊，它却从另一个领域说明了所有以不同方式存在的现实之间微小但不可忽视的内在联系和相互影响力。浑沌系统中的行为满足确定性的定律，但它又是如此的不规则，以至于在眼睛看来是杂乱无章的，但实际上它却具有最简单确定的解释。而分形理论从另一方面探讨自然界复杂事物的客观规律及其内在联系的需要，它用无限自相似性来解释自然界的发展。

一、从浑沌理论理解语音化石化现象的生理原因假设——协同进化理论：发声器官的协同自制

协同进化最早用于研究某物种与其周围物种间的相互作用。1964 年 Ehrhich 和 Raven 在《Evolution》（进化）杂志首次正式提出“协同进化”（Co-evolution）一词，用以阐明昆虫与植物（蝴蝶及其采食植物之间）进化历程中相互关系①。而严格的被广泛引用的协同进化的定义直至 1980 年才由扬岑给出，即：一个物种的某一特性由于回应另一物种的某一特性而进化，而后者的该

---

① Ehrlich P R, Raven P H. Butterflies and plants: a study in co - evolution. Evolution, 1964 年第 18 期第 586—608 页。

特性也同样由于回应前者的特性而进化[①]。可以说，协同进化概念的本身就是研究进化论的一个有力工具，因为它提出了物种之间相互作用的思想。这和浑沌学不谋而合。现在已经广泛用于描述自然界中相互之间有密切关系的物种（甚至是器官）的进化模式，是进化生物学、系统学、生态学乃至发育生物学等学科的一个研究热点。例如，许多昆虫和它们共生植物之间就存在上述现象。生物学家们发现，许多昆虫（蝴蝶）采食花蜜的吻的长短就与植物花粉管的长短有着密切的关系。有的植物花粉管长，与之共生昆虫采食花蜜的吻就长，反之，植物花粉管若短，则可能与之共生昆虫采食花蜜的吻就短。但这种变化是非常缓慢和漫长的。据说，生物进化论创立人达尔文也曾注意到上述现象。

协同进化论与普通进化论看问题的着眼点不同。在普通进化论或种群遗传学中，一个物种往往被孤立地看待，环境以及其他相关物种被视为一成不变的背景。而协同进化论则强调基因的变化可能同时发生在相互作用的物种间。因此，协同进化更强调物种之间的相互作用。陈敏（2003）在《浅谈“协同进化”》一文中言及前人的生物学研究理论成果，称这种现象为“协同进化”理论，并且认为人类的发音器官与语音的发展之间，可能也存在着“生物协同进化”的问题。生物学的“生物进化协同论”将人类的发音器官与语音的发展之间存在某种协同进化的现象，定义为“语音协同进化”或“发音器官协同进化”论。就是说，人类的发音器官的进化促进了语音的发展，反之，人类的语音的发展又使得发音器官变得更加灵活好使了。[②]

---

① 宋朝红：《协同进化在水资源领域的应用前景》，《水利水电科技进展》（第25卷），2005年第4期。

② 陈敏：《浅谈“协同进化”》，《生物学通报》（第38卷），2003年第4期。

英国剑桥大学史前学及人类进化学教授保尔·梅乐斯在《自然》杂志发表文章指出，正是现代人更加完善的语言技能，使他们取代大约3.5万年前在欧洲繁荣了成千上万年的尼安德特人，成了文明社会的主人。尼安德特人为何会被现代人取而代之？梅乐斯认为，答案在于语言。梅乐斯认为，如果没有复杂的语言技巧和与之相应的发达大脑结构，要创作出精雕细刻的骨器、石珠、个人装饰物以及抽象和具象的原始岩洞壁画这些物品几乎是不可能的。复杂的语言技巧是现代人取胜尼安德特人的关键。在最近的30年里，考古学家对于化石的研究主要着眼于对于语言进化的分析。这方面的研究是美国布朗大学语言学家莫利普·利伯曼1969年最先提出的。他和耶鲁大学解剖学家埃德蒙·克里林将尼安德特人的骨骼拼组起来，发现尼安德特人的发声系统与黑猩猩一样，是一种单道共鸣系统。这种系统的发音能力很差，声道结构决定了它不能正确和清晰地发出元音。利伯曼认为，尼安德特人如果有语言，也是口齿不清，这就影响了语言的发展和交流的进行，影响了群体的生存能力。考古学家对于这一现象的解释是：大约在10万年以前，现代人类的祖先和尼安德特人一同游荡在地球上，当时人类祖先与尼安德特人的脑容量相差无几。不过，在体力上，人类祖先却没有尼安德特人强壮。根据当时的情况判断，被淘汰的应该是人类的祖先。但是，到了距离现在14000年，人类学会了利用被训练过的狼狗来帮助人类发现外患的入侵，这样，人类的嗅觉逐渐退化，这种退化使得人类在发音方面得到进化。

人类特有的发声器官，从很久以前就已经开始被注意、被研究。古埃及人曾经描述过肺和气管。公元前四世纪，希波克拉底提到过声音改变，描述过会厌。亚里士多德在他的作品中提到气道。1741年费雷思对狗和人的喉作了深入研究，最早提出“声带”这一名词。恩格斯在《自然辩证法》一书中写到：“首先是劳动，然后是语言和劳动一起，成了两个最主要的推动力，在它们的影响下，猿的脑髓就逐渐地变成了人的脑髓”，“这就使得人和猿之间的鸿沟从此成为不可逾越的了”。语言在人类进化过程中发挥了重要的作用。马克思说：“人的存在是有机生命所经历的前一个过程的结果。只是在这个过程的一定阶段上，人才成为人。但是一旦人已经存在，人，作为人类历史的经常前提，也是人类历史的经常的产物和结果，而人只有作为自己本身的产物和结果才成为前提”[①]。语言是文化，它保存着历史的文化积淀；反过来，历史的文化积淀又通过语言去体现。从语言的进化信息中可以读出文化进化的信息。文化信息压缩在语言结构里，不同语言结构实际上就是不同民族各自的哲学观念、文化眼光、文化素质在句子结构、语言结构中的凝固和积淀。掌握语音的能力与硬件有关，依赖于大脑皮层的语言中枢以及发声器官的运动。比如古人发 iao 或 xiao 这样不同语音，其发音器官是不是同现代人一样的灵活、准确？上古汉语没有舌面音 x，那么说现代汉语中 x 这个音，可能古人是发不出的。对于特定的某一个字的音，如“看”字的语音的发展，必然经历了一个从无到有，从有到发展、到规范的过程。那么根据生物协同进化的原理，人类的发音器官也必是随着社会历史的发展，生产实践和语言语音的发展而发展。笔者认为，如果将其定义为“发音器官的协同自制”，或许比陈敏的定义更准确一些。是人类的发声器官在长期母语习惯性发音过程中受到协同进化的影响，产生母语习惯性发音情况，从而对语音化石化现象的形成提供了生理上的条件。

---

① 《马克思恩格斯选集》第 26 卷第 3 册，第 545 页，北京：人民出版社，1956 年。

二、基于浑沌和分形理论构建语言起源及发展的蛛网状结构

语言作为存在的现实之一，毋庸置疑属于浑沌系统中的一个吸引子。而仅从自身的特点来看，它非线性的发展特色亦符合分形的要求。文化语言学从文化这一具有众多元素的综合体出发研究语言，其间的关系让笔者想起了蛛网。即：任何一个语言新要素的产生都有遥远深层的文化起始条件，融合不同语言自身特色之后，形成对语言自身相似性的发展，并向周围进行环状扩展。并且这种发展的结果对内部在短期内几乎不改变原有语言面貌，而长期作用的结果就是以前的“1”不等于现在的“1”。而对本系统中其他外部的非语言元素的影响就是长期持续下去并成为造成未来巨大变化的蝴蝶的两个翅膀中的一个。

美国语言学家萨丕尔主张，语言的背后是有东西的，而且语言不能离开文化而存在，而文化就是社会遗传下来的习惯和信仰的总和，由它可以决定人类的生活组织。爱尔伍德（Ellwood）从文化人类学角度出发，认为语言或许是人类文化中最先发生的一部分。语言有提高人们协作程度的功效，因而语言实是心理模式(mentalpattern）（即存在心理的活动法式）传播的媒介，也是其他各种文化的媒介。人类之所以会有文化，而其他动物不能有文化，其原因除脑力的差异以外，便是语言能力的有无，故语言对于文化的关系极为重大。欧美的语言学家、文化人类学家们，如洪堡特、马林诺夫斯基等对此也都有过精彩论述。这些理论昭示了语言的文化属性或人文性，使当代语言学家反思语言研究游离于社会，游离于人文世界的缺陷。

罗伯特·路威（Lobert Heinrich Lowie）在《文明与野蛮》（Are We Civilized? ——Human Culture In Perspective）一书中曾定义说“凡是一个人这样从他的社会群体里面得来的东西，统统叫做他的文化的一部分。”并提供了一张文化史的简图。简图表明“人类的进步可以比作一个老学徒，大半生消磨在幼稚园里面，然后

雷奔电掣似的由小学而中学而大学。”① 而我们现在所习以为常的语言、文字、车轮、耕犁等等，竟全都发生在文化史的最近二十分之一里面，而其余的二十分之十九近乎是白纸一张。这是否意味着，在这个厚积而薄发的极其漫长的文化旅程中，语言文字的开始与继续是与文化史的精华所在休戚相关的？至少，在文化语言学界，这是毋庸置疑的。

近年来在中国文化语言学研究中，语言学者们努力地发掘语言的文化价值，著书立说。戴昭铭的《语言与世界观》立足语言与世界观二者之间的关系，认为文化语言学不把语言看作单纯的交际工具，不把语言单纯看作结构形式体系，也不把语言看作人类的天赋机制，而是把语言看作与人类社会同生共长的文化世界的基本成分与核心成分，语言对于人类文化具有建构，保有和传承的功能。因而民族的传统文化、思维方式、社会心态、审美情趣、风土民情等等无一不是文化语言学所关注的，进而可以为人类学、哲学、社会学、民族学、历史学、民俗学等众多人文科学的科研提供确凿的事实依据。无论是宏观演化，还是微观变化，语言与文化都具有同生共长性。在西方，关于“语言与文化”的讨论，已形成一系列的典型课题。如 L.R.Palmer 在“An Introduction to Modern Linguistics”中力图论证语言的历史和文化的历史是相辅而行的。再如语言与民族精神、沃尔夫假说、原型、亲属关系词、颜色词等。而我国的文化语言学研究与此虽有所交叉，但仍可谓别有洞天。尽管洪堡特、沃尔夫、萨丕尔诸人的思想在国内引起了许多学者的关注，但是在国内研究这些典型课题的论文并不多见。陶原珂的《〈诗经〉〈楚辞〉中的色彩词》一文纵横《诗经》、《楚辞》两大巨著间，钩稽探玄，通过研究古汉语

① 罗伯特·路威著，吕叔湘译：《文明与野蛮》，第 291－296 页，三联书店，1984 年。

里的颜色词，透析汉语的某种文化特点。他发现被认为是基本对立之色的黑和白，在古汉语中并不是最早产生的，最先出现的颜色词是黄和赤（丹），稍后是绿，然后才是黑和白，此后才逐渐出现大量的其他颜色词。在颜色意象的发展过程中，则是先有青和绿的情感意象（《诗经》），然后才出现较为抽象的黑和白的观念意象（《楚辞》）。这显然是与中学和西学的不同渊源不同传统发展相吻合的。

很多著作中皆有关于语言和文化关系的论述。因此对语言与文化关系的认识多了一些动态的发展的观念。世上万事万物永远都处在变动之中，语言与文化也如此参加进了世界变动的总潮流之中。语言学之父索绪尔认为，时间改变一切，没有理由要求语言能逃过这一宇宙的法则。在语言与文化的变化轨迹中，双语现象的产生是语言与文化共生共存的力证之一。两种语言在同一个言语社团内并存，并不纯粹为了交际之故，文化心理上的满足感也是重要原因。语言与文化共存最典型的例子可以说是拉丁语和拉丁文化。拉丁语作为日常生活中的口语，在文艺复兴以后，已被欧洲各民族的语言所代替，但是一直到现代它仍然活跃在学术领域。世界上许多语言都采用拉丁字母作为拼写的一部分，现代汉语拼音方案就是采用拉丁字母的。所以，拉丁语和拉丁文不仅曾是记录传播和发展西洋文化的工具，而且也是西洋文化的一部分，拉丁语和拉丁文与西洋文化共存。或者，可进一步说语言是高层次的文化表征，语言世界是高层次的人类文化世界。

通过以上种种我们可以看到，语言作为一种文化现象是必然的。那么在讨论到语言的起源的时候，我们不能忽视人类原始文化的起源问题。现在世界上各民族不论在语言还是文化上，总是避免不了这样那样惊人的相似。这是不是可以昭示我们一些什么呢？从最具有代表性的宗教来看。世界四大宗教都提到了各自主的从天而降。这里说起宗教，是因为它代表了人们对世界最原始的认识。而宗教语言也或许是人们最早最成型的语言类型。对相同世界或相同事件的认识，加之人本能的交流欲望，必然会在语言文化中得到反映，而当今已经高度发达的世界语言和文化依然保留着不管什么原因带来的重合和巧合。

由此，我想起了不久前看到的一个网上的小帖子。发帖人重新诠释了人们早就习以为常的几个缩略语，而最引人注目的当属对 CBD（中心商务区 central business district）的解释——中国·北京·大北窑（china.beijing.dabeiyao），说这是上天昭示人们未来世界经济发展的中心就是在中国。这只是网络上一个微不足道的小事件，单从语言的角度来看它绝对是一种巧合。但是如果综合政治经济文化等各种因素分析，这种心理暗示的作用是难以估计其影响的。语言是一个多姿多彩内涵极为丰富的统一体。它在自身的发展中不断地融入新的社会文化元素，以蜘蛛网状的形态伴随着人类文明社会。可以说从第一个有意义的语言要素产生之日起，语言就注定了它的非独立封闭的特点。或许是几万年前的同一个偶然事件在不同的人类前文明社会中被用不同的方式赋予了相同的意义，从而诞生了可以被怀疑是语言的表达交流方式。而人类生就的寻找同伴的本能，也使得在视野外的地方寻找同类的活动成为最初的无意识的人类交流手段。一如现在，现代文明的我们开始在宇宙中寻找同类一样，共同的生物的本能和心理暗示指引着人类的发展方向、文化的发展方向、语言的发展方向。

三、结语

综上，笔者认为，语言是文化整体中的一部分，但是它并不是一个工具的体系。在语言复杂的演化过程中，人类思维对自然现象经历了感知、联想、投射、同化四个阶段，为人类语言的发展奠定了心理学基础。可以说，人类语言的产生和完善贯穿于人类对自然、社会认识的全过程，是对自然、社会的客观描绘。这就是艾奥尼亚迷情的本原：追求客观真实性，而不是神的显现，其与宗教是殊途同归的。目标在于借由解放人类心智，而不是借由对神的屈服，来拯救人类的灵性。他的中心思想是知识的统一。致力于这一信念的人即便是失败了，也会获得宽恕；即使迷失了，也会找到另一条出路。人文主义信仰强调人所能做的努力，不论成败，只要是诚心的尝试，尽管失败本身也值得回忆。就像古代希腊人的一个神话：父亲阿德鲁斯和儿子伊卡鲁斯为逃离克里克岛，做了两对羽毛翅膀，用蜡封糊。但是儿子伊卡鲁斯不听父亲的劝告，迷恋辉煌的太阳，向太阳一直飞去，结果高热的温度融化了翅膀上的腊，伊卡鲁斯掉入大海身亡。这是神话中的结局。这是不是他为了自己高傲的个性和在神面前的傲慢所付出的代价呢？而我的看法则恰恰相反，他勇往直前的勇气正代表人类的一种可贵美德。因此，天文物理学家钱卓斯卡在向导师爱丁顿公爵致敬的时候说："让我们试试看，在太阳将我们翅膀上的蜡融化之前，我们到底可以飞得多高"。

浑沌学理论对二语习得及课堂教学研究的启示

洪　芸

将浑沌学理论运用于二语习得与课堂教学的研究，不能简单地将物理学中的浑沌学或其他学科领域中的浑沌学搬移到教学领域中来，因为那样做的话，就犯了教条主义的错误，而这恰恰是浑沌学所反对的。对于浑沌学如何用于其他领域，简单地说有三种方式：一是直接运用，将浑沌学的理论与方法用来研究二语习得与课堂教学，如它在电子学的应用一样；二是间接运用，即用浑沌学提供的隐喻来思考二语习得与课堂教学；三是深层运用，即用浑沌学的研究范式来重新解释二语习得与课堂教学，使二语习得及课堂教学的研究更具理性。显然，在具体的研究过程中，三方面的运用均不可少。但后二者的意义比第一方面更深刻，如果最终不能落实为后二者，那么第一方面运用的意义将是肤浅的。因为任何变革，如果仅停留在操作技术层面，其效果难以长久。本文将利用浑沌学的理论来重新解释、研究二语习得与课堂教学。我们认为二语习得与课堂教学是一种特殊的超复杂系统，传统的研究范式需要变革，借鉴浑沌学理论是富有意义的。以下是浑沌学理论如何实现其潜能并给我们带来启发的几个方面。

一、消除对立，重视二语习得的互动性研究

几个世纪以来，经典科学一直占据着主导地位，它基于两个前提：一是牛顿模式，它追求永恒的确定性；二是笛卡儿的二元论，将“我思”与“我在”分开，人类假定自然与人类、物理世

界与精神世界之间存在着根本的差异。将这个世界看做是矛盾的、可感知的，是互不包容的，认为真理就是存在于这种两极对立的状态中。二元论一直是科学的一个统领思想，语言学也一直使用这种非此即彼的二分法，因此在以往的二语习得的理论研究中，研究者一直在不断地探讨二语习得到底是生物的还是社会的，影响发展的因素到底是内在的还是环境的，因此我们不断强调接口问题。对于语言和二语习得的描述也都是对立的、成对出现的，如：语言与言语、语言能力与语言表现、历时与共时、结构与功能、语法与语义、思维与社会、生成与互动、母语与二语、思维与大脑、内隐与外显、学习与习得、思想与语言、感觉与知觉、表现与加工、过程与结果、语言学习与语言使用、形式教学与意义教学等等……

然而，科学知识告诉我们，自然界许多对立现象是由彼此依赖的因素共同作用而成，如天气冷暖这种对立现象是由热能的物理交换、水分子、大气和大气湍流产出的高压和低压系统相互作用而形成的，那么人类的思想是否也可以像自然现象一样，对于那些成对的彼此对立的事件、物体和主张，也可以将其发生视为由复杂的、彼此依赖的而不是互不包容的因素相互作用，通过在一个复杂的动态系统中的运动促成了事物的变化。浑沌学理论就是站在这样一个新的高度，其中一个重要特征就是，一种现象的发生可以是在同一时间内由互不相容的两个因素作用而成。当我们持有这样的观点，那么我们就不会始终争论发展到底是生物体自身的还是环境作用的结果，根据浑沌学的思想，生物和环境共同处于一个复杂链中，互相依赖对发展共同起作用。同样，浑沌学对于二语习得的启示是：影响二语习得的因素不是非此即彼的，而是在彼和此之间有一个中间地带，是或此或彼的，甚至是有此和有彼的。因此，从二元对立到多元并存是我们研究二语习得因素的一个重要趋势。

以前我们为了分析的方便把环境与个人割裂开来，这种分离需要基于认为两者是完全独立的这个伪假设。虽然这种方法可以临时使用以解决眼前的一时之需，但是动态系统持续的不稳定性决定了发展的不平稳和难以预测以及多方向、多角度。变化和波动是动态系统的重要特征，也是二语习得的一个重要特征，因为学生动态地适应环境，而环境总是处于不断变化中，因此，个人的能力和环境之间动态地相互作用着。我们这里说的环境不仅是社会环境，还有语言环境，如课堂教学模式和教学任务。我们在不同课堂模式下，观察教师遇到学生的错误是否需要纠错时发现，如果课堂教学模式是重流利度如口语课，教师对于学生错误的容忍度就会高些，纠错的频率就相对来说低些；如果是重精确度如精读课，教师对于学生错误的容忍度就会降低，纠错的频率相应提高。同样是学生错误，教师的纠与不纠、纠多纠少与教学任务有关，而学生的一个错误假设也许就在教师的这种选择中或被切断或被整合。不稳定性和多样性构成了发展的特点。

70 年代以来出现了多种二语习得模式，许多模式都是研究自然语境下的二语习得，普遍认为课堂教学对二语习得没多大的影响。如 Krashen 的监控模式中“学习——习得假说”明确指出，由于大部分语言是“习得”来的，而不是通过课堂教学“学习”到的，因此，课堂教学处于不太重要的地位。这些模式对课堂教学和教案设计等指导性不强。甚至颇具影响的 Krashen“自然顺序假说”，也并不提倡老师按照他发现的习得顺序设计教案，因为他强调以交际为目的的自然习得。然而研究发现，虽然二语学习者能够在某个阶段习得某个结构，但是也不是绝对如此。在某些关键时刻需要教师搭建一个支架使学习者能够跨越障碍。某些特定结构的习得可能是一个逐渐掌握的过程，也可能是越过一个关键的门槛，触发了重组而突然学会的。这种突发的、不连续的变化也反应了复杂系统的非线性特点。

20世纪70年代，Meisal对45名在德国工作的外国人进行德语习得的交叉研究，对12名成人及3个意大利儿童学习德语的进程进行了为期两年的追踪调查研究。结果发现，这些来自不同国家的学习者，无论大人还是小孩，都遵循了一定的发展顺序，但在掌握和运用上存在个体差异。此后，在英语和日语的习得中也进行了类似的研究。于是Meisal，Clahsen，Pienemann提出了多维模式（Multidimensional Model）（刘东虹，2003）。这一模式认为，第二语言习得有两个发展轴线：一个是"发展顺序轴线"（developmental axis)，这一顺序不受学习者因素和环境因素的影响，另一个是"学习者语言变异轴线"（variational axis)，是由学习者因素和环境因素决定的。多维模式发现学习者的准确度不是一成不变的，它不受发展阶段的影响。比如一个学习者在一开始就不使用系动词或使用不正确的系动词，那么在以后的阶段他有可能倾向于标准化，使用正确的系动词。也可能继续倾向于简化，使用不正确的系动词。因此，在语言使用上高级程度的学习者有可能不如低级程度的学习者准确、规范。如下图所示：

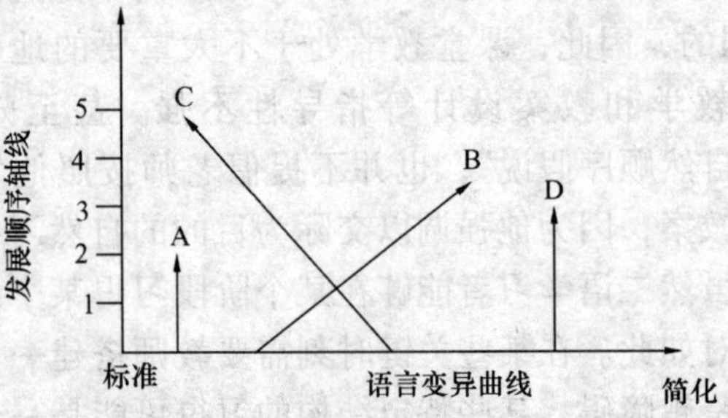

语言学习者语言变异曲线与发展曲线示意图

A、B、C、D四个学习者语言变异情况不同，B和C的倾向性发生了变化。D虽然在发展顺序上处于第三阶段，不如B和C，但他的产出性能力最强，使用的句型多种多样。

由此我们可以看到，个体的发展路线即使大体上相似，实际上却各不相同，因此我们不能无视个体差异而对学生进行一个总的概括（Lantolf，2006）。研究者总是寻求最大化的概括，但是从动态系统的观点来看，二语发展的不可预测性正是与个体因素有关的，个体差异并不仅仅是负面的，应该将其视为发展过程的一个特别的时期。从本质上来说，个体发展的路线是遵循其特殊性，互不相同，统计数据只是动态发展的一个平均数而已。

二、摒弃机械主义——对应的因果论，提倡二语习得发展的非线性和多维观

浑沌学理论认为，复杂系统是由许多相互作用的成分构成的，这些成分共同作用的结果是不可预测的。二语习得是一个动态过程，随着时间的推移和环境的变化，研究对象的语言学习行为也会发生相应的变化，呈现出不同的阶段性特征。同时，二语在动态发展过程中又往往是相对稳定的。在每一个阶段，各个组成成分之间保持着某种特定关系，受到某些特定环境因素的制约。

当我们考察二语习得发展水平时，考虑到由于语言是个复杂系统，二语习得的发展不能由任何单个子系统的表现来决定，而是在不同的时间维度和层次上，由复杂的动态系统内部各元素之间相互作用而成。另一方面，显示二语水平也是多维的，学习者在不同时期有不同的目标，如二语的准确度、流利度和复杂程度都可显示学习者的二语水平（Larsen-Freeman，2006）。语言子系统、语言水平的多维度，甚至单一语言元素之间都具有支持、竞争和互为条件的关系。支持性表现在一个子系统、一个维度或者一个元素的发展有赖于另一个的发展。例如在母语发展中，词汇的突然增加和语法发展之间就是这样的关系，这两个子系统是相辅相成、共同发展的。这个例子说明不同个体之间不仅有静态的关系，在发展的过程中这种关系也在不断改变。然而，这种关系不一定是和谐的，也许一个子系统对另外一个构成竞争关系，这种竞争源于人类在学习或解决问题时的资源限制，如工作记忆、注意力和分配时间的限制。比如说在某个时间，某个维度的水平表现得高一些，如准确性可能会制约流利性和复杂性。

学习语言的过程也并非一个线性的过程，因为学习者并非先掌握一个语法项目后再进入下一个语法项目（张武江，2004）。即使是一个单一的语法项目的学习曲线也不是线形的。这个曲线包括波峰和波谷、进步和后退。在决定一个习得者的中介语发展过程中，有许多相互作用的因素。语言学习是复杂的动态过程，不同的组成部分在不同层面上生成（Marchman & Thal，2005）。在语言学习者的系统里，语言系统之间有一个互动作用。当一个习得者开始学习一种新的形式时，以前掌握的形式就会变得不稳定。同理，学生在新的情景里看到的规则会暂时地改变他对这个新规则的理解。我们在观察学生使用“把字句”的错误发展过程时，发现学生学习“把字句”的发展也是一个曲线过程。在初级阶段，学生还无法使用“把字句”，当他们表示处置的意思时，经常使用的形式是“施事——动词——受事——其他成分”，如：“你搬椅子过来”。随着学习的深入，他们开始尝试使用“把字句”，这时他们知道“把字句”的一个规则就是“把字句”里不能使用可能补语，因此他们能够正确指出“你把椅子搬得过来”是不对的，而后在表示处置行为时，他们一直能够正确使用“把字句”。到了中级阶段，他们的中介语系统接受了“把字句”可以用来表示处置行为这样一个规律，但是由于在他们听到过的“把字句”中有大量的补语存在，学生便使用“把字句”来表示一切处置行为，忽视了不能使用结果补语这个规则，我们经常可以看到学生出现“我把您的笑脸忘不了”、“他把那个问题解决得了”这样的错误句子。这时，由于教师的纠错反馈，学生又重新拾起这个规则，最终这个规则自动化进入学生的中介语系统。学生对于“把字句”这个规则的习得过程就是一个“U形”曲线。这个规则是突然消失的，尽管他们的输入中不可能有“把……忘不了”这样的句子，但是学生依旧进行自我重建语法规则，将一切补语都纳入“把字句”动词后面的成分中。

因此，要对语言习得作出全面深刻的描写和解释，不但要描述和分析各种关系的静态排列，更要描述它们发展变化的过程。当然，我们绝不是从决定论的一端走向非决定论的另一端。浑沌学理论认为，在规律观上应将决定论与非决定论辩证统一起来。在系统处于平衡态或近平衡态下，由于要素间的相互作用主要是线性的，控制参量的微小涨落不会被放大，也不会影响整个系统的状态。就这一点而言是确定的，具有决定论性质。但是由于系统普遍受到控制参量“涨落”的影响，这种随机涨落就会因要素间的非线性相互作用而产生相干效应，以致极有可能被放大成开放的、非线性的思维。二语习得具有复杂性，所以，对二语习得进行研究必须抛弃“简单化的原则”。课堂教学是一个整体，不应该从整体中分离出特殊的一部分，孤立地研究它，要尽可能地考虑其他内外因素的影响，考虑它们的复杂关系，而不是单一的因果关系，这些关系因具体情况可能不同，而不一定表现为必然的规律。

三、把握整体，强调细节

浑沌学中的分形概念使我们找到了从部分过渡到整体的媒介，即整体与部分之间的信息“同构”，另外使我们对整体与部分的关系的思维方法由线形进展到非线性阶段，从一个新的层面深化和丰富了整体与部分之间的辩证关系。

二语习得的研究涉及方方面面的问题，如语言本体问题、语言心理问题、文化问题、学习者的个体差异问题等等，有许多互动因素能够决定中介语发展的轨迹，如何测量影响学生二语习得的因素也是二语习得研究者无法解决的问题，因为我们无法确定到底有多少因素。1976 年 Schumann 认为有 4 个以上，到了 1989 年，Spoiky 研究已经发现了 74 个，如输入的语言，目的语，一语标记，二语标记，输入的数量和类型，互动的数量和类型，反馈的数量和类型，有无教师的指导等等，还有多种因素决定这个习得过程能否成功，多大程度的成功，如学生的年龄、智商，还有社会心理学因素如学习动机、态度，还有一些个人因素如认知类型、左右脑偏好、学习策略、性别、产生顺序、爱好等等（Lasen-Freeman，1997），可能以上哪一个都不是决定性的因素，但是它们之间的互动却会产生极大的作用。早先的研究往往孤立地考察单个成分对个体学习的作用，未能在开放的、多维的框架中探讨各种成分之间复杂的交互作用。把语言学习看作是因果关系，是线性的，教的结果必然是学，所以就出现了诸如强调习得的一些具体探讨、规则的监控作用之类的研究，但都是局部地看待一个整体问题。亚里士多德的著名论断："整体大于部分之和"清晰地体现着整体论思想，即在若干部分组成一个整体时，除了各部分自身的各种属性之外，还产生了新的质。浑沌学要求我们注重细节时，也不要忘记拥有整体的眼光，因为复杂的非线性系统不是建立于其中任何的单一因素上。二语习得现象的动态生成性、影响二语习得因素的异质多样性、相互作用过程及结果的整体性、习得过程中多种偶发随机因素存在、参与和产生作用的可能性，都迫使我们需要采取整体的观点来把握二语习得的真实状态和发展规律。当我们考察二语习得发展时也是这个道理，因为复杂的、非线性的整体表现，不是建立在单一成分的表现基础上，如果我们只注意一个层次，那么我们无法从整体上把握整个系统的表现。但是我们在重视整体的同时，还不要忽视细节，要把系统的整体性和局部的具体性联系起来。因为浑沌系统对初始条件具有敏感依赖性，起点相似而非相同的动态系统的运动轨迹，以后会发生很大的偏差。所谓“失之毫厘，差之千里”便是这个道理。因此，细节往往起着至关重要的作用，不容忽视。强调细节的重要性有助于分析整体的单位。当然，重视整体的思想决不是要排除确定性以便建立不确定性，排除可分割性以便建立不可分割性，排除逻辑以便允许对逻辑规则进行任何违反。相反，应该是不断地往返穿梭于确定性和不确定性之间、要素和整体之间、可分割和不可分割之间（吴彤，2006）。因此，我们在对二语习得的研究中，不是要抛弃传统的有序、分割和逻辑等方法论原则，而是要把它们整合到一个更加广泛和更加丰富的框架内。

四、整合的研究方法

我们把浑沌学思想引入二语教学领域，更看重的是二语教学过程的非线性、复杂性、对初值的敏感性、生成性，而对于一般的单一取向进行研究是难以解释全面的，过去20多年的课堂研究便存在这样的问题，研究者对于二语习得的研究有两种取向：认知取向和社会取向，认知取向关注学生个体内部的认知发展，却忽略人与人之间的交流对二语习得的影响，具有一定的片面性。社会取向关注学习环境与课堂交流，却由于对学生个体内部的语言处理过程研究不够，也常常遭到置疑（梁文霞等，2007）。对于二语教学的研究也发现，仅侧重于认知机能的教学，虽能提高学习成绩，但未必能够产生持续的学习动机；仅侧重于动机而不关注学习过程和能力的改善，这种教学无助于提高学生的学习成绩。因此当前的研究呈现出多因素的动态整合趋势，综合考虑认知、动机、情绪、态度、信念乃至情境等因素在学习中的作用，并试图建立起新的模型和理论。我们需要超越以前的方法，在研究二语习得具体方面的同时又尊重整体的复杂性。但是超越的办法不是用一种机械的方法取代另一种机械的方法，而是具有灵活性和多样性，需要对现有的研究方法和研究对象进行整合，于是，整合的方法应运而生。

整合方法研究，也被称为混合方法研究，是指研究者在同一研究中采用一种以上的研究方法或掺和了不同研究策略的研究方式，特别指综合调配或混合定量研究与质性研究的技术、方法、手段、概念或语言的研究类别（田虎作，2006）。这一研究方法自近年来美国研究领域有关质性研究、定量研究两种范式的争论中产生，并逐渐得到重视，被称为继定量研究范式和质性研究范式之后的“第三种教育研究范式”或教育研究运动的“第三次浪潮”（田虎作，2006）。

20世纪80年代末，钱学森明确提出，处理开放的复杂巨系统的方法是“从定性到定量的综合集成方法”（吴彤，2005）。近年来，由于认识到语言教学研究对象、主体不同于自然科学和其他社会科学研究的特殊性质，要求定量研究与定性研究整合的观点备受青睐。教学研究不能没有价值研究，注重有机整体的思辨，定性、质的研究方法必不可少；而语言教学研究关注的二语教学活动又是具体的一种实践活动，具有一定的活动和规模，表现出鲜明的“量”的特征，定量研究同样不可缺少。在同一个研究项目中使用两种不同的范式，可以同时从不同层面和角度对同一研究问题进行探讨（杨跃，2003）。20世纪80年代时，曾经有很多研究者认为只有“数字”才有说服力，“不使用量化法，没有数字与文字的结合，不能想象这样的二语习得研究能属于科学研究”[①]。现在很多人又把“数字”说得一无是处，认为唯有多

① 文秋芳、王立非：《二语习得研究方法35年回顾与思考》，第23页，载《外国语》2004年第四期。

维度的语言描述才最生动、最有用。我们认为研究方法本身并没有好坏之分，只有用得对错之别，每一种方法都有自己的优势和局限性。研究有法，但无定法，贵在得法。与其偏执于某种研究方法，不如着眼于各种不同研究方法的结合和互补。

将浑沌学运用于语言研究，目前还处于起步阶段，主要还是一种理念的倡导，有许多问题还尚待解决。但是我们坚信，浑沌学应用于二语教学必将受到时代的青睐，必将成熟起来，因为浑沌学在理论和实践上有其自身的优势。在理论上，对于动态系统这个研究对象，浑沌学比传统的因果论更具有解释力，它所能解释的现象更丰富，而一种理论的生命力主要在于其解释的有效性。在实践上，浑沌学理论更有利于理解语言学习的多样性、复杂性，它将语言研究、目的语与中介语状态、学习与发展的轨迹、个人因素与社会环境视为一个相互作用、彼此依存、互为条件的动态系统，这是它比其他理论的优越之处。

浑沌学理论与语言和思维

——兼谈第二语言习得

孔　艳

一、浑沌学理论的发展与语言研究

语言学理论每一个阶段的形成和发展几乎都要受到同时代自然科学领域中科学思潮的影响。如19世纪谱系树理论的提出，就受到了当时达尔文生物进化论的影响。谱系树理论认为，语言的演化跟生物的演化有很多相似之处，因此可以据此来构拟语言的原始母语。19世纪末20世纪初，自然科学界又兴起了原子分子学说，即把物质分割成最小单位，研究最小单位的结构和由这些最小单位组成的各种结构。表现在语言学研究领域，则是以索绪尔为代表提出的结构主义语言学理论的出现，把语言看作是一个系统，一个结构，语言除了有自身的历史以外，还存在着结构属性。

到了20世纪后半叶，一股新的思潮在自然科学领域引起了众多科学家们的注意，这就是浑沌学理论。其实，早在20世纪初，这一理论就由法国伟大的科学家彭加勒提出了，他当时已经在某种程度上意识到了确定性系统具有内在随机性。到了20世纪70年代，在物理学、化学等领域里发现了大量无序的复杂现象，因此，必须找到解决这些问题的方法，此时，浑沌学理论才引起了科学家们的重视。很快，浑沌学被广泛运用到了物理学、化学、天文学、生物学等自然科学领域。

随着语言学的发展，语言学家们也逐渐认识到了语言不是一个封闭的系统，而是一个多维的开放的体系，语言现象和各种文化因素互相结合在一起，其中有很多不稳定的、随机性的因素，这些都需要一种新的理论来解释。于是，20世纪80年代中后期，张公瑾先生将用于自然科学领域的浑沌学理论引入语言学，用来解决语言学中出现的问题。因为，浑沌学是一门以直观、整体为基点来研究浑沌状态和浑沌运动的复杂规则性的学问。浑沌学理论独特的概念体系和方法框架正好适用于语言和语言与文化相互作用的非线性分析。[①] 这一理论运用到语言学领域，对于语言学的研究和发展无疑是一次思维框架的转换，一次范式的演变。

二、语言是一个非线性系统

语言是人类进行交流的任意符号系统，是人类表达意义和思想的重要工具。它是人类特有的思维活动，是从社会实践中产生的。思维是人脑反映客观现实的过程，具体地说它是在表象、概念的基础上进行分析、综合、判断和推理等认识活动的过程。语言和思维关系紧密，互相作用。语言作为一种非线性系统，要受到所属民族的思维和文化的影响，一个民族思维和文化与该民族的语言之间具有自相似性，它们之间是同构的关系。

（一）语言与思维、文化之间的关系

德国语言学家洪堡特（Wilhelm von Humboldt）于 18 世纪末 19 世纪初提出“语言仿佛是民族精神的外在表现，民族的语言即民族的精神，民族的精神即民族的语言，二者的同一程度超过了人们的想象。”[②] 到 20 世纪初，美国语言学家博厄斯（F.Boas）认为，语言、文化与思维的形式之间似乎存在着某种直接的联系。紧接着，萨丕尔（E.Sapir）和沃尔夫（B.L.Whorf）又进一步提出了思维和语言之间存在着密切的关系，即萨丕尔—沃尔夫假说（Sapir-Whorf Hypothesis）。从洪堡特的语言世界观到萨丕尔

① 张公瑾、丁石庆主编：《文化语言学教程》，第 101 – 103 页，教育科学出版社，2004 年。

② 徐志民：《欧美语言学简史》，第 241 页，学林出版社，2005 年。

-沃尔夫假说使学者们注意到了语言和思维、文化等之间的关系问题，即语言、文化和思维之间存在着相互作用、相互制约的内在联系，这一观点已得到许多学者的论证和认同。

语言是思维的主要工具，是思维方式的构成要素。思维以一定的方式在某种语言形式之中表现出来。思维方式的差异，正是造成语言差异的一个重要原因。另一方面，思维方式又体现于民族文化的所有领域，思维方式的差异，也是造成文化差异的主要原因。而语言又是文化的载体，是文化的重要组成部分。文化具有民族性，反映在语言上，则表现为语言差异。以一个民族语言中的词汇为例，一般说来，对于一个民族越是重要的东西，该民族对它的语言切分就越是细密。爱斯基摩人终年与雪打交道，雪是它们日常生活中必然要接触到的东西，在他们的语言中，有着许多用来指称各种状态的雪的词，如落雪、积雪、像冰块的雪、半溶化的雪等等，而在中国汉语中，只需要一个概括性的名称“雪”就可以了。

同时，思维又是语言生成和发展的深层机制，语言促使思维方式得以形成和发展。思维方式与文化也密切相关，是文化心理诸特征的集中体现，对文化心理诸要素产生制约作用。比如：在欧洲一些语言中表示颜色的词汇就有几十个，这些丰富的表示颜色的词会使操该语言的人从小就辨认和区分各种不同的颜色，从而提高了其对颜色的辨别能力。而在非洲个别语言中表示颜色的词仅有表示黑色和白色两个词汇，对于非洲人来说，由于这种词汇在语言中不存在，因此，日常生活中便不必太注意颜色之间的差别，对于颜色的辨别就相对比较模糊。

可见，语言和思维、文化之间的关系非常密切，三者相互作用、相互制约。

（二）东西方思维方式与语言

一个民族的思维方式是在该民族长期的文化传统和生产实践

的背景下逐渐形成的。不同的民族由于其社会历史、哲学宗教、生活习俗和环境的不同，在思维方式上存在着明显的差异。

从地理和文化的角度看，全世界可以分为东方和西方两大区域，东方以中国为代表，西方古代以希腊、罗马为代表，近现代以西欧和北美为代表。东方和西方属于两大不同的文化体系，因而形成了两大类型的思维方式，而这两大思维方式体现在语言中，自然也会有很大的差异。这里所谈到的东西方语言，主要是指以汉语为代表的东方语言和以英语为代表的西方语言。从现有的研究来看，东西方思维方式的不同表现在语言上主要有以下几个方面：

1. 抽象思维和形象思维

抽象思维和形象思维是人类思维的两种基本形式。由于历史和文化的原因，中国文化的思维方式具有较强的形象性，而西方文化的思维方式具有较强的抽象性。这两种不同的思维方式反映在语言中，可以看到其差异性。如在词汇使用中，汉语多用具体词汇，而英语多用抽象词汇。如："l hope my presence here tonight is further proof of the importance we in Britain attach to relations with your great country." 汉语译文为："我希望，今晚我到这里来可以进一步证明，我们英国人非常重视和你们伟大国家的关系。" 英文中的抽象名词 presence，proof，importance 汉译时都转换成了具体的动作。

2. 综合型思维和分析型思维

当然，首先不能否认的是无论东西方民族都兼有这两种思维方式，只是东方重综合，而西方重分析。

中国传统思维方式受到儒家文化和道家文化的影响，注重天人合一，这种综合型的思维方式在语言上表现为注重整体和谐，缺乏严密的逻辑性。汉语遵循的是语义的连接，是一种意合语言。这在古典诗歌中就表现得淋漓尽致，如"大漠孤烟直，长河落日圆"，"落霞与孤鹜齐飞，秋水共长天一色"等。西方传统哲学思维是天人各一，偏重理性，注重逻辑分析。表现在语言上重形式，重理性，形成了句式构架严整，表达思维缜密，行文注重逻辑，语言大多明晰客观，是一种形合语言。

3. 本体性思维与客体性思维

中西文化是两种不同类型的文化，中国文化受“人是万物之主”的哲学思想的影响，在观察、分析、研究事物时以人为中心，在叙述事件或陈述观点时习惯以表示人或生物的词作主语。西方人重视自然客体，思维的目标往往指向外界，反映在语言上，英语常把非生物词作为句子主语。如：A wave of cigar smoke accompanied the film star in. 英语用物质名词 a wave of cigar smoke 作句子主语，表达生动形象，但汉语一般不说：“一缕雪茄烟雾伴随这位电影明星走了进来”，而将该句译成了人称主语句：“这位电影明星口吐雪茄烟雾，走了进来。”

4. 顺向思维与逆向思维

东西方民族在观察某些事物现象时，所取的角度及思维的方向有时极不相同。中国人习惯于顺向思维，描述事件时通常先因后果，先假设后求证，先让步后论证等；西方人见长于逆向思维，叙述事件时常常与汉语相反。如：It is impossible to over estimate the value of the invention. 译成汉语，则变成：“这项发明的价值，无论怎样估计也不会太高。”句子的顺序完全不同。

三、语言的非线性对第二语言学习的影响

前面已经谈到，不同的民族具有不同的思维方式。语言是思维的重要载体，不同民族的语言文字从不同的角度折射出了不同民族的思维方式的特色。由于语言和思维、文化之间的自相似性，学习者在学习第二语言的过程中必然会受到本民族思维方式的影响，在学习中遇到困难或者产生一些错误。与本族语相同的要素，他们会觉得比较简单，而不同的则会感到困难。因此，接受目的语国家的思维方式，使自己的思维方式多元化，才能使目的语真正“内化”，真正习得目的语，完成跨文化交际。

（一）不同思维方式对词汇学习的影响

语言表达习惯和思维方式的差异首先表现在对学习者目的语词汇学习的影响上。如：汉语中名词和数词结合时一定要通过量词，因此，汉语中存在着大量的量词。而在英语中，大多数名数词的结合不需要量词，这些量词就给英语国家的汉语学习者带来了困难。他们必须转换思维方式，学习汉语的表达习惯。同样，对于中国的英语学习者，英语中的一些词也给他们的学习造成了困难。如：对于“方向”的表达，汉语中的“西南”，英语表达为southwest，这样，中国学生受汉语思维的影响往往会产生westsouth的错误。可见，思维方式的不同所导致的语言表达差异会给学习者的词汇学习带来困难。

（二）不同思维方式对语法学习的影响

思维方式的不同更多更深刻地表现在句子结构上。由于东西方思维方式上的巨大差异，句子结构在很多方面表现出差异。如：汉语多用主题句，英语多用主语句；汉语多用人做主语，英语多用物做主语；汉语多用主动语态，英语多用被动语态；汉语多用简单句，英语多用复合句等等。这些句法表达上的差异就要求学习者在学习目的语时，注意到这些由于思维方式的不同所造成的语言表达上的差异，在学习语言表达的同时也要转换思维，避免汉语式英语和英语式汉语的出现。

（三）不同思维方式对语用的影响

在第二语言学习中，掌握目的语无疑是非常重要的，但这里所说的目的语，并不仅仅是一个简单的语言形式，而是包含着目的语国家的思维方式、文化等内容的一个丰富的实体。语言表达的方式、表达的环境都和民族心理有关。因此，语言学习中语用能力也是非常重要的。如果不了解这些语言背后的因素对语用的影响，就会造成交际的失误。如：一位英语翻译在陪外宾的过程中，总是不停地说出 You come this way. You sit here. Don't go too fast. Follow me. Don't be late. 这样的句子，翻译者的初衷是想表现自己对外宾无微不至的关心，但外宾却为翻译将其当作小孩看待而生气。因此，不同的思维方式和文化背景必然会对语言的使用和理解造成影响，第二语言学习者应该注意这一点。

四、小结

浑沌学理论作为一种新的理论，正在被越来越多地应用于分析语言研究中的各种现象，而语言学研究的发展也告诉我们，这样一种理论的出现是符合历史需求的。语言是一个非线性系统，因此，研究语言就不能只研究它本身，而要将与语言有关、影响语言的各种因素都列在研究的范围之内，而浑沌学理论则对这一研究提供了理论支撑。因此，研究语言，就要同时研究与之密切相关的思维、文化等，这不仅拓宽了语言研究，同时对第二语言的习得也有很大的帮助。因为，要想真正学好一种目的语，了解目的语国家的思维方式有着举足轻重的作用。因此，对于语言和与语言相关的思维、文化等关系的探讨将是一个长久的话题。

浑沌学之辩证浅析

张卫国

一、浑沌学与辩证唯物主义认识论的关系

19世纪以来，彭加勒、洛仑兹等一批科学家提出：事物不仅有规律性的一面，也有非规律性的一面。自然现象、事物的发展，人的思维都既有有序、确定的一面，同时，也都有无序、随机的另一面。与事物的规律性一样，事物的浑沌性也是普遍存在的，永恒的。浑沌学家们用现代科学的语言，考察研究浑沌现象提出了一系列理论与概念。

浑沌学在哲学上与马克思的辩证唯物主义认识论有千丝万缕的联系，总体上没有超出后者的基本框架。为了证明这一点，笔者将辩证唯物主义认识论的基本观点与浑沌学的主要理念作了对比，以求理清二者之间哲学层面上的关系。

（一）关于世界的物质性

唯物辩证法认为：世界是物质的，物质独立于意识而存在，是能被意识所反映的客观实在。

浑沌学承认世界是物质的，世界虽然有浑沌的一面，但仍是可以认识的。浑沌学的建立正是为了认识世界的浑沌性。

（二）关于物质的运动

唯物辩证法认为：物质和运动不可分，运动是物质的存在方式。没有不运动的物质，也没有脱离物质的运动。运动是宇宙中一切变化和过程。

浑沌学承认运动的绝对性，并且认为物质运动是有序、无序的辩证统一。

（三）关于空间与时间

辩证唯物主义认为，空间与时间是物质存在的基本形式。时间指物质运动的持续性、顺序性。空间是指运动着的物质的广延性、伸张性。空间的特点是三维性（长、宽、高）。时间和空间是指作为物质的存在形式，他们是客观的，无条件的，绝对的；其相对性是指，随着物质运动状态的变化，每一具体的时间、空间都是相对的，暂时的，有条件的。

浑沌学不仅承认时间和三维空间，还提出三维以上空间的存在；不仅承认随着物质运动状态的变化，每一具体的时间，空间都是相对的、暂时的、有条件的，而且提出空间是个开放系统，不同层次表现出从浑沌到有序，从低级有序到高级有序，以及从有序再到新的浑沌的辩证过程。为划分不同层次的时空，浑沌学提出了标度理论。

（四）关于世界的多样性、物质的统一性及其普遍联系性

辩证唯物主义认为，客观世界上的事物和现象千差万别、复杂多样，如：大自然、生物、人类社会、思维等，但他们都统一于物质。普遍联系是指事物和现象之间及构成事物诸要素之间的相互影响，相互作用及相互依赖，任何事物都是作为系统而存在的。事物间是有界限的，但不能把界限绝对化。事物之间的联系是多样的，主要有：内部联系、外部联系、本质联系、非本质联系、必然联系、偶然联系、直接联系、间接联系等。其中内部的、本质的、必然的、直接的联系决定事物的基本性质和发展方向。

浑沌学不仅承认世界的多样性和普遍联系，更重要的是，它把物质多样性发挥到极致，大大开阔了人们的视野。如，浑沌学提出事物既有有序的一面，规律性的一面，也有无序的、浑沌的一面，浑沌性和规律性一样，也是物质存在形式，这就突破了经典力学理念下人们对物质多样性的理解模式。不仅如此，浑沌学还对浑沌现象进行研究，总结出了一系列鲜为人知的概念与规

律，如：确定性系统与不确定性系统、线性系统与非线性系统、分叉、浑沌运动、对初值的敏感依赖性，分形、奇异吸引子……极大地丰富了人们对物质多样性的认识。

（五）关于决定论与非决定论

辩证唯物主义决定论承认事物规律性、必然性和事物之间的因果关系，指出规律是可以被认识的，因果联系是复杂多样的，在承认必然性的同时，不否认偶然性存在，坚持必然性、偶然性的辩证统一。

浑沌学承认事物发展是必然性与偶然性的辩证统一，并且把事物的偶然性发展为一门学问——浑沌学。但浑沌学不是非决定论：首先，它没有否认事物发展的必然性，没有全盘否定经典力学的真理性。其次，浑沌学提出的浑沌不是缺乏联系，毫无规律、无法认识、杂乱无章的存在，而是事物偶然性与必然性，确定性与随机性的对立统一。一些貌似浑沌的事物，从某个角度或某个层次看，又可能是有联系、有规律的。第三，浑沌学认为，就是处在浑沌层次的事物也不是无法认识的。人们可以用直感的、想象的、整体的、综合的，也就是浑沌的思维方式去认识这些浑沌的事物。浑沌学的存在，正是为了探索浑沌现象的运动规律。

（六）关于认识运动的多次反复和无限发展

辩证唯物主义认为由于认识手段，客体的表现、发展过程，人的内在精神状况，主体的能力、努力程度等条件的限制，以及实践具体目标的需要，认识发展的规律只能是实践→认识→再实践→再认识……循环往复、以至无穷。客观世界是无限的，人的认识也是无限的。认识的无限存于一个个有限、具体的认识之中，并通过有限具体的认识去实现认识的无限，但不是完全、最终、绝对的实现。

浑沌学承认真理的客观性，没有简单否定经典力学一定层次上的真理性，否则就无法解释人类认识自然、改造自然的整个历史过程。但同时，浑沌学又强调真理的相对性，即：真理是局部的，有条件的、相对的，以及真理是多层次、多形式的，指出客观世界是无限的，无序与有序一样是普遍的、永存的，人的认识发展也是无限的。

经典力学把大千世界看作是机械的钟表系统，对人类的认识前景过于乐观。浑沌学则认为事物都有有序与无序两面，我们认识的圈子越大，其外围接触到的未知区域，即浑沌区域就越大，浑沌永远伴随着认识活动。这是对认识活动多次、反复、无限发展的新解释。

（七）真理的实践标准和逻辑证明

辩证唯物主义认为，实践是检验真理的唯一标准，它最终一定能检验出认识的真理性，但是，实践标准又不是确定的，它是具体的，有限的，往往不是一次完成的。逻辑证明是以符合实际的真判断，通过正确的推理，判明另一判断的正确性的一种证明方法，这种方法在检验和证明真理过程中有重要作用，但不是最终标准。

浑沌学面对浑沌现象，提倡突破还原论，使用整体论。承认逻辑证明是探索真理的重要手段，但不是最终标准。经典力学的一大特点是：注重实践检验并应用于实践，为人类文明作出了巨大贡献，而浑沌学的最终落脚点依然是实践的成果。

通过以上探讨，我们可以得出以下结论：

1. 浑沌学在哲学层面上没有超出辩证唯物主义认识论的基本框架，它不是脱离辩证唯物主义认识论，或超越其上的、独立的、全新的体系。

2. 浑沌学提出的理论和方法是对辩证唯物主义物质多样性、事物联系多样性、客观世界无限性、认识活动无限性等思想的补充与丰富，它关于浑沌现象普遍性，永恒性的理论，更新了人们在经典力学影响之下形成的习以为常的对物质多样性的理解。它描述浑沌现象的一系列范式为人们综合、整体地认识客观现象提供了模式。

3. 浑沌学在理论与方法的系统性，完整性、具体性上正在不断完善，它能给我们很多有益的启迪，当前的任务是要在应用于实践方面作出更多更全面的成果。

二、关于浑沌学在语言研究中的应用

与其他事物一样，语言现象也是规律性与浑沌性的统一，浑沌现象广泛存在于语言的结构，语言发展、语言与文化的关系等方面。对语言中的种种浑沌现象我们不应因它们难以用传统解析性方法进行研究而对其视而不见，也不应用传统方法对其削足适履，勉强解释，而应转变思维模式，吸收浑沌学的合理成分，用整体的、定性的、类比的、推理的方法看待和研究这些浑沌现象，把人类对语言的认识不断向前推进。

在把浑沌学引入语言研究的过程中，应注意以下两个方面：

（一）重视使用浑沌学的理论与方法，但不唯浑沌学

客观世界是规律性与浑沌性的统一，人对客观世界的认识也是解析性与综合性的统一。至于具体历史条件下，解析到怎样的精密程度，综合到什么程度，这取决于我们认识对象的特点、我们现有的认识能力与认识方法、认识的目的。我们研究语言的目的是为了认识语言现象，利用语言现象造福于人类本身，因此，我们要不断超越自身认识能力的极限，革新自己的思维模式。与此同时，我们也应综合使用一切成功的理论与方法。只有这样，才能把我们对语言的认识不断推向前进。

（二）注意吸收前人认识语言浑沌性的智慧

自古以来，人们面对规律的，同时又是浑沌的世界，探索并发展了两套不同的认识方法：解析的方法和综合的方法。对身边

的、单因素的、可以控制、有实用价值的事物进行精密解析，于是，出现了大批实用科学，后来被称为实证科学。而对那些宏观的、长期的、综合的、复杂的、人们自身能力无法明确认识与有效控制的，或缺少实用价值暂时无需精确了解的事物，则采用综合的、直觉的、整体的认识，因而，产生了大批理论性和思辨性科学，其表现形式往往是猜想、假说、理论思辨、逻辑推演。早期有宗教、哲学等，近代有理论物理学、浑沌学、黑箱理论等。在语言学中一直存在着实证主义语言学与理性主义语言学的对立，他们的研究成果依然是我们今天借助浑沌学认识语言浑沌性的智慧宝库。

浑沌学理论与方法在社会科学领域的运用

曹道·巴特尔

引　言

笔者在运用浑沌学理论与方法进行语言学微观分析陷入困境，并试图从其他学者的研究中获得解惑的途径时，发现其他社会科学领域也有一些学者开始运用此方法分析相关问题。在此愿将所收集到的某些相关资料和体会与大家分享，或许可以给大家提供某些帮助。

一、哲学研究与浑沌学

在哲学研究方面有两种情况，一是纯粹的哲学讨论，另一种是中国文化的浑沌哲学探讨。

在第一个方面，主要有中国社会科学院哲学所的陈中立研究员，他是著名的哲学思想专家，研究领域比较广，包括真理问题（1984）、系统科学的哲学（1988）、毛泽东的方法论（1993）、反映论（1999）、思维科学（2001）等等。他发表了《浑沌学与真理论》（中国社科院研究生院学报1994.2）等主要论文。

陈中立研究员在新华网读书频道向大家推荐的六本书中有两本是有关浑沌学的，即詹姆斯·格莱克的《浑沌学：一门新科学》（1991年）和米·沃尔德罗普《复杂诞生于秩序与浑沌边缘的科学》（1997）。另外四本分别是恩格斯的《反杜林论》、《自然辩证法》，列宁的《哲学笔记》和N.施皮尔伯格、B.D.安德森的

《震撼宇宙的七大思想》（1992）。陈中立研究员认为恩格斯运用自然科学成就来建构哲学思想，列宁从前人哲学著作中得到启发。浑沌学著作则反映新科学冲破旧框架和旧思维方式，浑沌学思想能够发挥人的灵感和创造能力。

杨小明和李银香的《混沌学对辩证法的丰富和发展》《世界弘明哲学季刊2001年第2期》一文指出，浑沌学探索的是科学中复杂的非线性问题，它的许多思想和方法与中国传统文化和马克思主义哲学产生了强烈的共鸣。他以浑沌学的“确定”与“随机”、“有序”与“无序”、“简单”与“复杂”、“线性”与“非线性”来讨论浑沌学思想、方法对辩证哲学发展的意义和价值。

浑沌学主要著作有刘华杰《浑沌、语义与哲学》（1998）、李曙华《从系统论到浑沌学》（2002）等专著。主要论文有魏泽萍的《浑沌科学理论及应用前景》（武汉交通科技大学学报，1998，1），程静《从哲学的角度认识浑沌理论》（系统辩证学学报，2004，2），李银香《浑沌学对辩证法的丰富与发展》（山西高等学校社会科学学报，2003，3），聂明新《浑沌学的哲学思考》（武汉理工大学学报，2001，4）等。

在第二个方面，有些学者从中国古代的周易、阴阳八卦、老庄哲学、道教文化、天人合一思想等角度，分析研究我国整体性思维的浑沌性质。比如，蔡宏的《道学思想在现代社会中的意义和价值》《中国道教》2001.2一文，从科学、生命和环保三个方面分析道家学说在现代社会的意义和价值。作者指出，依靠理性思维的西方科学家逐渐发现东方文化的直觉思维对科学研究的积极作用。量子力学家海森堡由决定论转变为统计概率论，相对论家爱因斯坦发现人类直觉在科学研究中的作用，理论粒子物理学家卡普拉研究印度教、佛教和道教的文献长达2年，最后从道家天人合一思想中得到启发。物理学家汤川秀树从庄子浑沌寓言得到启发，发现基本粒子背后的空域，发现空域和能量联系起来，依靠联系的方式产生了各种基本粒子。汤川秀树把空域比喻为浑沌。尤其是萨顿指出：人们必须找到把科学和我们的文化的其他部分组合起来的方法，科学必须成为文化中的一个组成部分，并且始终服务于文化中其余部分。

罗中昌在贵州民族学院学报（哲学社会科学版）2006年第3期发表了《〈易经〉哲学思想的浑沌性刍议》一文，认为《易经》的哲学思想是呈浑沌状态的，其性质就是浑沌性。这种浑沌性表现为唯心主义和唯物主义的并存以及唯物主义和唯心主义成分的互相渗透。罗中昌指出，认识到《易经》哲学思想的浑沌性质，决不是搞折中调和。《易经》所反映的浑沌状态实际上正在代表着人类早期认识的特征，是反映论在人类认识初始阶段的客观表现。

二、文学艺术与浑沌学

付立在《浙江日报》2004年9月13日版发表文章指出，电影《后天》所表现的种种不可思议的现象是立足于浑沌学原理的。据介绍，电影《后天》描述的是地球突然进入冰河时代的故事。描绘“印度六月飞雪，日本雹灾伤人，龙卷风袭击了洛杉矶，冲天巨浪淹没了自由女神，巨型风暴中心所到之处立即成为‘速冻世界’，北半球的文明被埋入冰天雪地之中。”作者指出，温室效应导致全球气候变暖，使得极地冰架因融化断裂而阻断了大西洋暖流，导致了冰河时代的到来。电影《后天》所反映的是浑沌系统对初始条件的敏感依赖性的结果。温室效应在庞大的宇宙面前也许是很小的变化，相当于浑沌学的“蝴蝶效应”，但未来的冰河时代就是其巨大的后果，相当于浑沌学“得克萨斯州的风暴”。付立在文章中还引用了西方浑沌学著作中的那个“丢了一颗钉子，亡了一个国家。”的民谣。

三、文化与浑沌学

1996年，刘华杰出版《浑沌之旅：科学与文化》一书。作者在书中强调科学和文化学的紧密结合。全书分析研究古代中西方神话故事，探讨中央之帝浑沌、侏罗纪公园、太阳神、浑沌之道等等，谈论语言恶习与浑沌、频率与音乐、浑沌思想及文化抽象等诸方面问题，讨论自然科学研究和人类文化之间的关系。刘华杰还出版《浑沌、语义与哲学》（1998）一书。

有篇未署名的网络文章运用浑沌学原理讨论了文化史。作者认为，与线型动力学相比，文化系统更符合浑沌系统的特征：文化的要素无比繁多，这些要素又分别属于多领域（经济、政治、军事、思想文化等）、多层次（从思想观念到物质根源）、多等级和多隶属关系（民族、地域、宗教、职业等），可以视它们为文化运动的相空间。这些文化要素在相空间中的运动基本上是随机性的、涨落式的非线性运动。文化的许多初始状况差不多，但后来确实会发生重大变化。一个小小的因素，一个哲人的灵感可能会形成一种传统，影响一个民族上千年。在文化系统中，不同价值、不同文化特质、不同的意志和选择，使得文化系统含有无穷的干扰因素，因而在文化系统中普遍存在着“蝴蝶效应”。某种思想或价值取向被吸收、溶进特定的文化系统中，并经过该文化的创造，然后被输出并影响更多的人。一种文化特质被另一文化集团（民族）所接受，接受者反过来作为传播者对更多的人施加影响，这个过程就类似于浑沌学中的迭代。通过迭代，一种很小的文化特质会被放大，一种偶然的、不起眼的现象会风行一时。印度人的数字对近代数学的影响、中国的四大发明对近代世界史的影响，可以看作一种迭代现象。文化的这种跳跃性和随机性涨落以及它的迭代行为使文化的演进呈发散性趋势，使它不遵循确定的轨迹。不过，它仍能形成某种集合。如果我们把时间、地域、民族、条件等看作文化系统的相空间，那么文化传统、民族习惯、价值观念、行为模式等可以被看作文化的奇异吸引子。个人的行为、个别的文化现象等完全是随机的，但又能约束在一定的范围和模式之内。分支或分叉也是文化演进中的常见现象。文化在传播、吸收、演进过程中，普遍存在一源多流、一流多源、多流多源现象，存在不同源流的分野与融合，使得文化演进呈弥漫态，以致我们要想清晰地梳理它们简直是不可能的。一个思想流派、一种文化传统在演进中会不断分歧，系统会因分支、交叉而走向浑沌。文化的演进是浑沌的，也是有规律、有秩序可循的，这种规律就是浑沌性的规律。

四、思维科学、心理学与浑沌学

国防科技大学非线性科学专家罗建书教授接受某媒体采访时，专门谈论蝴蝶效应，还谈论了浑沌学在思维科学、心理学的运用。

研究表明，思维等大脑高级活动与浑沌密切相关。人的思维过程更多地表现为宏观的无序和微观的有序，即思维的浑沌现象。心理系统就是一种浑沌吸引子，外界的物质、能量、信息和刺激物进入后便会发生信息的重组，从而产生新的系统。像浑沌系统一样，心理运动是一个涨落过程，一个小小的偶发因素可能急剧放大，一个人的心理和情绪可能会感染很多人。心理传播中的强化效应，从过程上类似浑沌理论中的迭代。通过迭代，一种很小的情绪特质会被放大，一种偶然的、不起眼的现象会风行一时，一种心理在不断的暗示与交流中会不断分歧，系统会因分支、分叉而走向浑沌，产生无法预期的结果。心理的这种跳跃性、随机性涨落以及它的迭代行为使其演进呈发散性、弥漫性趋势。

人与环境的非线性关系提示我们，在对人的心理和行为作控制和预测时，必须十分慎重，尤其要注意个体和群体心理系统中稳定和不稳定、平衡和不平衡中的变量。借助这种理论认识，结合具体、丰富的对目标个体或群体的熟悉和了解，在实际工作中是可以防范和化解一些矛盾的。这是罗建书教授的基本理论和观点。

另外，国内山东等不少地方，进行浑沌思维修炼班。比如，中国思维培训第一人袁劲松先生从事大脑智能研究和训练近20年，研究涉及创新思维、系统思维、战略思维、浑沌思维、形象思维、柔性思维、右脑智能开发、职业脑力训练、团队创造力开发、中小学生思维培训、思维素质测评等诸多领域。浑沌思维训练的内容包括浑沌思维原理（浑沌概念、浑沌思维的核心思想、浑沌思维的基本概念），浑沌思维案例研讨（日常、商业、军事），典型的浑沌基本模式（简单、复杂、过程），浑沌思维修炼实战（要素思维、过程思维、环境思维）训练。浑沌思维修炼实战主要进行浑沌要素训练、浑沌过程修炼、浑沌环境修炼，是一个十分周密的训练体系。

五、教学与浑沌学

封闭式学校教育存在很多弊端。首先，人是社会中的人，而且学校里学到的一切知识几乎与人类的经验有关。因此，学校教育不能脱离社会。汪霞发表《耗散结构理论与后现代课程范式》一文，运用自组织理论指出，老师和学生不应该是固定不变的传授者和接受者的关系，不应该是界限分明的两个个体，而应该是互动的、统一的整体。我们应该从系统的角度出发，改变课程内容、课程组织、教师、学生作为相对独立的状态，把课程领域放到更大的教育、社会网络中。只有从完整的角度出发，把课程内容、课程组织、教师、学生作为完整的、联系的对象，才能真正把握他们的实质，才能发挥相互作用的整体的魅力。因此应该重视整体性，要发挥相互联系的作用。不仅要关注学习目的和目标的系统设计，还要关注学习活动的各种情境，即自传性的、历史性的、政治性的、生态性的、社会性的情境。比如，讲历史最好让学生观摩电影片，甚至组织实地考察。

六、产品包装文化与浑沌学

尚华发表于《装饰》2006年第1期的《混沌理论在包装设计中的应用》一文专门讨论包装行业中的浑沌学问题。包装行业本身属于经济领域的生产者、销售者和消费者三者之间的一个环节。包装图案、形状设计可包含文化含义。如果按传统的线性思维进行包装，很容易固化、精确化、单一化，从而产生交换者视觉疲惫，影响效益。然而如果用浑沌学思维来理解包装，就会产生另一种效果。因为包装设计系统本来是非线性的系统，在创作思维过程中，可以自由运用逆向思维、发散思维、立体思维、非线性思维方式。灵感、直觉、随机应变、触类旁通、突发奇想等都是非线性思维的智慧闪光。创意往往被设计为非线性的二维、三维甚至多维的过程，使设计师的思路无限扩展、任意驰骋，设计的作品具有超越性、奇特性、创造性。事实上，设计师的审美水平及其知识状况制约着设计，而市场信息又促进和调节着包装设计师的发展与思维状况，运动过程必然要受浑沌科学所揭示的浑沌系统规律的影响，正如线性思维的“非此即彼”与非线性思维的“抓住机遇”之间相辅相成、相互依赖，结合成一个密切联系而不可分割的整体一样，在包装设计创意过程中共存。如果设计师能具备一些浑沌科学的思维方式，而且辩证观念运用得当，那将是包装设计创作的最佳状态。作者在文章中以防伪条码的设计为例解释浑沌学思维的意义时指出，我们中国人能用毛笔很容易地画上四道线，再加上边儿，可以完成一次很好的条码。毛笔笔尖的纹路是非线性的。每一次都不可能是一样的。这样又有文化特质，又达到了防伪目的。图中有四条浑沌轨道，每条浑沌轨道四周是长短不齐、弯曲不同的毛刺。浑沌防伪技术恰恰可以利用这些浑沌轨道的不可复制性和复杂性来达到防伪的目的。

七、企业管理策略与浑沌学

这也是一个经济学问题，又是管理学问题和文化学问题。张羿先生在管理学方面的一些观点，在国内外具有一定影响。他强调信息时代企业管理必须采用浑沌学模式。张羿先生著有《走出中国式管理迷局：浑沌与中国企业思维转型》等批判中国式管理的系列文章。张羿说："只有我们具备了浑沌思维，才可能彻底走出中国式管理的迷局"中国管理传播网2006—4—28。事物发展的结果对初始条件具有极为敏感的依赖性。初始条件极小的偏差将会引起结果的巨大差异。由于对初始条件的高度敏感性，一点细微的变化，都会引起企业的巨大变革，使企业发展面临更大的突变性和不可控制性。因此，任何一种管理模式，都有随时被淘汰的可能。在这种非线性的跳跃式发展的环境下，要刻意构筑某种管理模式，并试图把这种模式推广到全世界，显然是不现实的。中国式管理正是陷入了这样一种'模式构筑'迷局。中国企业学习网2006—5—12曾飞《张羿的混沌思维和思维的混沌》

另外，张彦发表《运用系统自组织原理探讨计划与市场相结合的途径》《江海学刊》1990.1一文，指出经济系统不同于自然系统，它存在于政治与历史的环境之中，与人的行为密切相关，所以具有特别错综复杂的性质。我们对动态的、开放的、非平衡和非线性的复杂系统，应该运用无序-有序转化的完整认识。张彦将商品运动和分子运动加以类比，指出这两种运动以及相应的参数和经济指标之间有着惊人的对应关系，例如：

分子运动	分子扩散	涨落	碰撞	…
商品运动	商品流通	价格波动	竞争	…

以上从六个方面简要介绍了浑沌学在社会科学相关领域中的

运用情况。笔者认为，浑沌学在社会科学研究中的运用范围正在逐渐扩展，同时，据我们观察，研究仍处于初级阶段，目前还普遍存在着简单套用浑沌学名词术语和概念等现象，真正运用浑沌学这个理论和方法来深入研究社会科学领域问题的成果相对较少。

虽然浑沌学在各学科中的影响越来越大，但它始终没有成为一门独立的学科。这是因为：浑沌学不像其他学科那样有自己的一个独立的、其他学科无法涉及的研究对象。浑沌学的理论与方法本身来自于各专业的具体研究。研究复杂系统很快会发现传统理论的缺点和不足，无论从结构主义还是进化论的角度出发研究理解现代世界中的各个现象，以前的理论都不适用于不断非线性发展的现象，在科学、社会、文化的发展不断加速的情况下，过去认为是独立、封闭的结构突然出现新的、传统理论解释不了的现象。

此外，经济学界和医学界也开始研究复杂系统中的这些发展规律。

浑沌学在西方的社会地位和科学地位

[德] 司提反·米勒

浑沌学不仅为现代科学提供了不可缺少的理论和方法，对语言学，也像对其他各门学科一样，为进一步了解研究对象的本质与发展规律方面，同样提供了不少帮助。近年来国外许多学者运用浑沌学理论及方法所获得的新的研究成果进一步证实：浑沌学不仅是一个新的、纯理性的假说，同时也是一种有巨大应用价值空间的理论。作为一种跨学科的理论和方法，浑沌学促进了不同学科的新发展，也深化了人们对各自所研究的具体对象本质的认识，甚至还使人们对世界上许多领域的系统关系有了一个更新的理解。

浑沌学自20世纪中期出现以后，旋即引起各学科的关注和重视。大家普遍认识到了该理论和方法的重大价值，尤其是浑沌学所强调的整体观，以及浑沌学所倡导的所谓“思维框架的转换”，更是开创了一种新的学科理念。由于半宗教、半科学性的“新世纪运动”（New Age）曾利用这个新的科学发展观去验证自己的世界观和教义，引起许多学者的普遍反感，也多少影响了浑沌学的学科形象。但最终浑沌学还是脱离了由“新世纪运动”带来的歧视，进入了健康发展的轨道。同时，由于在现代科学方面的特殊贡献，浑沌学在这个时期被人们普遍看作是一种纯科学性的理论。

近20多年来，浑沌学在自然科学和人文科学的地位不断得到提高，如今，没有一门学科不提及浑沌学对其产生的影响。浑沌学理论为解释各种自然、社会、文化现象提供的模型，逐渐地改善或替换了传统的、机械性的、结构主义的模型。人们逐渐认识到所处环境中各现象内部的复杂关系，以及现象之间的多重关系。与此同时，人们获得了理解这些复杂系统的模型和研究复杂系统的方法，以及解释复杂系统的视角和方法。

20世纪末以来，西方的科学一改以往不同理论为真理而战致使各理论间相互排斥而形成的绝对主义思潮，形成了重要的发展趋向即相对主义，这对浑沌学的发展起到了积极的促进作用。许多不同学科的专家们在实践上达成了共识：由于世界极其复杂，没有一个理论能够单独回答或圆满解决所有的问题，大家应该学会同时采用多种多样的理论、方法、模型等来解释学科中不同的现象。目前，西方科学的基本思想是多元化的（pluralist）、宽容的（tolerant）、相对主义的（relativism），在此前提下，许多学科很容易接受浑沌学的一些基本概念。各学科通过对自己研究对象的新的认识发现了许多系统的共性。无论是人身体里的神经系统、物理学中液体的流动、经济发展长期和短期的规律、言语的进步或者语言的发展与变化，都有许多共同点。复杂系统的发展规律在各个学科是一样的，复杂系统对初步的微型效应的依赖性在各个学科也是如此。在一门学科的复杂系统中找到的规律，可以用来解释其他学科的复杂系统。进化论或结构主义诞生时，很多学科很快就利用这些理论和模型解释各自研究对象的来源与结构。同样，近几年浑沌学为各学科提供了新的理论，提醒人们去注意一些过去在比较封闭稳定环境中不重要的、也没有人考虑到的方面。

在西方某些国家，浑沌学已经离开纯学术界，进入普通教育领域。如在德国高中教学计划中，浑沌学纳入了普通常识和一般专业知识范围。浑沌学在学校被作为一种科学性的理论讲授，与结构主义、进化论等一同作为高中课程的一部分，甚至在各个学科的发展都会提到浑沌学的影响。尤其是近年来，西方不少大学开设了浑沌学方面的课程，更有大学建立了“非线性科学研究中心”（Center for Nonlinear Science，例如在 Los Alamos，Georgia，Muenster，Sydney，Nizza，Goettingen，San Diego，Bruxelles 大学 etc.）。这几个大学开始研究非线性科学并提供有关的专业课程。仅 2005—2008 年之间就有许多西方大学与研究机构在不同专业增加了《非线性科学》、《复杂系统科学》等相关课程。在这些学校和机构，学生除了进行各学科有关浑沌学方面的研究项目外，还可以进行校际间非线性科学专题的交流活动。开设浑沌学课程的专业包括物理学、化学、医学、数学、信息学、经济学和体育学等。自从这些新的研究中心开始广泛进行各学科的研究项目以来，浑沌学在西方又一次得到长足的发展。其研究成果成功地应用于医学、机关管理、社会学、媒体等方面，甚至对日常生活也产生了很大的影响。从以下几个例子可以看出，浑沌学是怎样在西方影响人们的日常生活和科学发展的。

一、经济管理方面——股票市场

今天，每个大的银行、保险公司或金融组织都特别关注股票市场和金融市场。通过观察和分析市场的波动，浑沌学的先驱者已经发现一些规律。当一些同样的、有规律的波动在一段时间重复出现，市场发展就要趋向危机。我们虽然不是专家，但也能简单地理解：今天美元很便宜，我就来买。买的人多，那么价格就会上去，这时卖美元又比较划算。当人们都纷纷将自己的美元卖出去后，那么美元的价格又跌了下来，这时候便宜的美元又值得买。这种情况保持一段时间，那么波动的振幅越来越大，最后，整个市场便陷入危机状态。

当然，实际情况可能并不是那么简单，但基本上如此。这种反馈现象容易理解。但是在股票、金融、外币市场更危险的是一种不那么容易发现的现象：当市场的变化比较“乱”、一天一个样子时，市场是稳定的。一旦个别的震动、个别的变化开始不断的重复出现，重复出现的时间越来越有规律，这些很小的波动相比很大的振幅对市场更具危险性。像很多人同步过桥一样：他们各自的脚步力量没有变化，但是很轻的同步节奏可以使一个桥倒塌。所以，西方国家各大银行和金融机关都有一些专家分析市场的波动。如果能预言到危机，那么就买来一些股票，卖出去一些外币，恰好应对市场的自然发展，其目的是避免在股票和金融市场发生反馈，引发危机。尽管他们的行为不符合传统的经济逻辑，不是为了最短时间内得到最高的利润，但他们的股票和金融交易却恰恰符合浑沌学有关复杂系统的发展模型，尤其是反馈模型的逻辑。无论这个复杂系统是金融市场或者个人的生活，一种固定的波动重复和规律地出现，系统将接近危机状况。为了克服这个危机，就应该采取一些措施来应对这个规律性的波动，干扰这个波动。因此，近几年各大银行和金融机构特聘一些研究浑沌学的专家，他们的工作就是保持市场的稳定。

二、“灾难学”（Disaster theory）

近来，人们注意到，浑沌学不仅能帮助分析复杂系统的现状，预测系统在自己环境中的发展方向，并预示什么时候可能进入危机状况外，还可以为避免危机和灾难，或者预测灾难发生后的发展方向提供方法。由于20世纪90年代以来，浑沌学在分析、预防和处理各种灾难方面确实取得了非常重大的成就，也有不少人把浑沌学称作“灾难学”（Disaster theory）。

社会的发展规律也符合复杂系统的发展规律。了解浑沌学，既可以分析又可以影响社会的发展。如20世纪的80年代东部德国知识分子的行为对本国制度的影响就完全符合浑沌学的规律。当时，人们不需要很多精力去面对一种国家制度，不断地往前走一步，往回退一步，如此反复，必然引起一种振动。这个振动的不断发展，趋向规律性，终于在最后导致每个礼拜天有50至100

万东德公民参加的一种活动，称作“为和平祈祷”或“礼拜天的散步”活动。对国家制度持有一些不满意态度的人，礼拜天就到各地方的市中心、教堂参加祈祷会，尔后加入一种共同散步活动。起初，参加这个活动的人，因为受到国家制度的一些制约和限制，但后来不仅仅是他们参加这些活动，他们的同事和亲戚也因国家对其的不公平而加入了进来。于是，国家对公民和公民对国家的行为慢慢地演化成为周期性的固定活动，并越来越规律。开始是一个月发生一次，后来是每个星期一次，最后发展为每天一次。而且不需要策划、不需要用很大的力量或感召力便能够实现。这种反馈状态，对一个社会的影响像任何复杂系统一样，最后便导致复杂系统的崩溃。西方称东部德国的这次“崩溃”是“温和革命”的成功。“温和革命”是浑沌学在社会中发挥作用的一个重要的例子。此次事件之后，西方各国家负责社会稳定的机构与社会科学家不得不重视浑沌学，他们深信各国家、地区、城市或具体场所的人群的行为复合复杂系统动态的规律，这种由众人参与的集体行为不再是个人独自行为的总数而是一种新的系统行为。按照浑沌学的理解，系统并不是其各组成成分的总和，而是有特殊规律性的变化。各国家和政府逐渐认识到，可以利用浑沌学影响社会或者人群的长期发展或短期动作，也可以以此预言社会是否面临一种危机，尽早作好预防工作。因此，从上个世纪90年代开始，西方不少国家的一些学者以浑沌学理论与方法，专门从事研究分析本国和外国各地方的社会发展，并根据各国家的不同情况采用浑沌学的知识做出判断，计划如何对待可能会发生的自然灾难、内乱、战争等。许多国家还投入专门的经费供学者们进行研究，“灾难学”便应运而生。

此外，不少国家在举办某些大型活动时，寻找并雇佣浑沌学者参与对整个活动过程的策划。例如，德国举办世界杯足球赛期间浑沌学者就在场次、场所的安排方面起到了重要作用。这些浑沌学者们仔细研究了各国球队的球迷情况，提前计划好了哪个位置安排哪个队的足球迷。甚至细微到赛事后如何使胜方国家球队的球迷安全离开球场，以避免恶性事件发生等方面。德国能够顺利地举办世界足球赛，也可称得上是浑沌学在社会实际应用中的一种成功范例。

三、浑沌学与语言学：分析串在语言中的作用

浑沌学比较早地就进入了语言学的研究范围。20 世纪 80 年代，浑沌学的伟大创始人 Benoit Mandelbrot（芒德勃罗）已经开始应用浑沌学理论分析言语、戏剧与文学作品。追随他所发明的，至今有不少学者仍在应用他的“分析串”方法研究文学作品。分析串的意思是：在一种文学作品中，有各种各样的语言现象出现，有语法现象、语音现象、词汇现象——读者一般不注意到语言所应用的工具。读者或者听众在心里欣赏、感觉、接受语言并不是仅仅于语言的具体信息内容。在分析过程中，学者发现，语言各现象的出现是比较随便的，可以说是在一种浑沌状态下同时发生的。但有时候，几个语法、语音或者词汇现象突然组成一个固定的程序，并且这个程序的出现也是越来越有规律的。像音乐中，一个主题慢慢发展后突然时髦而不断的重复。语言中，读者或者听众并不注意这个现象的规律化，但恰好是这个规律给听众带来不同的感情：紧张、害怕、快乐、放松等等。语言中对“分析串”方面的研究是非常成功的。“分析串”也许是几个字母的顺序、也许是一些语法结构的用法、也许是几个单词出现的规律。一旦一种现象组成一种“分析串”并规律性地出现，它将给读者/听众带来一些心理作用。过去没有人注意到这些问题，认识这些规律与作用，人们可以有意识的、有目的地运用这个方法在听众中引起一些反应。因此，近几年，西方许多国家的政府机关专门聘请这方面的专业人士作助理或顾问，主要工作是为政治家写讲稿。比如我们分析美国和英国高级政治家关于伊拉克战争的讲话，可以明显地看出浑沌学在他们的讲话中、在媒体中的应用。掌握“分析串”的应用，政治家可以把最坏的消息运用在讲话中，反而受到听众热烈地欢迎！所以，讲话对听众的作用不仅靠讲话的内容，如果掌握“分析串”的应用，那么在听众中可以带来预期的效果，讲话的内容则是次要的。介绍任何一个情况的时候，通过“分析串”的准确应用可以给听众带来紧张，恐怖感。当人们的忍耐力达到极限时再提出任何一种解决方案。此后，慢慢地淡化这个“分析串”，听众的感觉将开始放松。听完讲话以后，大多数人会根据一种模糊感觉同意所提到的解决问题的方案，无论是否符合逻辑、是否合理。于是，老百姓会高高兴兴地同意所有的，若再稍微思考的话就不会赞同其决定的方案。直接听政治家的讲话是一方面，媒体怎么播放这个讲话，又是更重要的方面。

2000年以后，浑沌学在宣传、新闻传播和语言交流中的应用研究成为一个非常热门的话题。有不少人专攻浑沌学在言语中、在媒体中的作用的研究项目。例如：Brian McNair，University of Strathclyde是传播学与交流学教授，专门从事研究浑沌学在媒体里的应用与作用。他的“Cultural Chaos：journalism，news and power in a globalised world（Routledge 2006），”就是应用浑沌学分析解释数码媒体革命的新书。

在语言与文化研究范围中，浑沌学最大的作用不是在研究语言的结构而是在研究语言与文化的不同发展阶段的关系、语言的发展与变化、应用和作用方面。浑沌学的理论与方法能帮助提高语言应用效率，也能帮助理解语言的发展、变化与灭亡。在语言学研究上应用浑沌学的方法理论，可以像在医学方面一样，容易比较早地发现语言发展进入危急阶段，并提出避免或解决语言危急的方案。如果经济学、社会学、医学等学科中的某复杂系统过于规律化，这一现象就预言一种危险状态，语言的规律化是否也可以同样理解？过于强调濒危语言的规律化、强调死板的语法、词汇、语音结构，是否也会加速该语言的灭亡？

四、语言学习和教学、教材编辑

在语言教学和语言学习方面，西方的许多出版社和机构都要求教材的编写应该符合浑沌学为语言学习所提供的最新的知识。理由是：教学中应该注意到人脑里两种不同的语言中心，知道一种语言还不是掌握一种语言。人的脑子里有两种语言系统，认识他们之间的关系对学习、教学是十分重要的。母语是在无意识中就学会的。人脑的一部分功能是保存无意识的知识，我们走路，吃饭，呼吸等等，都是属于人的比较复杂的才能，可是我们不用考虑就会走路、吃饭、呼吸。人脑还有一部分功能是负责有意识的知识，我们的记忆力主要靠这个部分。在语言交流中，如果使用母语，就能无意识地准确使用句子和单词；如果说外语，一般的会有意识地根据我们所掌握的语法和单词组成句子，表达一定的目的。掌握一门语言的目的是培养无意识的语言知识，进而达到不用一个单词、一个单词地拼组每一句话、能够自然地听说和理解外语。我们在谈论母语的时候，如果要刻意加上自己关于母语的一些有意识的知识，那么，脑子里无意识和有意识的系统就会同时给发出语言的机关提供信息，而且，这两个系统在同样的情况下提供不同的信息。所以，我们越是想努力用我们的有意识的知识准确表达一种语言现象或规律，却越说不出自然的语言。

现在的西方的教学资料都要求考虑向人脑无意识的语言中心提供足够的机会掌握一种语言。学会一种语言的知识是简单的，但是学会无意识的语言能力就要求另外的一套教学材料和方法。对有意识的语言中心和无意识的语言中心的培养和两个中心的合作关系的研究，这方面浑沌学几年来也有了不少新的发现。

五、电脑语言学、模糊语言学和浑沌语言学

随着浑沌学在语言学中的应用和发展，其他理论的影响就相应减少。在许多研究方面几种理论同时并存，彼此补充。但是，有的领域近来却矛盾和问题不断。如在电脑语言学方面，模糊语言学历来影响较大且占有重要地位，模糊语言学为电脑语言学的发展提供了不少帮助。模糊语言学比较复杂，正因为其略接近浑沌语言学，近来与浑沌语言学发生了某些冲突（在此需要强调的是，发展电脑语言学的重要目的是用电脑处理语言方面的问题，例如：开发翻译文件的软件等，模糊语言学在此领域已经占有重要的地位）。随着浑沌学在电脑学、物理学、数学、甚至在语言学中的影响越来越大，模糊语言学逐渐失去其在语言学中的重要的地位。例如，模糊语言学称，语言中范畴之间的边界是模糊的。范畴之间的边界不是一个固定的硬线，而是一种宽的、不太固定的线。而浑沌学首先不谈范畴之间的边界而是范畴之间的关系，认为各范畴的内容是由范畴之间的关系决定的。例如，一种语言里有六个不同的时态，六个不同的时间，并且用六种不同的语法手段表达这些不同的时态。因此，时态的意思是相对的，不是一个形态形式肯定表示一种时态，而且在这个时态形式的网络中，每个形态形式的意思是由他与其他形式的关系所决定的。如在中国内蒙古，有鄂尔多斯蒙古人、东部蒙古人、西部蒙古人等。这些不同地区的蒙古人到了中国的其他地方以后，面对汉族人、回族人、傣族人，他们都是蒙古人。而一旦面对外国人，他们又都是中国人。人不变，但是人的定义根据他与其他人的关系而改变。所以，范畴的定义就是由关系所决定的，而不是本身决定的。语法范畴中的现象也一样：如果没有同等范畴的形态形式，一种形态形式就失去它的意义；如果一种语言里不存在动词的过去时和将来时，就没有必要说某种形式表示动词的现在时。

模糊语言学准确地描写了语言方面的一些现象，但是没有发展出一套完整的理论用以解释更多现象。因此，电脑语言学者开始应用浑沌学为语言所提供的某些解释，于是招来模糊语言学的抗议。关于近几年模糊语言学和浑沌语言学之间的矛盾有不少材料，将来语言学者应该想办法处理好这两个学科的关系。

总之，浑沌学的理论及其对语言各方面的解释方法在西方语言学中已经被普遍承认，近10年来浑沌学的基本理论、方法和模型在语言学中的发展是相对稳定的。

六、语言学与浑沌学结合研究的广阔前景

目前，浑沌学虽然被普遍认可，融汇于不同的科学领域中，浑沌学的个别理论与方法在不同学科被广泛应用，可是浑沌学本身却还没有形成一种全面的科学。许多学者使用浑沌学理论也只是根据自己的需要或随自己的意愿从中选用一些词汇或者概念。浑沌学的时髦、新鲜与奥秘在吸引许多学者利用浑沌学的词汇和名誉。也有一部分学者虽然使用浑沌学的词汇，但对词汇的意义并不了解。在不少文章中，虽然提到浑沌学的一些概念，但这些概念的内容属于一种“民间浑沌学”。二者相似的地方并不标明，实际上是运用了浑沌学的一种复杂系统。如当一个小小的原因引发了一个比较大的后果的时候，人们很快就会用“蝴蝶效应”的概念来描述该现象。可是，其中的大部分现象并不符合“蝴蝶效应”的概念和定义。也有的学者感觉到自己的研究对象比较复杂，比较麻烦，但这并不能证明他所研究的对象就属于浑沌学范围内的一种复杂系统。浑沌、复杂系统的定义和发展规律、系统进入反馈状态和非线性的发展、动态或者流动发展模型、奇异吸引子、分叉性、复杂系统的自组功能、蝴蝶效应、分形与自相似性等等——这些概念必须通过浑沌学整个对复杂系统的分析与研究来确立。

浑沌学还没有发展成一门独立的新的学科。目前，随处可见浑沌学的部分和碎片，而很少有人将浑沌学理论作为一个整体系统研究。整体性本来恰好是浑沌学的一个重要概念，要具体应用浑沌学的任何一个概念，首先必须将他研究的对象放入所使用的浑沌学的概念、方法或者理论的整体里。只有这样，浑沌学的各个成分才会发挥其最好的作用。从这几年的发展来看，浑沌学对各学科的影响和势力不断提高，通过应用浑沌学的理论和方法，我们还将不断有新的发现和成就。在这种情况下，浑沌学必须组成自己的学科，必须负责搜集、整理、修整浑沌学的各个概念、成果，从本学科的研究环境出发完善浑沌学理论的定义、研究理论不同部分之间的关系，系统地发展浑沌学的整体作用。

世界上不存在独立、封闭的结构。人们已经清楚地意识到系统的相互关系与影响，以及各系统的开放性与复杂性。现代科学所关注的已经不是封闭的、独立的、静态的结构，而是越来越多地关注各系统之间的关系和系统对环境的开放性，以及反映系统在不同环境和不同影响下的发展规律。语言学作为一种先导科学，其理论与实践涉及文科、理科各方面，小到人脑的神经结构，大到全球化人类交流功能，无所不能。语言作为人类社会、文化的核心部分，能够最明确地反映世界的变化与人们对这个变化的认识。语言不仅能提供一些词汇来描写新的发展与变化，还能提供一种新的思维框架帮助我们更准确地、详细地认识快速发展的世界，准确地应对我们学科研究的系统。语言学与浑沌学的结合研究，将会给语言学的发展带来新的契机。

研究与应用篇

侗台语共时语音系统中无序现象的浑沌学解释

周国炎

前　言

国内外语言学界对侗台语的研究已有近百年的历史。长期以来，学界致力于从共时或历时的角度全方位地对侗台语进行研究。或揭示单一语言的结构特征，或探讨语言之间的对应规律，或构拟某一组音的早期形式或原始形式，或对某一语言进行全面、系统的描写，研究成果可谓丰硕。这些研究成果中语音研究方面的一个共同之处是，强调单一语言语音系统的规整性及语言之间语音对应的规律性，强调语音的历时演变是线性的，而对其中的一些不规则的、没有规律可循的非线性现象则缺乏足够的解释，有的干脆避而不谈，或者勉强把它纳入某个发展轨迹中，但又找不出令人信服的理由。

浑沌学理论可以帮助我们对语音系统中那些不规则的非线性现象作出合理的解释。根据浑沌学理论，我们所处的客观世界是一个具有复杂性的浑沌世界，是有序和无序统一的世界。作为客观世界中的一种现象，语言也应具有浑沌的特征，也应是有序和无序的统一。然而，人类语言中的无序并不是杂乱无章的现象罗列，不是阻碍语言发展的消极因素，在研究中无需对其进行回避或排斥。实际上，人类任何一种语言（除人造语言——世界语以外）都不是整齐划一的。人类语言一方面具有有序性——大致的平衡，这确保人们相互之间的交际可以顺利进行，另一方面又具有无序性——大致的平衡、稳定中有不平衡、不稳定的因素，这又使得语言可以不断发展变化。人类语言就是这样既有序又无序地统一着，而无论是趋向平衡还是打破平衡，其目的都是为了更好地适应不断发展变化着的人类社会（吴东海，2005）。

张公瑾先生早就注意到了语言中的浑沌现象。在《文化语言学发凡》一书中，他用浑沌学的原理分别对语言（尤其是侗台语）中的一些无序现象进行了研究，其中，用“平衡与平衡破缺”阐释了傣、壮、黎三种语言塞音声母相对平衡矩阵中的不对称现象（张公瑾，1998）。

塞音声母的不对称只是侗台语共时语音系统中的不对称矩阵之一。笔者打算顺着这一思路，将包括仡央语群语言在内的众多侗台语族语言共时语音系统中一些非线性现象列举出来，一一进行分析，以期能够有助于认识侗台语族语言中用传统理论和方法无法解释的一些现象。

一、声母系统的平衡与平衡破缺

声母是指位于音节首的辅音，是汉藏语系语音描写的一个专用术语。辅音可以按照发音方法和发音部位进行分类。按照发音方法，辅音可以分为塞音（爆破音）、鼻音、颤音、闪音、挤喉音、吸气音、边音、擦音（摩擦音有中擦、边擦之分）、塞擦音、半元音（中微擦音）等若干类。其中大多数辅音按发音方法又可分为清音、浊音、送气音和不送气音。按发音部位分类，辅音通常可以分为 15 种。据此，不包括复合辅音（如汉藏语系部分语言中的复辅音声母），人类语言的辅音加起来应该是 195 个[①]。也

---

① 按发音方法，辅音可分为 13 类；按发音部位又可分为 15 类。假如每个发音部位按每种发音方法都可以发出音来，就应该是 195 个单辅音。

就是说，195 个单辅音是人类自然语言最理想、最对称、绝对平衡的辅音矩阵。但实际上，世界上任何一种自然语言都不可能拥有这样一个理想的辅音矩阵。正如语言学家萨丕尔所说的，“语言机构所能用的发音数目是无限的；每种语言都从这丰富的储藏里明确地、严格经济地选出一些来作为已用”。[①] 因此，可以说任何一种语言的辅音系统都是一个残缺不全的矩阵，都是不平衡、不对称的。但在每一个不平衡的辅音矩阵中又都保持局部的对称，也就是大致的平衡。

1. 鼻辅音声母矩阵

通过鼻腔控制气流是人类普遍存在的一种发音方法，几乎所有自然语言都有鼻辅音。侗台语族语言中目前声母系统最复杂的是水语，包括唇化、腭化、前紧喉和鼻冠音等带有复合成分的音素在内一共有 71 个辅音。其中鼻音系统的对称性可能是侗台语族语言中最理想的。以下是贵州省三都县潘洞水语声母中鼻辅音声母的矩阵[②]：

m̥	ɱ̊	n̥	ɲ̊	ȵ̥	ɳ̊	ŋ̊	N̥
m	ɱ	n	ɲ	ȵ	ɳ	ŋ	N
ˀm	ˀɱ	ˀn	ˀɲ	ˀȵ	ˀɳ	ˀŋ	ˀN

从上述矩阵看来，水语的鼻辅音声母系统可以说是比较完整的，几乎每一组塞音都有同部位的鼻音（与小舌音对应的/N/空缺）。但这还不是最理想的鼻音系统矩阵。按音理，人类发音器官所能发出的鼻音应该是 8 套，即：m－、ɱ－、n－、ɲ－、ȵ－、ɳ－、ŋ－、N－，而水语中只有 4 套，只是 8 套中

① 爱德华·萨丕尔著，陆卓元译：《语言论——言语研究导论》，第 40 页，商务印书馆，1997 年。

② 表中一、三、五、七列是潘洞水语中目前存在的鼻辅音，其他四列鼻辅音按音理可以发出来，但目前的音系中没有。在此列出以便于比较。

的一半。因此，水语的鼻辅音声母系统也只是一个大致平衡的系统。

到了大方红丰仡佬语中，这个大致平衡的系统又有些破缺了。大方红丰仡佬语也是侗台语中目前鼻辅音系统比较发达的语言，其矩阵如下：

m̥	n̥	ȵ̊	ŋ̊
m	n	ȵ	ŋ
ʔm	ʔn	□	□

带前紧喉成分的鼻音到了大方红丰仡佬语中只剩下两个，出现了不对称的现象，但仍然有三套鼻音。

在毛南语中，鼻音系统就简化成两套了，即：

m	n	ȵ	ŋ
ʔm	ʔn	ʔȵ	ʔŋ

清化鼻音在这个语言中完全消失，变成了只有前紧喉鼻音和全浊鼻音的对立。而同样只有两组鼻音对立的仡佬语保留的却是清化鼻音，矩阵如下：

m̥	n̥	ȵ̊	ŋ̊
m	n	ȵ	ŋ

与上述四种语言相比，侗台语族其他语言鼻音系统都要相对简单一些，大多数都只有全浊鼻音 m－、n－、ȵ－和 ŋ－，西双版纳傣语只有 m－、n－、ŋ－三个鼻音，缺少舌面前浊鼻音 ȵ－。德宏傣语则更简单，只有 m－和 ŋ－，其他语言（方言）中的 n－到德宏傣语中都变读为 l－。因此，与相对平衡、对称的水语鼻辅音声母矩阵相比，德宏傣语的鼻辅音声母系统就显得严重的残缺不全了。

2. 擦音和塞擦音声母矩阵

在侗台语族的大多数语言中，擦音和塞擦音声母矩阵的对称并不都是井然有序的。壮语（武鸣话）中缺乏一整套的塞擦音声母。擦音有四套，但只有一套大致可以形成对立。即：

f	s	ɕ	h
(v)	□	(j)	(ɣ)

v－和j－只有轻微的擦音，可视为半元音，与f－和ɕ－构不成对立，h－和ɣ－虽然是清浊对立，但发音部位不完全相同，只能视为大致对称。布依语大多数地区都有塞擦音，部分地区，如第二、三土语有两组，即舌尖组和舌面组，部分地区只有舌面组。以贵阳布依话为例：

ʦ	(ʦh)
ʨ	(ʨh)

本族语固有的音位只有清不送气的塞擦音一组，送气的塞擦音在这个点只用来拼读现代汉语借词。如果只考虑本族语而不考虑外来语言的影响，贵阳话的塞擦音声母系统是一个残缺的矩阵。而现代汉语成分的借入，使布依语（绝大多数地区）塞擦音声母系统从平衡破缺走向大致的平衡。跟壮语武鸣话一样，布依语摩擦音矩阵中也出现了很多的空位，多数地区只有舌尖（或读作齿间）擦音组有清浊的对立，其他各组不是清音就是浊音出现了空缺，而这些空缺又大多通过现代汉语词的借入得以补充。

傣语两个方言的塞擦音声母相比之下更显得形单影孤，本族语固有音系中都只有ʦ，没有与之对应的ʦh，也没有舌面塞擦音ʨ和ʨh。侗水语支大多数都有送气和不送气的对立，塞擦音声母也不例外，但每种语言都只有舌尖塞擦音，没有舌面这一组。摩擦音主要是轻擦音，有清浊对立的只是个别情况，如仫佬语只有 h 和 ɣ 的对立，毛南语有 f 和 v、s 和 z 与 h 和 ɦ 的对立。水语的清浊摩擦音各有 4 个，但只有 f、v 和 s、z 是两两对立的。轻擦音 ɕ、h 和浊音 ɣ、ʁ 都没有与之对立的音位。黎语塞擦音也有舌尖组的送气与不送气的对立，没有舌面的塞擦音，擦音的不对称性也是侗台语中最突出的，只有 f 和 v 的对立，浊音 z 和清音 h 都没有对立的音位。

与前面所述的语言相比，侗台语族的另一个语支——仡央语支的塞擦音和塞音声母矩阵要整齐得多。以大方红丰仡佬语为例[①]：

ʦ	ʦh	ʣ
ʨ	ʨh	ʥ

（塞擦音矩阵）

f	s	ɕ	x	h	χ	□
v	z	ʑ	ɣ	ʔ	ʁ	ɬ

（摩擦音矩阵）

从上面的对比可以看出，无论是塞擦音还是擦音，仡佬语的语音系统都要比壮傣、侗水和黎三个语支更具对称性。这种对称性有可能是对声调系统和韵母系统相对简单的一种补偿，但这还有待于从历时的角度去做进一步的研究。

3. 孤立的辅音音位

孤立的辅音音位的存在是语音系统有序与无序统一的一种体现。每一种语言的语音系统中都会有少量几个无论在发音方法或发音部位上都与其他各组辅音无法归在一类的音。这些音在辅音

① 大方红丰仡佬语的浊塞擦音粗听起来有些象鼻冠音（即清塞擦音前带有同部位的鼻音），但经反复听音分辨，浊音的特征还是要明显一些。

表中独处一隅，形影相吊，使整个辅音矩阵显得既不对称，又不和谐，但缺少了这些音，语言又无法完整地表达意义。

(1) 喉塞音

在侗台语的多数语言中，当元音出现在音节首时，发音过程中总是要伴随着出现紧喉的成分，这个紧喉成分多数人把它描写成喉塞音 ʔ-。ʔ-从发音方法上看属于清、不送气的塞音，没有与之对立的送气音或浊音。如果严格按照发音部位来分类，侗台语所有语言的辅音系统中除了 ʔ-以外都没有喉音①。在一些语音系统中，为了保持一种相对的平衡，将声门擦音与塞音 ʔ-排列在一起，但这实际上是一种不科学的处理。因此，塞音 ʔ-在侗台语音系统中是一个孤立的音位。

(2) 边音

边音 l 在多数侗台语族语言中也是一个孤立的音位。从发音部位来看，它与 t-、th-、n-等同属一类，都是舌尖中音，但发音方法上却很少有一个能与之相配的。鼻音 n-发音部位与之相同（都是舌尖在起作用），发音方法上也比较相近。有些人鼻音发不好，容易发成边音。傣语德宏方言中只有 l，没有鼻音 n，就是语音同化的结果。侗台语部分语言（或方言、土语）中都有一个边擦音 ɬ，发音部位与 l-相同，但带有明显的擦音色彩，在发音方法上跟 l-有较大区别。倒是个别语言中有一些音，如仡佬语中有清化边音了 l̥-，仡佬语部分方言（多罗方言和阿欧方言）中有带前紧喉成分的 ʔl-，比贡仡佬语（属阿欧方言的一个次方言）中有一个舌尖后边音 ɭ-在发音方法上都较接近 l，但在发音方法一栏中不可以跟 l-排列在一起。不过在侗台语族语言中（也许是世界绝大多数语言），边音 l-在辅音矩阵中都是孤

① 从生理角度看，喉部是人类发音能力最弱的器官之一，除塞音以外，最多只能通过摩擦发出一些音。

立的，这是一种普遍现象。

（3）闪音和颤音

闪音和颤音在侗台语中不是普遍存在的音位，仅泰语、黎语中有。泰语中的颤音在实际语言中颤动的特征并不十分明显。90年代中期，泰国一位歌星在演唱过程中有意识地把一句歌词中的一个颤音很夸张地发成边音，结果导致他的追星族们在日常生活的语言中把所有的 r 都发成了边音 l- ，几乎掀起了泰语语音发展史上一场里程碑式的变革。不过在郊区和农村地区，一部分人发 r 音时，颤音特征仍然很明显，有时甚至很夸张。黎语的 r-音在单音节词或多音节词第一个音节里可以读作闪音，也可以读作颤音。但在连读或者出现在多音节词第一个以外的音节时，是多次颤动的 r-。布依语中的 r-是舌尖前浊摩擦音 z-的个人随选变体，且颤动的特征不明显。从发音部位来看，颤音 r-属于舌尖辅音，但在发音方法上，侗台语所有有这个音的音系表中，它都是独一无二的。

二、韵母系统的平衡与平衡破缺

1. 长短元音的对立

元音的长短差别是指两个元音在各方面发音条件都完全相同的情况下，发音时长所表现出来的差异。但在实际语言中情况却不完全是这样，仅有少量的元音是通过时长来体现长短差异的，如泰语的长 a 单独作韵母时，与单独作韵母的短 a 的区别就是这样，而大多数的长短元音差异情况并非如此。通常情况下，时长并不是主要的特征。在布依语中，前元音的长短主要表现为舌位的高低，发长元音时，舌位总是要比短元音高一些，并伴随有细微的时长差别，如贞丰布依语中与短 a 对立的长元音是 æ；在标准音点（望谟布依语），元音 e 的短音读作 ɛ。前高和后高元音的长短在发音时，随着发音时长的增加，伴有向央元音 ə 滑动的过程。

在侗台语族语言中，长短元音对立的现象是极不平衡的。只有极个别语言，如泰语标准语（曼谷话）单元音韵母区分长短，绝大多数语言只有在复合元音韵母或带有辅音韵尾的音节中主要元音才会有长短之分。一部分语言所有的主要元音（能带韵尾）都区分长短，如泰语、武鸣壮语、黎语等。多数语言只有主要元音 a 处于韵腹位置时才区分长短，如贞丰布依语、仫佬语、傣语、侗语等。少数语言个别主要元音没有长短区别，如毛南语除 e、ε、o 以外，其他主要元音都区分长短。仡央语支除布央语以外，其他语言（包括仡佬语的几个方言、木佬语，拉基语，拉哈语，普标语）都不区分长短元音。

侗台语中，无论是否区分长短元音，其韵母矩阵都会有明显的残缺，尤其是复合元音部分。以下我们以贞丰北盘江镇一带布依族语韵母系统为例，来分析长短元音对立的非对称性。

	1	2	3	4	5	6	7	8	9	10	11	12
A	a		i		e		o		u		ɯ	
B	a:i	ai	ia	□	□		□		ua	□	ɯi	
C	a:u	au	iu	□	eu		□		□	□	□	
D	□	□	ie	□	□		□		ue	□	□	
E	a:m	am	im	iam	em		□		□	uam	ɯm	
F	a:n	an	in	ian	en		□		un	uan	ɯn	
G	a:ŋ	aŋ	iŋ	iaŋ	eŋ		oŋ		uŋ	uaŋ	ɯŋ	
H	a:p	ap	ip	iap	ep		□		□	uap	ɯp	
I	a:t	at	it	iat	et		□		ut	uat	ɯt	
J	□	ak	ik	iak	ek		ok		uk	uak	ɯK	

北盘江镇的布依语属布依语第一土语，该土语是布依语中韵母系统较为复杂的，如标准音点望谟布依话中就有 a、i、u 和 ɯ 的长短区别，但由于与韵母系统相对简单的第三土语在地域上相

连，受其影响，北盘江镇一带的布依语韵母系统也趋于简化。从上面的韵母矩阵中可以看出，该点韵母系统的对称性只是局部的。元音长短的对立只出现在前两列，即只有元音 a 出现长短的对立。在标准音点望谟话中，主要元音 i、u 和 ɯ 的长音在发音时长增加的同时舌位向央元音［ə］滑动，在文字方案中分别用 ia、ua 和 ea 来转写。但在北盘江镇的布依语 i、u 行韵母中，i 和 u 是介音，a 是主要元音，要读本音，不同于望谟话中的央元音 ə。因此，不能看成 i 和 u 的发音。

侗台语元音长短的对立在任何语言中都不是绝对平衡的，任何语言都总有一些主要元音会出现对立的残缺，壮语武鸣话是长短元音对立最完整的语言之一，但仍有元音 ə 孤零零地被置于韵母表的右上角。虽然黎语的 6 个主要元音都有长短对立，但短元音 o 的对立空缺位却多达 5 个。

语言不仅要满足表意的需要，还要遵循经济、省力的原则，侗台语主要元音对立项的减少就是这一原则的体现。可以预测，对立项的全部消失是最终的发展结果。大多数侗台语族语言目前正处在长短元音对立项逐渐减少的阶段。在北盘江一带的布依语中，我们甚至可以观察到这一发展阶段的一些动态轨迹。上个世纪五六十年代以前出生的人 a 的长短对立比较明显，而上个世纪七十年代以后出生的常常会混淆 a 与后元音 u 和后鼻音 ŋ 相拼时的长短对立。与舌根塞音 k 相拼的长元音 a: 在各种年龄层次都消失了。在布依语的第三土语，除了个别地区还保留 a:n 和 an 的对立以外，其他地区长短元音的对立全部消失。

全部保存主要元音的长短对立（像壮语、黎语和泰语那样）是侗台语韵母系统的一种大致平衡（相对平衡），对立项减少是系统的平衡破缺，最后发展到长短对立全部消失，又是另外一种平衡体系的建立。

2. 辅音韵尾体系的平衡与平衡破缺

侗台语辅音韵尾体系的发展也跟元音长短对立体系的发展一样经历了从体系大致平衡到平衡破缺最后发展为另一种形式的平衡这样一个过程。

辅音韵尾指出现在音节末尾的辅音，侗台语主要是鼻音和塞音，个别语言中还有边音。① 国内侗台语中目前辅音韵尾最复杂的是黎语（保定话），共有鼻音韵尾4个（－m、－n、－ȵ、－ŋ），塞音韵尾（－p、－t、－ȶ、－k），其中辅音韵尾－ȵ和－ȶ是黎语独有的。傣语西双版纳方言有7个辅音韵尾，除了鼻音韵尾－m、－n、－ŋ和塞音韵尾－p、－t、－k以外，还有喉塞音韵尾－ʔ。② 布依语第一、二土语多数地区有3个鼻音韵尾、3个塞音韵尾，第三土语多数地区－m尾韵归并到－ŋ尾韵，－p尾韵归并到－k尾韵，少数地区只保留有一个喉塞音韵尾－ʔ，个别地区塞音韵尾已经全部消失，只保留有鼻音韵尾－n和－ŋ，如贵州水城县金盆、南开和威宁新发乡一带的布依语。

多数语言的辅音韵尾都是配对出现的，有什么样的塞音韵尾就必然有一个与之发音部位相同的鼻音韵尾。这是侗台语辅音韵尾系统有序的一方面。只有傣语西双版方言的－ʔ，老挝中部石语的－l和－ʔ比较特殊，这又是无序的一面。再看辅音韵尾与主要元音搭配所构成的韵母矩阵，多数情况下是井然有序的。其中侗语（车江话）的韵母表可以算是侗语中辅音韵尾体系构形最为完美的。详见下图。

---

① 老挝中西部与泰国相邻的地方有一种语言叫做石语（Saek），是侗台语种语言中语音系统比较特殊的一种。该语言的辅音韵尾共有8个，除多数语言中所具备的－m、－n、－ŋ、－p、－t、－k、－ʔ以外，还有一个边音韵尾－l，这在所有侗台语中都是罕见的。

② 部分语言中，双唇塞音韵尾归并到－k，进一步发展的结果是－k组韵尾消失，演变成－ʔ，但西双版纳傣语在－p、－t、－k都完整保留的情况下多出一套喉塞音韵尾，与上述演变规律又有所不同。

a		(ə)	e	i	o	u	ɿ

复合元音部分省略

a:m	am	əm	em	im	om	um	□
a:n	an	ən	en	in	on	un	□
a:ŋ	aŋ	əŋ	eŋ	iŋ	oŋ	uŋ	□
a:p	ap	əp	ep	ip	op	up	□
a:t	at	ət	et	it	ot	ut	□
a:k	ak	ət	ek	ik	ok	uk	□

傣语西双版纳方言除了-ʔ韵尾有一个缺位以外，其他的辅音韵尾对应也是相当严整的。从这两种语言的辅音韵尾矩阵中我们看到了语言的有序性和系统性的一面。但动态发展的语言并不总是像我们所想象的那么完善，在一部分语言中，辅音韵尾出现的条件是有限制的，如布依语中-k韵尾不出现在长a之后，仫佬语中-m、-n、-p、-t不与ɛ韵相拼，-n、-ŋ、-t、-k不与ɯ韵相拼；水语中ə韵之后不出现-m和-p，这样就使这些语言中的韵尾矩阵出现了一些空位，破坏了韵尾体系的严整性。

与主要元音长短对立的发展情况相比，辅音韵尾体系发展的线性倾向似乎更明显一些。鼻音韵尾和塞音韵尾两两对立并能与各组主要元音相拼（像侗语、傣语那样）是侗台语大致平衡的辅音韵尾体系，与主要元音拼合项的减少以及某组辅音韵尾的消失导致平衡状态的出现。目前侗台语中还没有出现辅音韵尾全部消失的迹象，至于将来会不会出现彝缅语那样全部没有了辅音韵尾，这也很难预测。语言发展过程中所表现出来的某些顽固性是我们目前无法解释的，也正是因为这一点，语言在经历数千年的发展演变以后，还不会变得面目全非，今人回过头去看古人留下来的文献，也不至于一点都看不懂。也许将来在侗台语的发展过程中，会出现某种奇异吸引子，使本来已经演变成没有辅音韵尾的语言又重新产生出辅音韵尾也未可知。仡央语群语言发展到今天，大多数已经没有了塞音韵尾，但与泰语、壮语等接触比较频繁的拉哈语（越南北部）和布央语（云南东部和广西西部）由于语言成分的借用，又重新出现了塞音韵尾。语言接触不就是一个奇异吸引子吗！

三、鼻音韵尾塞音化——壮语共时语音系统中出现的一个分叉

按照浑沌学的观点来看语言，语言系统既存在确定性的一面，也存在随机性的一面（张公瑾，1998）。语音系统的演变也存在同样的情况。历史比较语言学家们曾经提出语音演变是没有例外的，这实际上是忽视了随机性的存在。

通过对侗台语族各语言共时语音系统的考察，我们发现辅音韵尾体系的演变大致遵循这样一个规律：

第一步：双唇辅音韵尾 -m、-p 分别合并到 -ŋ、-k；

第二步：塞音韵尾 -k 弱化为 -ʔ；

第三步：塞音韵尾 -t 也弱化为 -ʔ；

第四步：-ʔ 脱落或复元音化；

第五步：鼻音韵尾 -n、-ŋ 互混，部分出现元音鼻化现象；

第六步：元音鼻化现象取代所有鼻音韵尾；

第七步：鼻化元音全部消失，所有音节均以元音结尾。

目前侗台语部分语言（方言）已发展到鼻音韵尾 -n、-ŋ

互混的阶段，[①] 但多数仍有塞音韵尾（例见上文）。

笔者 2006 年年初在广西东兰、巴马调查壮语量词时发现的一种奇特语音现象却颠覆了上面所说的音变规律。

东兰、巴马一带的壮语属该语言的北部方言，韵尾体系与武鸣壮语一样，比较完整，但与其他地方的壮语所不同的是，在别的地方读作鼻音韵尾的词在这里有些却读作同部位的塞音韵尾，这部分词主要是本族语固有词和一些早期汉语借词。[②] 例如：

东兰壮语	汉语	所期待的读音	东兰壮语	汉语	所期待的读音
ʔdat^{33}	(一)个	ʔdan^{33}	ɕiɛt^{42}	床单	ɕiɛn^{42}
fa:k^{31}	鬼	fa:ŋ^{31}	nak^{42}	皮革	naŋ^{42}
tɕip^{42}	针	tɕim^{42}	fok^{42}	(一)封	foŋ^{42}
va:t^{42}	斧头	va:n^{42}	fɯk^{31}	手	fɯŋ^{31}
piap^{42}	头发	piam^{42}	tit^{35}	脚	fin^{35}
piət^{31}	瓶子	piən^{31}	jok^{42}	尾巴	joŋ^{42}
jak^{35}	筛子	jaŋ^{35}	fɯt^{11}	柴	fɯn^{11}
pa:t^{31}	盘子	pa:n^{31}	vɯt^{31}	人	vɯn^{31}
ʔjɛt^{42}	香烟	ʔjɛn^{42}	vɯt^{35}	雨	vɯn^{35}
ʔot^{42}	刺(名词)	ʔon^{42}	jat^{42}	路	jan^{42}
pat^{11}	盆	pan^{11}	vat^{35}	种子	van^{35}

在调查的不足 500 个词中，40% 以上属于这样的例外现象，大致规律是 -m 变为 -p，例子较少，-n 变为 -t，-ŋ 变为 -k。但也有相当一部分词没有发生变化，例如：θan^{33}“（一）根”，kuŋ^{33}“（一）座”，ðam^{31}“水”，hen^{42}“石头”，ɕoŋ^{31}“洞”，liaŋ^{42}“伞”，vin^{42}“裙子”等等。也有一部分词读音不稳定。例如“手”有时读作 fɯk^{31}，有时读作 fɯŋ^{31}，“个”有时读作 ʔdat^{33}，有

① 仡央语支大多数语言已经没有塞音韵尾，仡佬语部分方言的 -n、-ŋ 在高元音之后容易混淆。布依语和壮语中也有部分地区塞音韵尾全部消失的，-n、-ŋ 互混现象也与仡佬语基本相同。

② 表中所有词语的发音已经过笔者反复核实，并保存有录音材料。

时又读作 ʔdan³³。但多数情况读作前者。

鼻音韵尾塞音化的现象是没有什么规律可循的，变读的大多数是本族语固有词，声、韵、调相同的情况下既有变读为塞音的，也有保持为鼻音韵尾不变的。这种现象究竟是历史演变的结果还是本来面貌如此，目前由于缺乏深入的研究，尚不敢断然下结论。但现象存在本身说明了语言系统并不像我们所想象的那样总是沿着一条固定的路线发展。大致统一是语言系统发展的主流，但在统一的同时也会出现一些随机的现象。这些随机现象是我们研究语言不可忽视的。也许这些不起眼的随机现象会成为“蝴蝶效应”的源头，将来会引起整个侗台语甚至同类型语言在结构上出现颠覆性的变化。

傣语四音格的浑沌性

吴东海

一、傣语四音格是一个复杂的动态系统

浑沌研究表明，客观世界是一个连续体，事物之间没有一个非此即彼的绝对界限。傣语四音格也是这样，傣语四音格是一种客观存在的语言现象，是傣族人民在长期的语言实践中逐步发展起来的。因此，一方面，由于傣语四音格已经在傣语实践中形成了自己的鲜明特点，在傣语使用中有特定的作用和功能，因而必须把它作为一类独立的语言现象加以研究。另一方面，傣语四音格与其邻近的一些语言现象，如一般词组、熟语等，还存在着千丝万缕的联系，它们之间不存在不可逾越的鸿沟。所谓“傣语四音格”只是语言研究者为研究的方便对某类语言现象的命名。同样的语言现象，我们这里称“傣语四音格”，傣语中有时又称为“kǎm^{4}tsap^{8}lɛp^{8}（韵语）”，而《傣汉词典》则译为“四字格”。正如许多事物的名称一样，这样的名称只能概括客观事物的大致范围，而不能对客观事物做出精确的界定。而且，不同的研究者，由于宽严把握的不同，也会对边沿区域的语言现象作不同的取舍。例如，有人主张所有傣语四音格都是并列结构，有人则把“mǎ^{8}ha^{1}（大）lǎ^{t}sa^{2}（王）大王”这样的偏正结构也列入傣语四音格之中。① 同时，不同特征之间也会有矛盾，各个特征之间存在着一些无序状态，例如，上述的“mǎ^{8}ha^{1}（大）lǎ^{8}tsa^{2}（王）大王”，虽然在结构类型上属于少数类，但是，在语音形式上它还押韵，又属于多数类。由于这些不确定性因素的存在，几条语

① 玉康：《汉傣泰常用会话手册》，第151页；云南民族出版社，2001年。

言特征已不能把所有傣语四音格一一区分开来了。

那么，这是否意味着认识傣语四音格不一定要去研究傣语四音格的语言特征呢？当然不是！过去的研究之所以遇到困难，是因为人们总是用傣语四音格的各种语言特征去衡量傣语四音格的每个个体。浑沌学理论认为，整体论的方法是研究复杂系统的重要方法。整个傣语四音格是个复杂系统，对于这样的复杂系统，必须要有整体论的思想。也就是说，人们应从傣语四音格的整体上去考察傣语四音格的语言特征。

从整体论的观点来看，整个傣语四音格实际上是一个有序和无序相统一的动态系统。不仅如此，傣语四音格的语音、结构、意义等也都是这样的复杂系统。

傣语四音格是有序和无序的统一体。一方面，各种傣语四音格的语言特征丰富多样，差异悬殊。傣语四音格的语言特征可以表现在语音、结构、意义等方面。语音方面有音节形式、押韵、音变等；结构方面有结构层次、结构关系、结构模式等；意义方面有内部意义、整体意义以及它们之间的相互关系等。所有这些特征，它们所在层次可能不同，表现程度也有差异，在同一个傣语四音格中，各方面特征也不是互相对应。另一方面，在这些形式各异程度不等的语言特征背后，总还有一些规律性的东西，它们分别在各自的领域主导着傣语四音格发展方向，并使得傣语四音格的整体在各个方面呈现出一定的有序性。

经典动力学理论认为，“系统运动只有到达吸引子上才能稳定下来并保持下去。”① 可见，稳定的动态系统都有吸引子维系着。傣语四音格是一个动态系统，虽然这个动态系统的边界不是完全封闭的，系统的内外还在不停地进行着交换，但是，该系统

① 苗东升、刘华杰：《浑沌学纵横论》，第 99 页，中国人民大学出版社，1993 年。

每个方面的众多特征都有自己的统一主题，也就是说，都有自己的吸引子。这些吸引子分别在各自的领域维持系统的动态平衡，规定着系统的本质，引导着系统的趋势。

二、傣语四音格的三个吸引子

傣语四音格可以从语音、结构、意义三个方面来分析研究，实际上，这里的每个方面都是一个复杂的动态系统，它们也都有各自的吸引子。

（一）傣语四音格在语音系统的吸引子是语音的和谐流畅性。

首先，傣语四音格的各种语音特征，都是为了使傣语四音格的语音效果变得和谐流畅，悦耳动听。

大多数傣语四音格内部多为并列结构，即使那些非并列结构，例如“$tun^3ho^1p^ho^1me^2$ 原配夫妻”等，人们在口读时，也总是处理成“二二”模式。可见，傣语四音格内部一般存在着两个“语音块”，傣语四音格要想使整个语言单位变得流畅自然，朗朗上口，就只需要协调好这两个“语音块”之间语音效果，而不必四个音节逐个考虑。傣语四音格在语音形式上的各种表现，其实都是为了协调这两个“语音块”。

傣语四音格的音节形式，以ABAC类型最为典型，这里的两个“语音块”“AB”和“AC”中有共同的“A”，这样，这两个“语音块”在音节上就前呼后应，和谐顺畅。

音变现象是傣语四音格中很有特色的语音形式之一，其实，音变的效果也是协调傣语四音格内部的两个“语音块”。傣语四音格中的音变，可以是声调的变化，可以是元音的变化，还可以是整个韵母的变化，语词中唯一不改变的是声母，这样，在傣语四音格中，前后两个词语就会在声母上保持一致。如此看来，傣语四音格中的音变现象，不就是在追求声母呼应吗？有时两个音节同时产生音变，这时声母和谐流畅的效果就更为明显了。

押韵是傣语四音格最有特色的语音形式。傣语四音格中，押韵的方式灵活自如，可同韵同调相押，也可同韵异调相押；可押腹韵，可押首韵，可押尾韵；可双重押韵，还可兼类押韵，短短的四个音节，竟能千变万化。傣语四音格以押腹韵最为普遍，这种押韵方式的特点是两个“语音块”首尾相押。如果说音变等手段造成了傣语四音格的前后呼应，那么押腹韵就造成了傣语四音格的蜿蜒回环。

其次，在全体傣语四音格中，大多数傣语四音格都具有语音流畅性。

在我们所收集的傣语四音格中，ABAC 类型的有 1088 条，AABB 类型的有 65 条，其他类型的有 29 条，这几种类型的傣语四音格都具有语音流畅的特征，没有语音流畅特征的只可能存在于 ABCD 类型中。而在全部 1167 条 ABCD 类型中，有 37 条是押首韵的，有 442 条押腹韵的，有 50 条押尾韵的，还有 18 条是两个音节都音变的。这样，在声韵上具有语音流畅特征的傣语四音格占总数的 75%左右，更何况这里还没有考虑声调变化的情况。

再次，语音流畅性是傣语四音格语音的发展趋势。

在分析傣语四音格的语音形式特征时，可以明显感觉到，一些傣语四音格的音节形式是经过精心选择的，而一些同义傣语四音格的存在，就清楚地展示了这个语言选择的过程。例如：“hə^{5}pǎŋ^{2}dǎŋ^{1}jɔi^{4} 汗流浃背”与“hə^{5}tok^{7}jaŋ^{1}jɔi^{4} 汗流浃背”，二者的意义完全一样，但是，前者押韵而后者不押韵，这就为语言的选择创造了条件。

许多傣语四音格是从双音节词语发展而来的，语言单位从双音节形式发展为四音节形式有多方面的原因，其中有一个原因就是追求语音流畅。例如：“laŋ^{5}tin^{1}laŋ^{5}mɯ^{2} 失手”，它包括了“laŋ^{5}tin^{1} 失脚”、“laŋ^{5}mɯ^{2} 失手”两个部分，从表意的角度来看，“laŋ^{5}mɯ^{2} 失手”足矣，之所以加上“laŋ^{5}tin^{1} 失脚”，就是为了语音流畅。傣语四音格中，这样的例子是十分普遍的。

总之，在傣语四音格的语音系统内部，各种语音特征都有自己特点，其表现程度也呈现出有差异的连续状态，但是，语音流畅是整个傣语四音格系统在语音系统的吸引子。

（二）傣语四音格在结构系统的吸引子是结构的并列性。

首先，傣语四音格绝大多数在结构上都表现出并列性的特征。

所谓结构的并列性是指傣语四音格的构成成分之间具有相同、相对或相类的关系。

从结构层次上看，单层结构的傣语四音格几乎都是并列结构；双层结构的绝大多数是并列结构；整体结构中，部分傣语四音格的成分之间不是并列结构，但是，整体结构的傣语四音格并不是很多，在我们收集的2349条傣语四音格中只有65条。

从结构关系上看，并列关系的并列性是十分明显的；解说关系的两个直接成分在语义上几乎一样，因而，也具有并列性；复杂关系的傣语四音格的两个直接成分之间的语义关系虽然是多种多样的，但是，其中有的是下层结构相同，有的是成分意义相近、相对或相类，从而也表现出并列性。只有很少部分傣语四音格没有明显的并列性。

其次，结构并列性对傣语四音格的结构有强大的引导作用。

傣语四音格的结构并列性之所以是傣语四音格的吸引子，还因为结构并列性对傣语四音格的结构有强大的引导作用。

很多傣语四音格本身在语义上就有很强的并列性，如："kai^{5}xo^{1}mɛ^{2}taŋ^{2} 修桥铺路"、"kǎm^{5}fun^{1}lum^{2}fa^{4} 暴风骤雨"等。然而，一些在语义上没有并列因素的傣语四音格，也往往经过多种方式的包装，最后以并列结构的形式出现。

例如"kǎm^{1}mɯ^{2}kǎm^{1}ma^{2} 握手"，从语义上讲它与"kǎm^{1}mɯ^{2} 握手"完全一样，但是这里通过音变的方式加上了"kǎm^{1}ma^{2}"，

从而成为并列结构。

又如“na^{3}ban^{3}ta^{1}məŋ^2 地区面貌”，它的语义是“na^{3}ta^1 面貌 ban^{3}məŋ^2（地区）”，但是在傣语四音格中就被重新组合成“na^{3}ban^{3}ta^{1}məŋ^2”的形式，这样就成了并列结构了。

最明显的是“lək^{8}ti^{6}lək^{8}mi^2”，它的语义是“lək^8（某些）ti^6（地方）mi^2（有）”，这里的三个语义成分之间毫无并列因素，但是通过重复“lək^8”，它成了傣语四音格，这时的“lək^{8}ti^6”与“lək^{8}mi^2”在形式上就成了并列关系，全然不顾“ti^6”、“mi^2”之间的本来语义关系，傣语四音格追求结构成分并列性的力量由此可见一斑。

傣语四音格结构并列性的强大引导作用还表现在，非并列结构傣语四音格语言节奏的偶分性上。

仍然有少部分傣语四音格在结构上没有表现出并列性，个别复杂关系的傣语四音格，因其内部语义关系比较复杂，其内部成分的意义有可能不是两两对立，例如“tsǎi^{1}jǎi^{5}tan^{5}tsaŋ^4 胆大如象”，其内部成分的意义组成是“tsǎi^{1}jǎi^5（胆大）tan^5（如）tsaŋ^4（象）”，但是，即使如此，在口读时，人们仍然会在语音节奏上把这些傣语四音格处理成两两对立，也就是说，这里的音步仍然是“二二”式。

总之，傣语四音格通过多种方式，将其复杂的语义关系进行包装，使其内部成分能以并列的面目展现出来。在傣语四音格系统中，具体四音格的并列性程度有高有低，但是整个追求结构平行性的趋势是十分明显的。

（三）傣语四音格在意义系统的吸引子是意义的整体性。

整体性是傣语四音格最基本的特征。傣语四音格不同于一般的词组。在语言实践中，它是作为一个整体在行动，因而，这是一种特殊的语言单位，具有自己的独特个性。

语言单位的整体性包括形式和内容两个方面的整体性，但是，内容是根本，内容决定形式，形式表现内容。傣语四音格的内容是它的意义，形式包括结构和语音。因此，严格来说，所有傣语四音格都必须具有意义整体性的特点。不过，不同的傣语四音格表现意义整体性的方式可能有所不同，意义整体性的强弱也可能有所不同。

从意义构成上看，傣语四音格所包涵的意义成分有的简单，有的复杂，但是无论怎样，各个意义成分必须行动一致，不能单独发挥作用，也就是说，傣语四音格在意义上必须是一个整体。

傣语四音格的整体意义是在其成分意义的基础上形成的，但是，傣语四音格的整体意义并不是各成分意义的简单叠加，而是有自己的独立性。前面的分析可以看到，傣语四音格的整体意义并不都是与其成分意义相一致，有的整体意义小于其成分意义，如“jɯ^{6}nok^{8}（射鸟）jɯ^{6}nu^{1}（射鼠）打鸟”有的整体意义是成分意义的引申，如“xǎu^{3}na^{1}（粮厚）pa^{1}thuk^{9}（鱼贱）五谷丰登”。这些傣语四音格的整体意义与其成分意义有明显的不一致性。

当然，还是有一些傣语四音格的整体意义与其成分意义有很大的一致性，如“tai^{1}moi^{4}tai^{1}miŋ^{6} 死绝死尽”，不过，这样的傣语四音格的意义仍然有整体性特征。因为，这些成分意义在使用中总是连接在一起，共同表达特定意义，只是它们的整体性程度不是很高。

傣语四音格意义的整体性还表现在它的语言功能上。傣语四音格的意义与功能是傣语四音格的两个不同方面，意义是内在的，功能是外显的。在使用过程中，傣语四音格意义的整体性就会明显地表现出来。前面的分析可以看到，傣语四音格既可以作为构词语素与其他语素构成新词，还可以充当各种句子成分甚至句子。这就是说，傣语四音格的语言功能与一般的词是完全相当的，这表明，傣语四音格的意义已经凝结成一个完整的整体。

傣语四音格意义的整体性还表现在它的语言形式上。傣语四音格的意义有时十分复杂，能与单句、复句相当。然而，傣语四音格将这些复杂的意义包含在四个音节之中，这就表明这些意义无论多么复杂都是一个整体。不过，傣语四音格意义的整体性更主要的表现在傣语四音格的句法功能相当于词。傣语四音格与单句、复句的实质不同，不在于傣语四音格形式的简短，而在于简短的形式使傣语四音格能够像普通的词一样充当各种句子成分，人们也能像对待词一样为各种傣语四音格找到它的词性。

综上所述，傣语四音格本身是个复杂系统，这个复杂系统可以在语音、结构、意义三个方面表现出来，而语音流畅性，结构平行性，意义整体性分别是这三个复杂系统的吸引子。之所以称这些语言特征为吸引子，是因为这里是用动态的眼光来看待它们的。一方面，这些语言特征并不必然为每个傣语四音格完全具备，这些语言特征在傣语四音格个体上的参差表现，使得傣语四音格的外在形式丰富多彩。另一方面，这些语言特征对傣语四音格的系统整体又有着强大的引导作用，从而使傣语四音格成为有鲜明个性的语言现象。

三、傣语四音格的三大吸引子是相互支持的

傣语四音格语言特征上的三大吸引子是相互联系，相互支持，相互促进的。傣语四音格某一方面吸引子的存在和发展，也会促进其他方面吸引子的存在和发展。

（一）音节形式的重复使结构成分的并列性外显

傣语四音格的音节形式有许多是“ABAC”、“ABCB”等类型，这固然是为了达到语音效果悦耳动听的目的，然而，这样的音节形式，再加上口语上的“二二”音部，也使得其内部结构的并列性加强了，同时，由于存在共同的提示音节“A”和“B”，也使傣语四音格内部成分自然联系在一起，这也使其意义的整体性得到加强。

（二）同义傣语四音格的存在为语音和谐提供了条件

在分析傣语四音格的意义时已经看到，傣语四音格存在着大量的同义词。从语言经济性角度看，这些意义完全相同的语言单位是没有存在的必要，但是，从语言生动性角度看，正是大量同义傣语四音格的存在，为傣语四音格的语音和谐提供了条件。这些同义傣语四音格的区别，有的是押韵与否的不同，如“tsɔŋ^{6}nɔi^{4}hi^{2}fan^{2} 羊肠小道”与“tsɔŋ^{6}nɔi^{4}taŋ^{2}fan^{2} 羊肠小道”；有的是押韵方式的不同，如“kɛu^{3}kǎm^{2}sɛŋ^{1}kǎm^{2} 金言玉语”与“pak^{9}lem^{3}p^{h}em^{4}xum^{2} 金言玉语”，这样，在具体的语言实践中，就能根据不同语音效果的要求，随意选用。可见，这些多样的形式，增加了语用的选择性，提高了语言表达的效果。同时，从这里也可以清楚地看到，傣语四音格是如何反复锤炼自己，使自己从不甚成熟走向更为成熟的过程。

（三）语音和谐和成分并列的实现手段也使意义整体性得到加强

押韵是增强语音效果的常见手段，例如“xɔ^{1}tsǎu^{3}ʔǎu^{1}xɔŋ^{1} 谋财害命”，这里是傣语四音格最常见的押腹韵。该傣语四音格内第二和第三个音节中共同的“－ǎu”显然是表明，该傣语四音格内部的两个片段“xɔ^{1}tsǎu^{3}”与“ʔǎu^{1}xɔŋ^{1}”是连在一起的。语音和谐的其它手段也都有类似的作用，可见，这些手段在增强语音效果的同时，也使得意义的整体性得到了加强。

前面已经说过，傣语四音格常常将一些语义上没有并列因素的内部成分进行重新包装，以便使自己内部成分用并列的面目出现，包装的手段通常有“补足”和“编插”。“补足”的结果也造成了语音和谐，语音和谐也加强了意义的整体性。“编插”是把两个双音节词语相互编插在一起，这样在不改变意义的条件下，却使得原来的非并列结构的短语，变成了并列结构的傣语四音格。例如，“na^{3}len^{6}ta^{1}peŋ^{2} 眉清目秀”这个傣语四音格，就是由

“na^{3}ta^{1}（眉目）len^{6}peŋ^{2}（清秀）”这个短语经过“编插”而来的。这样的编插固然形成了结构成分的并列，但是，在编插后的傣语四音格中，原有的词语相互缠绕，难解难分，也使傣语四音格的整体性加强了。

综上所述，傣语四音格在语音、结构、意义等方面都存在着强大的吸引子，分别促使傣语四音格朝着语音流畅性，结构平行性，意义整体性方面去发展，同时，傣语四音格的这三个吸引子也是相互促进，共同发展的。

傣语四音格的三大吸引子对整个傣语四音格系统有着强大的吸引作用，这表现在所有傣语四音格都在朝这三大吸引子指导的方向发展。在具体语言实践中，如果三大吸引子的力量都完备充足，就形成了傣语四音格的典型形式；如果三大吸引子的力量没有完备充足，就形成了各种状态不同的傣语四音格的非典型形式。

兰坪地区白语和大理地区白语的语言文化气质比较

高白云

白语是白族人民的共同语，它有三个方言，即北部方言、中部方言和南部方言，这几大方言跨越了云南的大理、祥云、鹤庆、剑川、兰坪、泸水等地。北部方言和其他两个方言差别较大，中部方言和南部方言之间可以通话。但是，既然被当作方言来划分，之间必然有一定的差异，这种差异除了表现在语音、语法和词汇上，还表现在语言的文化气质上。语言的文化气质是浑沌学把握语言整体得到的一种认识，是语言在交际过程中给人们心理上得到的一种感受，它是一个整体印象，但这种整体印象一方面受自然和社会环境的影响，一方面还是语言结构各方面因素综合作用的结果。文化气质的差异不仅存在于不同的语言之间，也存在于同一种语言的方言之间。本文以属于中部方言的兰坪县金顶镇白语和属于南部方言的大理喜洲镇白语为例，简要分析两个地区语言文化气质的差异，以及造成这种差异的原因。

一、从两个地区语言的语音比较看语言文化气质的不同

语言的文化气质首先体现在语音上。

（一）从辅音的差异看语言文化气质的差异

兰坪金顶地区白语中有明显的浊辅音 b、d、g、dz、dʑ，而大理喜洲白语中的浊辅音基本消失，在兰坪白语中发浊辅音的词在大理喜洲白语中往往发与之对应的清辅音。例如下面词汇表中的词汇，虽然兰坪金顶白语在同一声调的音节中，声母的清浊已不区别词义，但其浊音色彩仍十分浓厚。

兰坪金顶镇①	大理喜洲镇②	汉语词义
bə^{33}	pɯ^{33}	斧
b̃æ^{21}	pe^{r31}	平整
de^{33}	te^{44}	根
da^{31}	ta^{31}	偷
diə^{33}	tɯ^{33}	等（待）
diə^{31}	tɯ^{31}	豆
do^{31}	tu^{35}	毒（动词）
d ũi^{33}	tui^{33}	远
d ẽ̲^{42}	t̲ɯ̲^{42}	（用头）顶
d æ̃^{33}	khui^{55}	块（饵块的量词）
gə^{33}	kɯ^{33}	垢
gə^{31}	kə^{31}	旧
dz u̲^{42}	ts o̲^{42}	石头
dz u̲^{42}kɯ^{55}	ts o̲^{42}kɯ^{35}	钥匙
d̃ze^{21}	tse^{21}	缝（动词）
dɱɟi^{55}	tɕi^{35}	犁（名词）
dɱɟi^{33}	tɕi^{33}	拉
dɱɟi^{31}	tɕi^{31}	田地
dɱɟ ə̃	tɕɯ^{21}	忙

① 文章中兰坪白语词汇均为作者本人的母语词汇。

② 文章中大理喜洲白语词汇由李绍尼老师和何碧显同学提供。

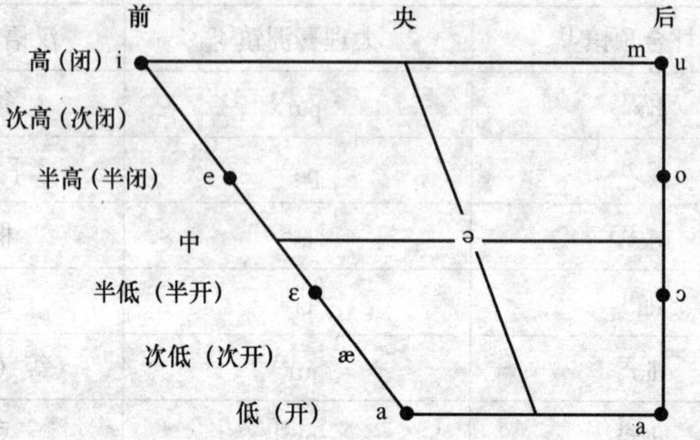

发清辅音时发音部位比较靠前，声带不振动，而发浊辅音时发音部位比较靠后，声带振动。在发音上浊辅音比清辅音低沉、粗重，因此兰坪金顶的白语显示出比大理喜洲白语厚重的语音特色。

（二）从元音差异看语言文化气质的差异

1. 兰坪地区白语中的 æ 常常与大理喜洲地区白语的 e^{r} 对应。在元音舌位分布中，大理喜洲白语的 e^{r} 处在半高即半闭状态，只不过又被儿化而已，但兰坪金顶的 æ 分布在次低即次开状态，从 e 到 æ，舌位降低，开口度依次增大。与任何辅音组合时，这两个元音之间的对立都几乎存在，其元音 æ、e^{r} 与 p、ph、m、t、th、ts 等辅音组合时的对应关系如下表：

白语金顶镇凤翔村（ki^{55}diə^{21}jə̠^{44}）土语	白语大理喜洲镇周城村（tsi^{55}tse^{r21}）土语	汉语词义
æ^{33}	e^{r33}	傻
æ̠^{44}	e̠^{r33}	腌
a^{31}pæ^{21}tsɿ^{33}	a^{31}pe^{r21}tsɿ^{33}	一会儿

续表

白语金顶镇凤翔村（ki^{55}diə^{21}jə̱^{44}）土语	白语大理喜洲镇周城村（tsi^{55}tse^{r21}）土语	汉语词义
pæ̱̃^{42}	pe^{r31}	病
phæ̱^{55}	phe^{r55}	软
mæ^{33}	me^{r33}	马
mæ̱^{42}	me̱^{r42}	买
miæ^{55}	mie^{r35}	名
tæ^{55}	te^{r35}	瞎
thæ̱^{44}	the̱^{r44}	破、烂
tsæ̱^{42}fv̩^{33}	tse̱^{r42}	右边
tsæ̱^{44}	tshe̱^{r44}	红（赤）
sæ̱^{44}	se̱^{r44}	割
tɕæ̱^{44}	tɕe̱^{r44}	借
ɕæ̱^{55}	ɕe^{r55}	星星

兰坪地区白语中的 æ 和 æ̃在大理喜洲地区多数是 e^{r}，少数是 i 和 ɿ，从元音舌位图上观察得知，i 为前、高、展唇元音，是开口度最小的展唇元音；ɿ是舌尖前展元音，发音时舌尖接近上齿龈前部，开口度很小。看下面的例子：

兰坪金顶镇	大理喜洲镇	汉语词义
ɕæ̃^{55}ɕæ̃^{55}	ɕi^{55}ɕe^{r55}	醒来
pei^{55}tsæ^{55}	pei^{55}tsɿ^{35}	培养、完婚
na^{21}tsæ^{55}	na^{21}tsɿ^{35}	去年
tsæ^{55}	tsɿ^{35}	（动物）油脂

续表

兰坪金顶镇	大理喜洲镇	汉语词义
te̠^{42}tsæ̠^{44}	te̠^{42}tsɿ̠^{44}	猪食
tsæ̃^{33}	tsɿ^{33}	街、集市
tsæ̃^{33}tɕæ̠^{44}	tsɿ̠^{42}tɕe^{r44}̠	后天
tsæ̃^{55}	tsɿ^{35}	真、针
thu^{33}sæ^{33}	thu^{33}sɿ^{33}	泥土
sæ^{31}v^{33}	sɿ^{31}v^{33}	事情
sæ^{31}	sɿ^{31}	试
sɿ^{55}sæ̠^{44}	sə^{55}sɿ̠^{44}	收拾
zæ^{31}khuiˑ^{55}	zɿ^{31}khuiˑ^{55}	饵块
zæ^{35}pə̃^{31}	zɿ^{35}pə^{31}	日本

除了与 e^{r} 和 i 对应，兰坪白语里的 æ 还与大理白语中的 u 有对应关系，只是这种对应与 e^{r} 相比要少一点。看元音舌位图，u 是圆唇元音，æ 是展唇元音，u 的舌位高，æ 的舌位低，发 æ 时开口度更大。

兰坪金顶镇	大理喜洲镇	汉语词义
tuæ̠^{44}fæ̃^{33}	tu^{33}fe^{r33}	跌倒
ɕiˑ^{55}væ^{33}	ɕiˑ^{35}vu^{33}	新娘

从以上几个词的比较中可以看出，兰坪金顶地区白语的元音与大理喜洲地区白语的元音有对应关系，同时，兰坪地区白语中的元音在发音时开口度更大，使得发音更为粗犷；而大理白语给人的感觉则是细润的。如果说兰坪白语有种阳刚之气，大理喜洲白语则有阴柔之美。

2. 兰坪金顶地区的口元音有与之对应的鼻化元音，并且有区别词义的作用，但是大理喜洲地区白语没有鼻化元音，兰坪白语的鼻化元音在大理喜洲白语中都是口元音。发口元音时，鼻腔受阻碍，气流只从口腔通过。发鼻化音时，口腔无阻碍，气流同时从口腔和鼻腔中呼出，声带振动，发出的音在口腔和鼻腔中共鸣。从这一发音原理上来看，鼻化元音粗犷低沉、口元音清脆婉转。例词如下：

兰坪金顶地区	大理喜洲地区	汉语词义
p ã̱^{42}	p a̱^{42}	豹子
p ã^{21}	pa^{21}	盆
f õ^{55}	fv^{55}	蜂子
k æ̃^{33}tsh æ̃^{55}	ke˞^{33}tshe˞^{55}	影子
t ã̱^{42}	t a̱^{42}	吐
t ã^{31}	ta^{31}	坝子、平原
ts ẽ^{55}	tse^{35}	煎
j ə̱^{44}tsh ã^{55}p ẽ^{33}	j ə̱^{44}tsha^{55}pe^{33}	吃饭
s ã^{55}	sa^{35}	三、相互

现代汉语借词元音带鼻音韵尾 n、ŋ 的，进入白语之后韵尾都丢失了，但是，兰坪金顶地区白语从汉语借入的词的元音都演化为鼻化音，大理地区则不同，汉语中所有带韵尾的元音到大理喜洲白语里都成了口元音。例如：

汉语词义	汉语发音	兰坪金顶地区	大理喜洲地区
发展	fa^{55}tsan^{214}	fa^{35}ts æ̃^{31}	fa^{35}tsa^{31}
民族	min^{35}tsu^{35}	mi ə̱̃^{42} tsu^{35}	mi ə̱^{42}tsu^{35}
共产党	koŋ^{51}tshan^{214}taŋ^{214}	k õ^{66}tsh æ̃^{31}t ã^{31}	ku^{55}tshe^{31}ta^{31}
光明	kuaŋ^{33}miŋ^{35}	ku ã^{33}mi ə̃^{42}	kua^{33}miɯ^{42}

续表

汉语词义	汉语发音	兰坪金顶地区	大理喜洲地区
东	toŋ^{55}	t õ^{55}	tv^{35}
张（姓）	tʂaŋ^{55}	ts ã^{33}	ts ã^{33}
送	soŋ^{51}	s õ^{33}	sau^{33}
功德	koŋ^{55}tə^{35}	k õ^{55}tə̱^{44}	ku^{33}te˞^{35}
董（姓）	toŋ^{214}	t õ^{31}	tu^{31}

通过对鼻化和非鼻化元音的比较，可以看出兰坪地区语言低沉、浑厚的特点，以及大理地区语言的娇柔和细腻。

3. 除了以上这些元音之间有规律的对应之外，兰坪白语和大理喜洲白语还有一些不规则的对应。尽管不规则，但是这些对应都有一个共同的特点，那就是，汉语词义相同的词用兰坪白语发音时开口度总是比大理喜洲白语发音时开口度大。看下面的例子：

汉语词义	兰坪金顶白语	大理喜洲白语	元音开口度大小比较
蚂蚁	pi·^{21}pau^{21}	pi·^{21}pə^{21}	au〉ə
挖地	t a̱u^{44}dʑi·^{31}	t v̱^{44}tʑi·^{31}	au〉v
袋子	nau^{21}	nu^{21}	au〉u
驼背	k a̱u^{42}d a̱u^{42}pei·^{33}	ku^{21}tou^{33}	au〉u au〉ou
软绵绵	phai·^{55}no^{21}no^{21}	phe˞^{55}nu^{21}nu^{21}	o〉n
疼痛	s õ̱^{42}	sɿ^{31}	o〉ɿ
大麦	me^{55}z a̱ u^{21}	mi·^{35}z a̱ u^{21}	e〉i
佛	v e̱^{42}	w i̱^{42}	e〉i
层	ts ə̃^{21}	tsɿ^{21}	ə〉ɿ
晕	zə^{21}	zɿ^{21}	ə〉ɿ

续表

汉语词义	兰坪金顶白语	大理喜洲白语	元音开口度大小比较
跪	kuæ^{31}	kv^{31}	æ〉v
硬邦邦	tsɯ^{42}pɔ^{33}pɔ^{33}	tsɯ^{42}t ɯ̱^{44}t ɯ̱^{44}	ɔ〉ɯ
一点儿	a^{31}j æ̱^{44}tsɿ^{33}	a^{31}ti^{55}ts ɿ̱^{33}	æ〉i

从辅音的清浊对应、元音的开口度大小以及元音鼻化现象来分析，兰坪地区白语明显比大理喜洲白语粗、厚、重，更显粗犷。按照文化语言学对语言文化气质的分类，白语兰坪地区白语的文化气质应属于“敦实型”，大理喜洲白语则属于“娇柔型”。

二、探讨造成同一语言不同方言文化气质不同的原因

“决定一种语言的文化气质，有多方面的因素。因为语言与其他文化现象处于共生共存共同发展的相互作用之中，每一种文化现象对语言的文化气质都有或多或少的影响。”① 探讨两个地区语言文化气质的不同，自然地理环境和社会生活环境的影响是不容忽视的，尤其是兰坪和地理这样两个地域差异显著，所受文化影响迥然不同的地区，语言文化气质的形成更是与当地的环境密不可分。

（一）地理环境的影响

兰坪地处滇西北的横断山脉纵谷区，因地形复杂，海拔高差大，形成典型的垂直分布的立体气候带。多年平均气温 11.7℃，1 月份气温最低，平均气温 3.4℃，极端最低气温零下 12℃，气温年较差 14.5℃，是一个高寒贫困山区。这里交通闭塞，1954 年 8 月，怒江傈僳族自治州成立时，全州 14703 平方公里土地

① 张公瑾、丁石庆主编：《文化语言学教程》，第 45 页，教育科学出版社，2004 年。

上，没有一条畅通的人马驿道，更没有一寸公路，“山羊无路走、猴子也发愁”是对当时交通状况的真实写照。这样一来，人们与外界的交往受到很大限制，兰坪甚至怒江长期处于封闭的状态之中。

环境的闭塞很大程度上削弱了外来语言对本地语言的同化和影响，例如在兰坪金顶地区，人们长期使用的是白语，在交通系统尚未完善之前，白语始终占主导地位，外来的语言，例如汉语，即使能进入了这个地区，但是汉文化被高山阻隔在外，在当时来说，汉语影响白语的几率很小。这样一来，古白语中的浊辅音、鼻化音、紧喉音等音质都被保留了下来。浊辅音和鼻化音的特点是浑厚、深沉，是形成兰坪地区白语文化气质的一个重要因素。

多山的环境使畜牧业有一定的发展，人们长期穿梭在山林和峡谷之间，在风雨中放牧，彼此高声呼喊，形成了该地区人民粗犷的民族气质。同时，兰坪地区的白族先民们从事刀耕火种的粗放式农业，主要种植玉米和小麦，农业的粗放也在一定程度上造成了人们性格上的粗犷。这种民族气质影响了人们的语言习惯，无论男女，都带上了山的刚毅，大家都一样“粗鲁”。

大理白族自治州地处低纬高原，境内有中外闻名的点苍山和高原明珠洱海，形成了独特的高原地方性气候，年平均气温15.1℃，最冷月（1月）8.7℃，最热月（7月）20.1℃，冬暖如夏，四季温差小。较接近北回归线，太阳辐射角度较大且变化幅度小，形成年温差小，四季不明显的气候特点，“四时之气，常如初春，寒止于凉，暑止于温”，素有“东方瑞士”之称。

受气候的影响，植物垂直分布变化显著，适宜于各种农作物的生长，湖滨平坝地带，是著名的“鱼米之乡”。借着天然的气候和地理条件，以及不断积累的生产经验，人们的生活衣食无忧，温暖的气候和闲适的生活让人们变得温和。闲暇之余，男男女女相邀对歌，成千上万动人的情歌从白族人民口中流出。环境能陶冶人的性情，在大理这样一个风景秀丽、物产富饶的地方，人们的心情是平静而又闲适的，加上洱海、茈碧湖、西湖、剑湖、天池等高原湖泊水的感染，形成了大理地区人民娇柔的文化气质。

可以这么说，兰坪地区白语有着山的刚毅，而大理喜洲白语显示在语言表达方式上则是细声细气、如歌如颂，有着水流般的柔情。

（二）社会环境的影响

兰坪地区主要居住着白、傈僳、普米、彝、怒、回、纳西、藏等少数民族，而汉族和各民族通婚、杂居。其中人口最多的是白、傈僳、普米和彝族。一般来说，白族居住在河谷地带，普米族、傈僳族居住在半山腰，彝族居住在山顶，但各民族杂居现象比较普遍。这里的各民族都有自己的语言，并且使用自己的语言，为了方便和其他民族正常交流，兰坪地区的居民基本都是双语人或是多语人，长期的经济、文化交流，使各民族之间形成亲密的民族关系。语言是人们的交际工具，长此以往，兰坪地区的白族人民在与其他民族交流的过程中或多或少受到其他民族语言语音的影响，这几个民族语言中相同的语音成分都被保留了下来。例如：兰坪白语、普米语、傈僳语的语音系统中还保留了大量浊辅音 b、d、g、dz、dʑ 的词汇，而在大理喜洲白语中很少有浊辅音的词。

白语北部方言的使用者拉马人居住在兰坪地区，他们同兰坪地区说中部方言的白族人民也有交流和往来，两个方言在语音上最大的相同点就是都有鼻化元音，而大理方言（即南部方言）没有。这也是兰坪白语的一个重要特点。作为中部方言的一部分，在地理位置上处于中间地带，连接了北部方言和南部方言，成了两个方言的过渡语言，在语音上受两个方言的共同影响。

大理有悠久的历史，灿烂的文化，素有“文献名邦”之称。唐、宋时期，南诏、大理国均在此立国，早在唐朝时期，南诏国就和内地有了频繁的经济文化往来。南诏时期，大量汉族人民来到云南，他们很多都具有先进的技术水平，被南诏统治者降为奴隶，直接从事生产，不仅促进了南诏国经济的发展，也在很大程度上使人们接触汉文化，了解汉文化。当时，唐王朝还主动帮助南诏学习汉文化。“南诏通行汉文字，除书籍外，很多佛教经典也是内地传入。”① 大理白族文化的各个方面都受到汉文化很深的影响，包括语言，在与汉族的长期交流中，大理地区的白语吸收了大量汉语词汇，语音也开始发生变化。

樊绰《蛮书》卷八《蛮夷风俗》记载：“言语音，白蛮最正，蒙舍次之，诸部落不如也。但名物或与汉不同，及四声讹重。”“白蛮”是现代白族的祖先，《蛮书》卷四《名类》记载：“西爨，白蛮也。东爨，乌蛮也。”南诏政权建立后，南诏王朝用武力强迫迁徙西爨白蛮20万户于滇西洱海地区，白蛮集中于洱海地区以后，促进了滇西经济文化的发展，他们有了渐趋一致的风俗习惯和语言，逐渐形成了一个比较稳定的民族共同体——白族。唐朝时期，“白蛮”语与汉语很接近，蒙舍的“乌蛮语”次之，即与汉语和白语仍有不同程度的差别。至于其他的诸部落——包括“乌蛮”的其他部落和其余各族，则“不如也”，即与最接近汉语的白语之间差别很大。由此可知，与“乌蛮”和其他“诸部落”相比，“白蛮”所受汉文化影响最深。“四声讹重”是对当时白语发音特点的一个明显的概括，即白语紧喉、鼻化、气化的特点。唐以后，汉文化对大理白族地区的影响逐渐增加，大量汉语词进入白语，汉语的阳声韵，在南部方言大理话里变为口元音韵，久

① 《白族简史》编写组编写：《白族简史》，第100页，云南人民出版社，1988年。

而久之，大理白语原有的鼻化音也逐渐消失；汉语没有浊辅音，大理方言在长期的发展中也失去了原来的浊辅音，只剩下一些清辅音。这些变化，使得大理方言不再厚、重，而变得轻、细。

三、结语

语言是民族文化的重要组成部分，甚至是最为核心的部分，它比民族的其他组成部分更具有民族性。语言的文化气质是一个民族文化气质的缩影，这些文化气质在自然环境和社会环境的共同影响下形成，通过语言结构各方面表现出来。不同民族的语言有着不同的文化气质，同一民族的语言也会因为环境和文化的差异呈现出种种不同。语言的文化气质，折射出一种语言所存在的环境的地域、历史和文化特点，这些特点与语言相互影响、相互吸收，共同塑造了一个民族的文化气质。

语言文化气质的浑沌学阐释

——以北京话和苏州话的语音特点为例

吴海英

一、引 言

气质是心理学术语，指人的心理活动的动力特征。如：多血质的人活泼好动；胆汁质的人直率热情；黏液质的人安静平稳；抑郁质的人行为孤僻、反应迟缓。而语言的文化气质指的是一种语言在交际过程中使说话人和听话人在心理上得到的某种感受，这种感受受整个自然环境与文化环境的制约，它不完全决定于语音、词汇、语法所具有的结构特点，但最终还是由语音、词汇、语法、语义等语言构件综合作用而形成的整体印象所给予的。① 不同语言会给说话人和听话人带来迥异的心理感受。张公瑾先生大致把它们分为五种不同的文化气质：强悍型、庄重型、敦实型、活泼型、娇柔型。

在影响语言文化气质的诸多因素中，语音只是其中的一个方面，但它给予人们的整体心理感受是不容忽视的。法国著名社会心理学派语言学家房得里耶斯曾在他的《语言论》中对不同语言给人的心理感受有着生动的描述："并不是在任何语言里，发音动作都要花费一样的筋肉力量，有的语言，话说的缠绵平和，语

① 张公瑾：《文化语言学发凡》，第 74 页，云南大学出版社，1998 年。

调均匀。相反，在另外一些语言里，筋肉却很紧张，使人听了有一种猛烈的印象，带有突然的宽弛、激动和冲击”。[①] 这就是语言的文化气质在语音结构上的表现。

我国学者林语堂对中国南北方言有精辟的论述：“粗暴豪迈之北方，与柔荏驯良之南方——二者之异同点，可以从他们的语言音乐与诗歌观察而得 ... 即从寻常对话中，亦可以察觉明朗清楚之北平官话，其声调轻重之转变分明，令人愉悦；而苏州妇女之甜蜜柔软之喋喋琐语，多圆唇元音，抑扬波动，着其重处不用高朗之发声，而徒拖长柔悦婉转之缀音以殿于句末。二者之差异固甚显然。”[②] 在林语堂的描述中，北京话和苏州话有着不同的文化性格和感情特征，给人不同的审美感受。

这种语言的文化气质是语言的特点之一，与它们所在地区的自然环境和人文环境密切相关，和谐共存。就语言系统来说，作为语言基本构件之一的语音，也和整个语言系统以及其他语言构件有内在的联系。本文以语音为切入点，通过分析不同方言（北京话和苏州话）的语音特点，揭示语音与语言文化气质之间的同构关系。本文将试用浑沌学理论分析这种关系，为语言现象的解释提供一个新的思路。

二、浑沌学的分形理论

混沌，又称浑沌，不是指传统意义上混乱、杂乱无章的状态。今天科学之浑沌并不是混乱无序，而是指在确定的系统中出

① 房得里耶斯：《语言论》，第 35 页，商务印书馆，1992 年。

② 林语堂，黄嘉德译：《吾国与吾民》，第 10 页，陕西师范大学出版社，2006 年。

现的貌似不规则的有序运动，它表面上无序，内部却存在有序结构，而且这种系统内部的微观有序结构有无限多个，它们还相互嵌套。

在20世纪初以前，科学研究中还是沿用以确定性和连续性为特点的传统思维方法，认为事物之间具有确定的因果关系，即根据现在可精确地推知过去和未来，但是20世纪60—70年代开始在数学和物理学等自然科学领域中兴起的浑沌学理论认为，自然界是一个开放的复杂的系统，非线性、非平衡性及浑沌是其灵魂。浑沌学的研究带来的是思维方式的革命，作为一种理念和方法，同样适用于观察和研究一些社会和人文现象。“语言不是一个封闭稳定的系统，而是一个多维开放的体系，语言现象与各种文化因素互相纠缠，其中存在许多动态的、不稳定的、随机性的因素。”①

分形几何理论是法国数学家曼德勒罗于1975年提出和创立的，他认为浑沌的空间结构是一种分形结构，其空间维数也不是整数而是分数，即分维。从几何角度看，就是具有不规则形状内部具有层次结构与不均匀性，以及各种层次的空洞和缝隙的几何形体。分形的基本特征是不可微性、不可切性、不光滑性，甚至是不连续的。非形式地讲，一种几何图形，如果它的组成部分与整个图形有某种方式的相似性，就称为分形。② 这里所说的相似性，指的是整体和部分都有层次性，部分的部分也具有层次结构，它们在结构、功能和信息等方面存在着同构关系。

按照分形理论，分形内部任何一个相当独立的部分，在一定程度上都应是整体的再现和缩影。如人类的受精卵可以在母体中

① 张公瑾：浑沌学与语言研究，载《语言教学与研究》，1997年第3期。

② 苗东升，刘华杰：《浑沌学纵横论》，第94页，中国人民大学出版社，1994年。

发育成一个人，从信息上看，细胞是一个分形体，它包含着整体的全部信息。拿汉语的方言来说，北京话庄重、韵律感强，苏州话娇柔、细润，这是整体心理感受，它在各个语音层次上有层层嵌套的分形体，如元音、辅音、声调，这些分形体和整体之间、分形体和分形体之间均有自相似性。本文以北京话和苏州话两种方言的音质成分分析为主，讨论它们的文化气质。

三、北京话和苏州话的语音特征对比

语音是语言的物质基础，没有语音，语言就失去了它所依附的客观实体。传统语音学从发音部位和发音方法入手，对语音音质成分切分为若干音段，音节可以是最小的音段。汉语的音节结构可切分为声母和韵母。韵母由韵头、韵腹和韵尾组成，传统的“四呼”也是对韵母的一种分类方法。它们从形式上看，是不同层级的语音单位，但它们在结构、功能和信息上看，各个层次之间有内在的联系和共通点，它们共同作用形成不同特征的音质，使汉语呈现风格迥异的方言特色。本文中有关北京话的语音系统分析参照林焘，王理嘉在《语音学教程》[①] 中所述的北京话的语音系统。苏州话的语音系统参考颜逸明在《吴语三论》[②] 中的有关论述。

（一）来自语音生理和声学的分析

来自语音生理和声学的研究认为：

1. 元音发音特点是声带振动，为乐音，声音响亮，时程相对较长；气流在口腔中的是畅通无阻的，不会遇到阻塞；口腔腔

① 林焘，王理嘉：《语音学教程》，北京大学出版社，2005 年。

② 颜逸明：《吴语三论》，上海教育出版社，2005 年。

壁的肌肉均匀紧张。

2. 辅音发音特点是口腔中存在不同程度的阻塞（塞音）或阻碍（擦音）；气流类型是脉冲波（塞音）和湍流（擦音）；发音成阻部位肌肉紧张。

3. 声调是由声带振动频率决定的，它受控于声门下压力和相关喉肌（环甲肌、甲杓肌等）的收缩力的强度；但在大脑两半球语言功能研究中，人们发现声调与右半球的活动紧密相关，这种情况类似音乐。在单音节声学分析中，除了与声调紧密相关的调型段之外，在开始与结尾处还有“弯头”、“降尾”现象。这是因为声带本身惯性决定的。

本文以上述实验成果作为语音发音特点对比的依据之一。

(二) 北京话的语音特点

1. 元音占优势。

从实验语音学原理上，元音是一种乐音，元音大都能唱，音乐性强。北京语音中的单元音有 10 个，即 a/o/ɤ/i/ɛ/u/y/ɿ/ʅ/ə，由于这些元音的乐音性，听起来具有柔和、清晰、响亮、爽朗、高扬的乐感。

2. 清声母多，发音清脆。

北京话语音中有 21 个辅音声母，浊辅音声母只有［m］［n］［l］［ʐ］四个，其余 17 个是清辅音声母，而苏州方言的浊辅音则多达 14 个，由于北京语音的清声母多，在声母响亮度方面，就占了较大的优势。

3. 音节构成长，复韵母和鼻韵尾多，节律感强。

北京话语音的音节，除了少数零声母以外，大都是由辅音声母与韵母组成，韵母又分为韵头、韵腹、韵尾三部分，人们每发一个音节时，发音器官的肌肉，特别是喉部的肌肉都要经过一个由松到紧再变松的过程，发音器官肌肉紧张度的每一次增而复减都要形成一个音节，因而，音节的间隔分明，形成了较强的节律感。

北京话的节律感在语流中体现得更为明显，在双音节、四音节、五音节及七音节词语中都表现出极强的韵律和节奏，如：

公 交（双音节）

大大 咧咧（AABB式）

点头 哈腰（ABCD式）

共产党 员（语音段落为：3+1）

春困 秋乏（语音段落为：2+2，音步之间有短暂停顿）

人民 代表 大会（语音段落为：2+2+2，音步之间有短暂停顿）

知其然 而 不知 其 所以然（语音段落为：3+1+2+1+3）

以上各语言单位听起来间隔分明、错落有致、一张一弛、疏密得当，给人以美的享受。

另外，北京话的复韵母比较丰富，一共十三个，占全部韵母的三分之一。其中：

a. 前响复韵母：

ai [æi] 挨来改　ei [ei] 碑类给

ao [ɑu] 奥老高　ou [ou] 欧口楼

b. 后响复韵母：

ia [ia] 亚加虾　ie [iɛ] 也借些　üe [yɛ] 月掘学

ua [ua] 瓦刷花　uo [uo] 我过罗

c. 中响复韵母：

iao [iau] 要聊叫　iou [iou] 有六九

uai [uæi] 外怀率　uei [uei] 会归亏

北京话的鼻韵母一共有十五个：

an [an] 按但汉　ian [iɛn] 燕点线　uan [uan] 万端环

üan [yan] 元捐选　en [ən] 恩很深　in [in] 因秦馨

un [un] 文混顺　ün [yn] 云群逊　ang [ɑŋ] 昂朗张
iang [iɑŋ] 杨良将　uang [uɑŋ] 王璜装　eng [eŋ] 彭登正
ing [iŋ] 平英性　ong [uŋ] 虹东种　iong [yŋ] 用胸兄

复韵母在发音上有两个特点，一是舌头的运动是滑动的，音质的变化是连续不断的。如发 [ia]，从 [i] 到 [a] 舌位逐渐下降，音质逐渐变化，中间包括了许多过渡音，并不是发完 [i] 以后再发一个 [a]。另外还有一个特点是各个元音的音长和音强是不相等的，其中只有一个听起来最为响亮清晰。这使得北京话听起来抑扬顿挫，富有节奏，语速也因发音动程而显得较慢，使说话人态度从容大方。

苏州话的复韵母较少，只有一个前响复韵母 [tə]，如“多” [təu]，“苏” [səu]，“歌” [kəu]，

北京话里的前响复韵母苏州话都读成单韵母。如：

	摆	悲	包	收
北京话：	[pæi]	[pei]	[pau]	[ʂou]
苏州话：	[pɒ]	[pᴇ]	[pæ]	[sʏ]

4. 四呼俱全，合口呼韵母较多。

从韵母看，北京话开口呼韵母的配合能力最强，除三个舌面声母外，和其他声母都能配合，开口呼韵母的数目本来就多，因此在北京话里开口呼韵母的出现频率远远大于其他韵母，几乎达到韵母出现总频率的一半。撮口呼韵母本来就只有五个，又只能和六个声母配合，因此出现频率很低，还不到总频率的百分之五。开口呼韵母发音时口腔开合大，共鸣腔大，音色响亮、清脆。如“麻”“奏”。齐齿呼韵母与撮口呼韵母发音时由于口腔开合小，共鸣腔不大，音发出来不亮。如“至”“与”。

5. 声调类型相对苏州话较少，高音成分多。

北京话和苏州话的声调对比如下：

古调类 调 值 地 点	平声		上声	去声		入声	
北京	阴平 55	阳平 35	上声 214	去声 51			
苏州	阴平 44	阳平 13	上声 52	阴去 412	阳去 31	阴入 5	阳入 2

从上表可以看出：北京话的声调分为四类：阴平、阳平、上声、去声，四种调型的调值分别为“55、35、214、51”，因为类型少，变化极为简单，高、扬、转、降区分显著，因此极容易区分。有力地发挥了声调变化层次分明的美感效果，和某些方言的浓重的鼻音和铿锵生硬不同，听起来柔和秀美，沉着稳重。而苏州话有 7 个声调，没有北京话的简洁和高扬。

（三）苏州话的语音特点

苏州话是吴语代表，素有“吴侬软语”或“吴侬细语”之美称。从苏州话语音系统来看，大致有以下几个特点：

1. 分尖团

下列这些对字在普通话里都读同音，但在苏州话里分的很清：

[ts]：积 精 聚绝　[ts‘]：七千趣全　[s]：西小须迅

[tɕ]：基经巨决　[tɕ‘]：期铅去权　[ɕ]：系晓虚训

苏州话里的“尖音”字很多，大约有 300 多个，例如：

tsiæ 焦椒蕉　ts'æ 俏峭诮　siæ 消销萧

tsiɪ 煎尖笺　ts'i 千迁签　siɪ 先仙鲜

尖音轻柔细软，听起来比较嗲。苏州话的柔润和尖团音是有联系的。

2. 单元音韵母丰富

苏州话有 11 个单元音韵母。北京话的复元音在苏州是单元音韵，如“包超刀高”等字，北京话是［au］韵，苏州话是［æ］韵，“偷豆周抽”等字，北京是［ou］，苏州是［ʏ］。苏州话的前元音韵丰富，发音时舌位靠前，口腔开度较小，共振腔狭窄，音频较高，如［i ɪ y Y ø E æ］。它们的音值如下：

［i］前、高、不圆唇。

［y］前、高、圆唇

［ɪ］前、次高、不圆唇。如“面”［mɪ］

［E］前、中、不圆唇。如“三”［sE］

［æ］前、次低、不圆唇。如“毛”［mæ］

［ø］前、半高、圆唇。如“南”［nø］

苏州话单元音韵母多，发音时少舌位滑移，嘴形变动小，语速较快，这是造成苏州话轻、软、短的主要原因。

3. 声调曲折柔和

苏州话单字调有七类，古四声平上去入按声母清浊各分阴阳。古去声浊音声母字和古浊上相同，合为一类。七类声调的调值有长有短，有平有升有降，还有先降后升的曲折调。苏州话分阴入和阳入，入声音节读音短促，音节末尾带塞音尾，为喉塞音［ʔ-］。苏州话的轻柔委婉跟声调的高低升降协调配合有密切关系，尤其是去声调的高降升和中平的变调值，使苏州音富于变化而感觉柔和。

苏州话单字音有 7 个声调，如下：

调类	调值	例字	调类	调值	例字
阴平	44	高天安知开	阳平	13	琼寒唐人麻
上声	52	古口好草短			
阴去	412	对靠试汉爱	阳区	31	病共岸部稻马
阴入	5	割菊百客色	阳入	2	摸白蜀历木

另外，苏州方言里有双音节词和三四音词语的连续变调，据叶祥苓先生的调查，苏州话连续变调有三个新调值，即降变调（21）、中变调（33）和低短调（2），由于读变调，阴平和阴去，上声和阴去相混；但阴平和上声不混。三音词语的变调，好些地方跟双音词相似。连续变调使苏州话发音纷繁复杂、变化多端。北京话中虽然也有连续变调，但变调规律相当简单。

总之，苏州话温婉、典雅、古老、复杂、别致，令人联想起文化名城苏州那古典的私家园林、造型奇特内涵丰富的石桥、历经沧桑的老宅院、典雅清丽的昆曲，苏州方言和苏州文化是一个和谐的整体。

四、结　论

据以上分析我们可以得出以下结论：北京话的语音特点是音节构成长，鼻尾音和复合元音多，无浊辅音和塞音尾，声调平实，语速慢，说起话来从容，较为庄重；而苏州话浊辅音多，单元音音节丰富，有入声尾，声调起伏大，一般音频较高，语速快，故显得娇柔细润。我们可以看到两个方言的各语音构件呈现出与整体文化气质相同或相近的结构特征。试想我们假如把二者语音部件的其中一个或几个互换，比如让北京话的声调变为7个，语速增加，其他特点不变，该会出现怎样的景象！按照浑沌学的分形理论，两方言的语音所呈现出的特定和各语音构件上所呈现的局部特征有自相似性，即跨尺度的对称性，它意味着递归，在一个花样内部还有另一个相似的花样，即在任意小的尺度内部都包含整体特征。两个方言在音段、音节、声、韵、调，以及在元音、辅音层面，都体现着整体文化气质的信息。从下表中可以更加清楚、更加直观地看到它们的关系：

语音特点 方言	声母	韵母	声调	文化气质
北京话	清声母多，发音清脆	元音占优势，音节构成长，复韵母和鼻韵尾多	四个调型；节奏分明；音成分多；连续变调简单	柔和、清晰、响亮、爽朗、高扬；音调舒缓柔和、节奏鲜明、韵律协调
苏州话	分尖团	单元音韵母丰富	七个调型；曲折柔和；连续变调复杂	温婉、典雅、古老、复杂、别致，娇柔细润

浑沌学给我们一个从整体认识事物的新视角，语言的文化气质则是基于这种认识之上所得出的成果。本文的分析只涉及北京话和苏州话的文化气质和它们语音构件之间的自相似性。辩证地讲，语音系统是一个复杂的、动态的浑沌系统，各种现象错综复杂，既存在自相似性，又存在非自相似性。分形所呈现的自相似性也不是绝对的，但是把语音系统作为整体来处理，语言的文化气质能得到科学合理的阐释。

汉语结构助词语音形式“[tə]”与其功能联系探析

彭　凤

一、引　　子

对结构助词得“([tə])”、“的([tə])”、“地([tə])”和体助动词“着([tʂə])”、“了([lə])”都以央正中元音收尾，其中五个声母都是舌尖音。“得([tə])”、“的([tə])”、“地([tə])”的语法化过程研究结果表明它们有着不同的来源，但是最终都选择了同一个语音形式“[tə]”。另外，语流在实现无限生成的过程中，却不存在有拗口的现象，说话者不需要考虑语法和语义上正确的语言形式在表达上是否会拗口。这是为什么呢？于是笔者产生了一个设想，是否每一个词语的语音形式，已为它的各种功能的实现作了充分的语音准备？换句话说，在长期的演化中不同功能的词语，语音形式为在语流中实现其功能，已选择了最佳的语音形式。总之，一个现象，一个问题，促成了本文的写作。

二、结构助词语音形式“[tə]”是其功能演化的必然

（一）从结构助词语音形式之间的共性推断语音和语法功能的关系

我们将口语中的结构助词“的”、“得”、“地”，和体标记

“着”、“了”、“过”这六个词的语音形式进行比较，我们会发现他们有着共同之处。

的：[tə]——舌尖中不送气清塞音+央正中元音

地：[tə]——舌尖中不送气清塞音+央正中元音

得：[tə]——舌尖中不送气清塞音+央正中元音

着：[tʂə]——舌尖后不送气清塞音+央正中元音

了：[lə]——舌尖中边音+央正中元音

过：[kuə]——舌面后不送气清塞音+后高圆唇元音+央正中元音

声母都是不送气清塞音，都是舌音，而且以舌尖音居多，占总数的6\4。另外有一个舌面音，是一个靠舌尖部位很近的音；一个是舌根音和复合元音[uə]的结合。这些音节都以央正中元音收尾。我想这六个在汉语中虚化程度最高的词，在语音形式上如此的相似，不应该用巧合加以解释。

（二）从结构助词的历时演化推断其语音形式和语法功能之间的内在联系

在漫长的语言演化史中，在以个人的言语活动为实现形式的语言沿流中，曾经有众多与结构助词用法相当的词语与其并行演化，表达类似功能的语音形式都成为历史陈迹，如昙花一现，结构助词最终选择了这几个有着如此多共性的语音形式。

以具体的某个语音形式来完成一个语法功能，是偶然的，但是，表示类似语法功能的语音形式存在如此多的共性，却预示着某种必然。比如，用体助动词语音形式“[tʂə]”表示进行态，用语音形式“[lə]”表示完成态。“[tʂə]”和进行态没有必然的联系，“[lə]”和完成态也没有必然的联系。比较这六个词的语音形式及它们的语法化过程之后，会让我们相信词语在系统演化的过程中，对演化初值的选择是一种定向选择，目前的演化结果是必然的，以这些语音形式来担当对应的语法功能是必然中的偶然。揭示这些语音形式和语法功能之间的内在联系是本文目的所在。

1. 我们以结构助词为例，解释他们的语音形式和语法功能之间的内在联系。

对结构助词“底”和“得”的来源，从语法化研究的角度来看有很多不同意见。但有一点目前是毫无争议的：这两个结构助词在历史上没有联系，有不同的演化初值和演化轨迹，曾经也有过一些功能相同的词汇与它们并存。但是，最终两个结构助词都以“［də］”这一语音形式以压倒一切之势在各自的词汇角逐中取胜，证明了语音形式“［də］”充当结构助词的语音形式有其内在的必然性。

(1)“的”的演化过程

目前对于助词“的”演变问题有代表性的说法有四种：(a)、“底”源于“者”说。(b)、“底”源于“之”说 。王力先生是从音韵角度对它的来源加以阐释的。[①]（c）“底”来自于“之”和“者”的说法。1982年祝敏彻对比上述三者的语法功能，相似性

① “之”的上古音为［ȶiə］，后来在文中演变为［tʂʅ］，在白话文中演变为［tɿ］，这样就造成“之”、“底”并存的局面，并在文言和白话发展出了不同的语法。梅祖麟先生于1988年从语法功能的角度，进一步对这种观点作了补充。受汉代“名+数+量”变为“名+量+数”格式的影响，“之”和“者”的功能相当。由此，“之”在白话里变为“底”后，受“者”的语末语法的沾染，“底”字也逐渐能用在语末。梅祖麟先生实际上综合了王和吕两家的观点。《汉语语法化的历程——形态句法发展的动因和机制》，石毓智，李讷著，北京大学出版社，2001年。

得出了如上的结论。(d)、“底”和“者”是词汇替代的关系。①

(2)、“得”的语法化过程

“得”是动补结构中的动词和补语中的结构助词。由于补语不同，所以这种动补结构被分为两种：一种是带状态补语的动补结构；一种是带可能补语的动补结构。这两种类型的动补结构中“得”的演化过程众多学者说法不一。最具有代表性的是：(a). 王力先生（1958）把这种动补结构中的“得”看作词尾，认为词尾“得”来自动词“得”。原来的“获得”之意转化为“达成”，由“达成”的意义更进一步虚化而成。(b). 祝彻敏（1960）、杨建国（1959）、岳俊发（1984）持另一种观点。他们认为这两种结构在语言史上有着自己的演化轨迹。古代汉语中表示“获得”的“得”虚化产生了现在的结果补语（也就是前面所说的状态补语）的“得”字句；古代汉语的表示“可能”的“得”虚化产生了可能补语的“得”字句。

总结以上两个结构助词的历史演化，两个结构助词的演化初值是不同的，而且也没有任何的关联。但这两个历时千年的演化，几经周折，最终却以如此相似的语法功能，相同的虚化程度，最重要的是以相同的语音形式“[tə]”的轻声来完成其系统价值，可谓是异源同趋。虽然，语言的任意性中强调语言的能指和所指之间没有必然的联系，但是，在与多个表示类似的语法功能的词语的竞争中，以“[tə]”的语音形式最终成为演化结果，无论从历时上对其前身的取代，还是在共时平面上与其他词汇获

① 这一观点是1990年又冯春田第一个提出，但未得到具体的论证，后由石毓智、李讷在此基础之上进行了补充和论证。他们主张“底”取代“者”不是语音演化的结果，而是词汇替代的现象。“底”产生于晚唐五代，在此之前还有一个“地”，用在动词、副词、和形容词之后，作谓语或状语。由于受“数＋量＋名”格式的抽象式“修饰语＋语法标记＋中心语”的影响，在元明清时期，“的”和“地”都统一为“的”。同上。

胜来看都决非偶然。现实语言中，三个结构助词语音形式的不谋而合无可辩驳地成为结构助词语音形式及功能联系最有力的佐证。

2. 结构助词“[tə]”的语音形式，是应结构和功能的需要逐渐形成的。所以，通过语音对应寻找其源头，就会显得不太可靠。

(1) 对于结构助词的语法化的研究，是以古今语音和语法之间一定有历史性联系作为研究的理论基础，用充分的证据对词语的演化过程给出一个合理的描述，尤其注重对前后相继的语言现象之间历史联系的论证，在语法和语音上找到其合理的根据，划出词语演化的轨迹。这种研究只是停留在对历史演化做合理描述。但是，当注意到在语言历史上有很多语义和功能与结构助词的“前身”一样，只是语音形式不同，却没有如此的殊荣语法化为结构助词这一语言现象时，而不同结构中的结构助词的语音形式竟然殊途同归。这说明了结构助词的语音形式和其语法功能是有关系的。

语言是历史的沉积，每一个词的语音形式都会有它的历史，语法化的研究就是通过文献，寻找该词的源头，运用语音对应的历史比较语言学的方法确定其语音形式。比如说，王力先生认为“得”表示递系式的动词词尾、表示紧缩式的动词词尾和表示能愿式的动词词尾都是由“获得”之意转化为“达成”，由“达成”的意义更进一步虚化，而成为动词的词尾。所以，现代汉语中动补结构中的“得”就是由原来的“获得”之意转化为“达成”，由“达成”的意义更进一步虚化，而成为动词的词尾。至此，动补结构中的结构助词“得：[tə]”的现状也就得到了历史的解释。再比如：“的”的历史演化过程，按照石毓智先生、李讷先生的观点，“底”是由魏晋南北朝时期疑问代词的功能虚化为结构助词的，而且在十二世纪的时候，曾出现过“之”、“者”、

"底"三个结构助词"三分天下"的局面。但是,"底"受到了"数+量+名"抽象出的"修饰语+的+中心语"的影响,"底"在15世纪完全替代了"之"和"者",并在元明清时期"底"和"地"统一为"的"。这些研究注重古今结构和语音的对应在语法化的语言观中,为这些词语的语音及用法找到了合理的解释。由于他们执著于语言的任意性理论的影响下,这些研究关注于一个词的纵向研究,而没有对它们的语音形式横向进行比对,寻找现象的解释。

(2)"[tə]"充当结构助词的语音形式,谁与其争锋。如果助词"底"产生的动机是量词的发展。但是由量词结构类推力量所要求的语法标记并不一定要落到"底"的身上,为什么不是"者",为什么不是"之",为什么不是一个量词?石毓智先生、李讷先生对这一问题从时间上作了一定的解释:'"之"演变出结构助词的时候,"数+量+名"格式上不存在',所以未受量词结构的影响。量词结构产生之时,助词"底"已经完全取代相同功能的"者"和"之",那么这一解释,是无可厚非的。但为什么"底"会在"之"、"者""底"三个词的角逐中获胜?鉴于结构助词"底"产生的动机,按理说整个语法标记的最佳选择应该是一个量词。当然,近代汉语史中,确实也存在过普通量词的"个"与来自指示代词的"底"的长期竞争的事实,但仍是以"[tə]"为语音形式的词最终获胜为结局。①

在同一语法结构的同一语义的不同语音形式主体语音形式的词汇竞争中,声母为舌尖音的词汇占据了上风,成为结构助词语音形式和其语法功能之间应该有还未解谜的玄机。动补结构中的"得",是由动词"获得"之义虚化而来的,即使语言的沿流选择

① 参看石毓智、李讷:《汉语语法化的历程——形态句法发展的动因和机制》,17页。北京大学出版社,2001年。

“获得”这一语义的语音形式作为结构助词演化的初值具有很大的偶然性，但同是表达“获得”之意的“获”，同样可以做补语，到现在的汉语词汇中仍可以看到这种结构，但却没有虚化，如：“收获”、“拿获”、“擒获”。另一方面，它的语音形式与状中结构的“地”和定中结构中“底”，都演化为“[tə]”这一语音形式，这难道不正说明了语音形式[tə]在演化中的优势码？

无独有偶，“了”的演化过程和他们的语音现状，如出一辙。魏晋南北朝的时候，“了”跟“已”、“讫”、“毕”、“竟”都可以出现在“动+宾+补”格式中充当补语的位置，表示动作的完成。比如“公留我了矣”《三国志》(刘坚等 1992 年)。到了唐五代时期，“了”取代了其余的四个词而在这个格式中占据了主导地位。(详见刘坚等 1992)。为什么不是其他的四个词呢？

总之，这一切都说明在演化过程中并不是语义促使“获得”中的“得”呈虚化的趋势。“得”位于动词之后只是其虚化的充分条件，而非必要条件。语音形式的需要才是“得”重任在身的重要的原因。这将导致一个大胆的推论，“得”不一定就是古代“获得”之义演化而来的，“得”是动补结构类推下的语言自发的产物，而非实词虚化。这个结构要求结构中的助词要用语音形式“[tə]”的轻声来完成，同时人们选用了可以置于动词之后的“得”的文字形式和表达这一语法功能的语音形式“[tə]”相结合。换而言之，古代表示“获得”之义的“得”和现在的结构助词“得”不一定有历史上的渊源关系，有可能只是一种文字的借贷。

(三) 结构助词的语法功能，决定了其语音形式

结构助词的功能决定了其所处的语音环境。同时使它失去了语音的稳定性。语音形式完全是它们所处的语音环境对它们的一种“自然选择”。

1. 结构助词只能附加在别的词或词组之后，没有独立性，所以其形式缺乏稳定性。

结构助词本质特点，就是没有独立性。只能附着在其他词或词组的语音形式之后，其语音形式不能独立负载任何意义。“的”附着在词或词组之后，表示它前面的词或词组是定语；“地”附着在词或词组的后面，表示它前面的词或词组是状语，“得”附着在动词或形容词之后，表示它后面的词或词组是补语。

概念及其语音形式是相互依存的。实词的语音形式由于所指事物的完形性而具有独立性，由于与概念的对应关系而具有稳定性，但是，结构助词没有独立承载信息的功能，也可以说，结构助词语音形式没有独立的概念内核，不能独立指代一个同其他概念相区别的概念，使结构助词语音形式的选择和定型完全依赖于它对周围语音环境的适应。其实这在某种程度上也就回答了为什么几经周折，被语言演化的沿流冲刷而留下的、用来完成结构助词的使命的是“[tə]”这一语音形式而非其他。

2. 结构助词的语音环境需要舌尖音和央中元音的组合与之适应。

三个助动词的区别是以助词前后的词类而定的，是它前后概念之间关系的标志。关系发生在前后两个概念之间，结构助词本身对前后的词语是没有限定性的。任何一个语音形式都有可能出现在助词之前，任何一个语音形式也有可能出现在它的后面。从理论推理来看，这好像只是一个很简单的事实。但在言语的实现过程中，却是要受到生理的限制。语流是由唇舌不断运动，改变共鸣器官的形状，通过动力器官的运动变化（改变发音方法）在声带上“奏”出连续而变化的语音。在语流中，舌头在口腔中的运动，就如同手指在键盘上演奏是一样。手指为了时刻准备触摸键盘上的任何一个键，所以，始终将暂时没有任务的手指放在键盘的中部，保持“备战”状态。也就是说，既不偏左也不偏右的居中键盘位，是完成“左右逢源”、“游刃有余”的最佳位置。汉语结构助词也一样，它必须是能够与任何一个语音形式相结合，而不会让人感到拗口的语音。这个重任自然就落到了发音部位靠中部的舌尖中不送气清辅音和央元音的音素结合体上，这是语音环境对它的“自然选择”。

缺乏独立性的语素由舌尖中音作为音节中的首辅音，可以说是语言的普遍现象，是语法功能的选择。例如：

维吾尔语言中，名词的时位格，([dæ]、[t'æ]、[da]、[t'a])、从格([din]、[t'In])、领属格([nɯŋ])、宾格([ni])，名词的复数缀语素([lær]、[lar])，动词的构词语素([-la]、[-læ])，动词的使动态([dur]、[tur])、动词的被动态构形语素([-l]、[-il]、[-ul]、[-yl])、反身态构形语素([-n]、[-in]、[-yn]、[-un])关系形容词的构词缀语素([liq]、[lik]、[luq]、[lyk])……这些缀语素中的首辅音都是舌尖音：舌尖中不送气浊塞音([d])、舌尖中送气清塞音([t'])、舌尖中边音([l])、舌尖中鼻音([n])。只有个别是舌根音，例如向格附加成分([qa]、[ɣa]、[ɡæ]、[ka]、[ɡæ]、[kæ])。在英语中也如此。例如：过去时和被动态的形态附加成分-ed[id]、动词单数的附加成分-s(舌尖前浊擦音[-z])、名词的复数附加成分-s(舌尖前清擦音[-s])或-es(舌尖前浊擦音[z])、名词的领属附加成分-s'(舌尖前浊擦音[-z])；形容词的比较级-er(央中元音[ə])、形容词的最高级-est([ist'])，仅有一个表示进行时的附加成分-ing([-iŋ])是舌根鼻音。

同时，结构助词中的韵母只能是央中元音。汉语不像维吾尔语言，为了避免拗口，在不改变主体语音形式的情况下，在一些细节上稍做改动，以适应不同的语音环境，即语音和谐规律，用变体的办法，来避免拗口。比如说，维吾尔语，表示时位格的名词附加成分有四个变体：-dɑ、-tɑ、-dɛ、-tɛ，根据最后一个音节元音的发音部位，附加不同的变体，以适应不同语音形式。[①] 汉语是以单音节语素为主的语言，有限的音节形式，要求在语音形式的运用上要遵循经济原则，结构助词和其他概念的词语一样，只能有、且只有一个音节，去适应其语音环境，结构助词中的韵母自然是出于中部的央中元音。

因而在汉语中如果汉语任意的两个词之间需要加一个语音形式以表明之间的某种关系，则这一语音形式在汉语中必然是一个舌尖音和央中元音的结合。于是就形成目前的助词语音形式的格局，结构助词以“［tə］”的语音形式和其他助词形成对立。

的：［tə］——舌尖中不送气清塞音＋央正中元音

地：［tə］——舌尖中不送气清塞音＋央正中元音

得：［tə］——舌尖中不送气清塞音＋央正中元音

着：［tʂə］——舌尖后不送气清塞音＋央正中元音

了：［lə］——舌尖中边音＋央正中元音

过：［kuə］——舌面后不送气清塞音＋后高圆唇元音＋央正中元音

三、结　语

不能根据结构助词的语音形式的古今对应，来判断它的来源。因为结构助词介于两个词语中间以表明词语之间的结构关系，这一语法功能从一定程度上决定了它的语音形式。这一语音形式和它的功能相对应，也许和古代的某一结构或者词语存在历

---

① 名词最后一个音节的元音如果是前元音就加－dɛ、或－tɛ，如果是后元音就加－dɑ、－tɑ；词尾如果是浊音或元音，就附加－dɛ、或－dɑ，如果是清音就附加－tɛ或－tɑ。陈世明，《维吾尔语实用语法》，第45页，新疆大学出版社，1994年。

史的联系，但当这种结构定型时，它的语音形式“[tə]”就在语音生存环境中不断接受“打磨”，同时要保持助词之间相对立的语音形式格局。所以，结构和格局对语音的选择，更甚于语法化过程演化初值对语音形式的限制。

这一规律，像浑沌学中的吸引子一般。吸引子是浑沌学的一个概念，是为了描述相空间上的系统演化引入的概念。吸引子代表系统的稳定态，在相空间中是有点（状态）或点的集合（状态序列）表示的。这种点或点集对周围的轨道有吸引作用，系统运动只有到达吸引子上才能稳定下来并保持下去。在历时演化中，结构助词语法功能和结构对其词语的要求，就构成了一个方程，决定空间上点的分布范围。可能符合这一结构词语很多，所以会出现词语并存和相互竞争的情况。但是，符合这一结构的所有要求的词语只有一个。当没有概念内核的词语完全交给结构、格局和语音形式去选择后，语音形式在这个结构的语音环境中不断“打磨”，同时又要和其他助词形成对立。这些要求就是一些限定条件，促使结构助词以唯一的语音形式“[tə]”来完成其功能。这些就像浑沌学中的吸引子一样，吸引着结构助词稳定到“[tə]”这一语音形式上，成为暂时的稳定状态。

最后，引用萨丕尔的一句话来结束本文：“语言里其他一切都有自己的沿流。没有任何一个东西是完全固定的。每一个词、每一个语法成分、每一种说法每一个声音或重音都是一个慢慢变化的结构，由看不见的、不以人意志为转移的沿流模铸着，这正是语言的生命”。[①]结构助词的语音形式正是在这种潜移默化的沿流中，接受了“自然的选择”。

① 爱德华·萨丕尔著，陆卓元译：《语言论——言语研究导论》，第155页，商务印书馆，2000年。

双音节同素反序名词中的浑沌现象

吴　平

浑沌学是以直观、整体为基点来研究浑沌状态和浑沌运动的复杂规则性的学问，浑沌学认为：世界是确定的、必然的、有序的，但同时又是随机的、偶然的、无序的，有序运动会产生无序，无序的运动又包含着更高层次的有序。现实世界是确定性和随机性、必然性和偶然性、有序和无序的辩证统一。

语言是一个由相互制约、多层次的部分构成的整体，是一个具有相对稳定状态又具有动态平衡的开放系统，在内外环境的作用下，语言系统才得以存在和发展。语言是文化现象，是各个历史时期各种因素的综合现象。语言的发展对路径和规则的选择有依赖性，一旦选择了某条路径就很难改变，一旦形成规则就不易改弦易辙。汉语中对于空间顺序的选择是由大及小，英语则是由小到大。汉语方位中有“东南、东北、西南、西北”，英语则是“southeast、southwest、northeast、northwest”。汉语对时间顺序的选择是由整体到个体，这里既有汉民族认知方面的特点，也有文化上的传统。汉语音系简化，尤其对于双音节和偶音节的喜爱，好像是确定的。这源于两字一顿成为汉语最基本的节拍单位，源于汉民族的对称性思维，延伸下来就是汉语词汇中的双音节化趋势、四音节成语占绝大部分，词语搭配的双音节选择等现象成为一种语言使用的规律。

一、对称与不对称

对称是事物共性的表现，是世界统一性的一种表现。从哲学上来说，对称是指事物通过某种中介而变化时出现的同一性。对称性是一种非常重要的特性。它反映了事物的共性、规律性和稳定性。在科学上，对称性是“自然现象具有规律性”的先决条件。例如，先在北京做一个抛物实验，然后又在伦敦做一个抛物实验，这两次抛物实验都应该遵循同样的自然规律，不会随时间和地点而变化。否则实验就不能重复。但是在事物运动中，不仅有对称，而且也有不对称。不对称是事物个性、随机性和变化性的表现，不对称是事物不断分化、进化的根源。例如，太极图总体是一个圆，但就事物的发展来讲，它不仅有圆，而且有缺，正如苏东坡词中说的：“人有悲欢离合，月有阴晴圆缺，此事古难全。”很早以前，古人就认为球是最完美的图形，原因是球有几大显著特点：(1) 将它绕直径旋转任意角度仍与之重合；(2) 将它相对于过球心的平面镜作镜像仍与之重合；(3) 将它上面的每一点与球心连线并在延长线上取到球心距离与该点到球心距离相等的点组成的图形仍与之重合。这就是人们对物理学中对称美的认识的雏形，或者说是根源。对称最初是日常生活中的概念，例如，人的面部器官在左右两边的分布基本相同就说它是对称的，人的手脚也是左右对称的。随着这一概念在各学科中的应用日益广泛，对称的定义也就逐渐严格，在不同学科中侧重点有所不同。在数学上，对称的形式有中心对称、轴对称和平面对称。在物理学中，则指对运动方程或描述物质系统状态的函数作某种数学变换后，该方程或函数保持不变的特性。在生物学中，指生物体在对应的部位上有相同的构造。

无论对于科学还是其他，对称性都涉及到不同的方面和不同的层次。不同方面指对称的多样性：平移对称（连续装饰花纹、花布）、旋转对称（穹隆、五角星、伞、晶体）、左右对称性（建筑立面、人体）及联合操作对称性（埃舍尔的《骑士图》，类似CP操作）。不同方面还涉及局部与整体的关系，对称性有长程整体对称（如晶体），也有局部短程对称（如准晶、凯尔特装饰艺术），这些在科学与艺术作品中都有许多实例。不同层次指对称性依赖于物质层次或者观念层次，在不同的层次上对称性可以很不相同，以人体为例，外表是左右对称的，但内脏则不是，心脏通常靠近左侧。

二、双音节同素反序名词中的对称与不对称的现象

从语言上说，对称与不对称现象普遍存在于语音、构词、句法、语义和语用各个语言层面。就汉语而言，对称的形式主要表现在结构上的成双成对。例如词语的结构就是一个例子。我们知道，词是由语素构成的，语素构词的形式很多，其中并列即对称的种类主要有“同义并列”和“反义并列”两种形式。同义并列的，如：和平、安静、收入、友谊、窗户、笔墨等。反义并列的，如：东西、是非、开关、收发、呼吸、取舍、多少等。汉语的双音节合成词中，有一部分成对的、语素相同而顺序相反的词，如：“力气”和“气力”、“蔬菜”和“菜蔬”，称之为“同素反序词”。以下将主要以名词中的同素反序现象为对象来进行讨论。

1. 语义

双音节同素反序名词首先在语义上呈现出对称和不对称的现

象。

有些由两个意思相近的字组成的词，把它颠倒过来念，意思仍然不变。如：容颜——颜容、情感——感情、蔬菜——菜蔬等等。方言中的“鸡公”跟“公鸡”的意思也是一样。

有的内容相关联的字颠倒后，意思仍然相近或相关，例如：夜半——半夜、焰火——火焰、水井——井水、蜜蜂——蜂蜜、毒蛇——蛇毒、虫害——害虫、油菜——菜油、彩色——色彩、肉猪——猪肉、云彩——彩云、奶牛——牛奶等等。

但是，还有不少由两个意思相近的字组成的词语是不能随便颠倒用的，如：气节——节气、面相——相面、官宦——宦官；有些不由近义的字组成的词也不能随便颠倒，如人名——名人、人情——情人、主公——公主、故事——事故、国王——王国、文盲——盲文等等，这类词语如果颠倒了它们的意思就完全不同或相差很远。

还有一种更有趣的现象，就是有些东西的名称，如果把它倒过来说，正好表明了这种东西的用途，例如：羊圈——圈羊、门锁——锁门、锅盖——盖锅、牙刷——刷牙、手套——套手、水车——车水、风扇——扇风、渔网——网鱼等等。

2. 语法

(1) 对称：

名词——名词类，词性不发生变化，仍然是名词。

(2) 不对称：

结构不对称：

“军民”意义是军队和百姓，结构上是并列关系；“民军”则是由百姓组成的非正规军，结构上是偏正关系。

词性发生变化，是一种不对称现象。名词转化为动词类：如“图画”和“画图”、“前提”和“提前”；名词转化为形容词类：如“工人”和“人工”、“黑墨”和“墨黑”。

3. 使用

我们发现双音节同素反序名词有几种情况：

两个都常用：言语——语言、蜜蜂——蜂蜜、国王——王国、情感——感情等等；

一个常用、一个不常用："蔬菜"常用，"菜蔬"不常用；"国家"常用，"家国"不常用；"公鸡"是现代汉语词汇，常用，"鸡公"则是方言词汇，不常用；

一个用，一个不用或罕用：这类词在古代汉语中还有，到现代汉语中就只存其一，另一部分就消亡或几乎消亡了。如："人民"还存在，"民人"["土地狭小，民人众……"（史记129卷）]就消亡了；"声音"还在，"音声"["偏觉得音声凄惨"（警世通言）第11卷]就罕用了；据张德鑫考证，这类词还有：姓名、权利、土壤、篱笆、国家、教授、游戏、权威、波涛、新干、依据、雌雄等。

4. 文化

（1）对称。在不影响表达对象的内容的前提下，对事物的秩序次第位置的要求又不太严格时，变化很灵活。

（2）不对称。但是在要求严格时，则是不可改变：如男女、君臣、师生、东西、父母、祖宗、门户等等。

从动态的观点看对称性，我们获得了运动、变化与发展的印象，最终是"生成"的观念。对称性对于自然界是一种自组织机制，某一层次的对称破缺可能为另一层次的对称性的存在提供条件或者基础，反之亦然。不仅无机界构成及演化受对称性支配，有机界、生命界也如此。艺术、语言和遗传学中的基因突变、交换、重组等，都为我们提供了更复杂的对称性，即某种"混成对称性"，类似汉语双音节同素反序名词的成词过程，之所以也称它们为对称性，是因为在变换过程中它们总是有某种成分保持不变（守恒），但仅有局部意义。

三、从浑沌学来认识

1. 浑沌学的基本理论

人类的发展史表明科学的理论总是从简单到复杂，从特殊到一般，从粗糙到精确，一步步逐渐深化的。因此，以数学为工具，以物理学开路的严密，自然科学在初期阶段总是力图把描述对象简单化、近似化，在数学方面采取的一个重要办法就是线性化。但是，随着科学的发展和人类向更完美的目标的持续追求，复杂的自然界不断促使我们逐渐地把一个个线性理论发展为非线性理论。如：牛顿引力定理发展为非线性的爱因斯坦引力场方程；光学、热力学、统计力学等都从线性理论发展为非线性理论。复杂的具有千丝万缕联系的自然界，在彼此相互作用中通常总要导致非线性。因此，我们相信非线性化是科学发展的必由之路，而语言的发展也不会例外。

非线性科学是人类认识自然的一次飞跃，它标志着人类认识自然由线性现象进入非线性现象。它发现自然界存在着一种新的、更普遍的、既确定又随机的浑沌现象及其非线性规律，是理论自然科学的重大发现。这些新的现象和规律，必然引起自然观和认识论的变革，引起方法论的革新，这种革新的标志就是多学科的交叉成为科学发展的普遍趋势，浑沌学在众多自然学科和社会科学学科的应用就是一个很鲜明的例证。

线性思维，是一种直线的、单向的、单维的、缺乏变化的思维方式，非线性思维则是相互连接的，非平面、立体化、无中心、无边缘的网状结构，类似人的大脑神经和血管组织。线性思维如传统的写作和阅读，受稿纸和书本的空间影响，必须以时空和逻辑顺序进行。非线性思维则如电脑的 RAM（Random Access

Memory)，突破时间和逻辑的线性轨道，随意跳跃生发，又如HTML提供超越时空限制的网状连接路径。

在实质不改变结果的前提下，为增加结果的确定性而尽可能保留过程的不确定性。这在思维上是线性和非线性的最主要的差别。

汉语中的双音节同素反序词在数量上并不是很多，双音节同素反序名词则更少，但他们在形成、词性、语义、语法功能、词的搭配、感情色彩、适用时代或场合都有其不确定性，体现出一种非线性的特点。

2. 双音节同素反序名词的成因与发展

语素之间的组合或选择不外乎这样几个理由：合乎理据（逻辑）；表义确切；语言要求的制约；非语言因素。就双音节同素反序名词的成因与发展来说，有这样几点：

(1) 追求音节的对称、意义的对称。汉语语素以单音节为基本形式，这些单音节基本上都是语义的承担者，可以作为语素构成大量单音节词。汉语的每个音节都与一个汉字相对应，也就是每个单音节词在汉字系统中都存在着一个与之对应的汉字，由于汉字的表意功能，这个汉字在成为记录该词的符号的同时，也成了该词词义的承载体。

在合成构词法产生之前，单个的汉字都是一个独立的词，所以这些单个的词字既可以是词又可以作为构成新词的语素。随着社会经济的发展，人们对语言提出了更高的要求，即在语言上要求更有节奏，在意义上更为明确，于是人们就将单音节词“合而为一”，或者将语句精简成词：“男有室，女有家”→“室家”；“上曰衣，下曰裳”→“衣裳”。

(2) 从构词的目的来讲，有的是为了区别词性，如“图画”和“画图”、“亮光”和“光亮”。既丰富了词汇，又加强了汉语的表达能力。

(3) 方言也是一种影响。汉语有多样的方言，方言词汇异常丰富，这就增加了这类词语进入汉语基本词汇体系的机会。如“鸡公”、“牛公”、“猪公”等是赣方言词语，至今仍然很常用。

(4) 从修辞角度讲，整齐、对称的形式，是汉语词语、结构的一种特色，表现了汉民族喜爱对称、平衡的心理。汉语词语在内部构成形式上的整齐对称，既能加强对照对比的效果，又有利于造成言语的鲜明节奏。因此，汉语在构词上追求音节的对称、追求意义的对称。比如，为了协调声韵或平仄，在古代诗文中，颠倒字序是一种常用的修辞手段。

四十年家国，三千里地山河。(“家国”为迁就平仄而颠倒。)

少壮不努力，老大徒伤悲。(“伤悲”是考虑到韵脚。)

(5) 中国人自古重和谐，重有序，两者互为依存。《易·系辞上》云：“易有太极，是生两仪，两仪生四象，四象生八卦。”老子也说：“一生二，二生三，三生万物。”有序反映了世界循环往复的辩证发展规律，和谐则体现了主体世界对客观世界的认识和需求。这使得汉语区别于印欧语言对于形态要求的严格性和机械性，而在一定程度上能保持对现象中具体事物接触时的那种意合性，使语言更富有弹性，文字内向凝缩，意义朝外涨溢。所以汉语的双音节同素反序名词是多角度的，界定有弹性，甚至有某种程度的随机性和模糊性。

汉语中性别词语的不对称现象及浑沌学解释

李少虹

一般来说，语言是对称的，比如有“夫”，也有“妻”，有“考”也有“妣”，有“东西”，也有“南北”等等。但汉语也有不对称的时候如：有“大海”，无“小海”，问一个人的年龄，无论对方是大人还是孩子，都只能问“你多大了”而不会因对方是小孩子就问“你多小了”。这种现象渗透到汉语词语的方方面面，而在性别语言中表现得尤为明显。我们从以下几个方面看一下这种不对称现象。

一、汉语中许多词语只涉及男性而无女性，这在褒义词中体现得更明显

许多和女性有关的词语向“贬化”方向发展，而和男性有关的词语向“褒化”方向发展，使得男性名词具有积极的意义，而女性名词具有消极意义。比如：汉语中有“英雄”的说法而无“英雌”一词。只要提到“英雄”，通常指的就是男性，若要指女性，前面还要加上“女”或“巾帼”，形成“女英雄”或“巾帼英雄”，或叫“女中丈夫”、“女中豪杰”。《说文解字》中对“雄”的解释是：“雄，鸟父也”，本来“雄”只指雄鸟，后来其意义却演变成杰出的人物或国家，如战国七雄。《汉语大词典》中对“雄”的解释是：①阳性的，与“雌”相对。如：雄狮②强有力的，如：雄壮③强有力的人或国家，如：称雄。由“雄”组成的一系列的词也附带上了褒义色彩。如雄伟、雄壮、雄奇等。而和

“雌”有关的词语却少有褒义的。比如“雌威”，指女子发怒时的威风，常含贬义。“雌伏”比喻屈居人下。说一个人没有进取心叫“雌伏”，而不甘心处于无所作为的境地，叫“不甘雌伏”。安于软弱低下的地位叫“安若守雌”。再比如说“皇帝”，那一定是指男皇帝，若指女皇帝，前面一定要加“女”字。还有敬辞中有尊称男子的“公”，如，包公、狄公、诸公等，却没有尊称女子的“母”，即使有一个“婆”字，也不表示尊称，相反有些还有贬义，如“巫婆”、“媒婆”、“婆娘”等。我们一提到某某“先生”，多数人的第一反应这人是男人，虽然现在知识界学术界无论对男对女尊称都可以用这个词。由此可见，和男性词语有关的语义特征是主要的、肯定的、强烈的、积极的，在社会、文化、传统意义上，“男性”常意味着社会赋予的权力、责任、气概、事业、名誉、道德和地位等。

二、从詈语的使用情况看和女性有关的詈骂语远比男性多

在詈语当中和女性有关的词语居多，如“他妈的”、“你妈的”、“X你妈”、“他奶奶的”、“他娘的”等，还有：贱货、骚货、泼妇、母老虎、最毒妇人心、蛇蝎心肠、长舌妇、狐狸精等等。如果我们细分，还会发现，前一组语言是用和女性有关的词语来达到进行人身攻击之目的，它对任何人都是合适的。后一组则是专用于咒骂女性的。这些恶毒的詈骂语反映出对女性的一种极端的不尊重。这些脏话在发展变化中都被赋予了性别歧视色彩，尤其是充满性意味、不道德色彩或侮辱性的字眼俯拾皆是：娘们、贱人、婆娘、情妇、小妞、母夜叉、婊子、悍妇、祸水、破鞋等。女性比男性更容易变成骂人的话。无独有偶，其他语言

中也有类似的情况。最早“破鞋”（wench）“荡妇”（harlot）在使用中并没有限定性别，也没有贬义，但是后来这些词汇不仅变成了贬义，还用在女人身上。另外，据研究，英语中表示“性生活上乱七八糟的女子”的词多达320个（孙汝建，1997）。和以上情况形成鲜明对照的是，女人骂男人时使用的词就很有限了。

三、有些词虽然不是骂人的话，但也仅限于女性

比如有“妇道”而无“夫道”、有“妇德”而无“夫德”，有“妇仪”没有“夫仪”，有“休妻”之说而无“休夫”等等。而男人称呼自己的妻子的词汇也多为负面词。比如“糟糠”、“贱内”、“拙荆”等等。因此和“妇”或涉及女性的词都带上了贬义，比如“妇道人家”、“妇人之仁”。再如“婆婆妈妈”、“男盗女娼”、“女流之辈”、“女里女气”、“夫唱妇随”，更有甚者“唯小人与女人难养也”等。在封建社会中，女性若想出人头地，是很难的，如若她们真的获得成功，在男性看来，则是一件不能容忍的事，往往会极尽讽刺打击之能事。比如武则天曾是中国历史上唯一的一位女皇帝，在她当朝期间，就有人说“牝朝”、“牝鸡司晨”。《尚树·牧誓》中有“牝鸡之晨，惟家之索”，意思是女性掌权，颠倒阴阳，会导致国破家亡。这说明对女性的歧视由来已久。

四、论及生儿育女现象时，用于男性则褒义的多，用于女性则贬义的多

如“生男曰弄璋，生女曰弄瓦”。“璋”，《说文》解释说“半

圭为璋”，是一种玉器，“瓦”《说文》中是：土器已烧之总名，是纺砖也。《诗·小雅·斯干》有“载弄之璋”和“载弄之瓦”句，均指生男女。但生了男孩子就是玉，生个女孩子只能弄瓦。即使到了现代，语言中也体现了这种男尊女卑性别上的不平等。生了男孩子叫“大胖小子”，生个女孩子叫“丫头片子”，有些地区更甚，干脆把女孩子叫“赔钱货”。人们谈到自己后代的时候，常说“一儿半女”，男孩子算一个人，女孩子只是半个人。

五、从词语的句法组合功能上看

有些词语从表面上看，似乎是对称的，比如汉语中有“娶”有“嫁”，但事实上如果从句法组合功能上来分析，就会发现两者是不对称的。比如我们可以说：张林娶走了李花；但不能说，李花嫁来了张林。类似的还可以说：李花嫁出去了；但不能说张林娶出去了。这种语法对立体现了汉人延续几千年的婚姻观念：结婚就是男方从女方家长手中得到女方作为妻子和男方大家庭中的一员，在这一行为中，男方是主动参与者，女方则是被动的接受者。

六、从词序角度看

从词序角度看，许多和男性有关的词或语素都放在前面，和女性有关的放在后面。如“男女”、“夫妇”、“子女”、“公婆”等，“男、夫、子、公”等放在前面，“女、妇、婆”等放在后面。即使是在动物界也不例外：“麒麟”（牡曰麒，牝曰麟）、“凤凰（雄曰凤，雌曰凰）”等。这样的组合固然是出于汉语声韵调的要求，但从意义上来看却反映出女性是居于从属地位的，是男性的附属品，是男尊女卑观念的体现，这种观念在词语中烙下了鲜明的文化印记。

七、从代词的使用来看

代词“他”的出现比“她”要早，最早“他”可以包括“她”，因为古人认为女性不是一个独立的人，没有必要单独为女性再另造一个代词来指称。第三人称复数代词“他们”既可以包括男人也可以包括女人。这种情况不仅在汉语中存在，在英语中也有。英语中常用 he、his 或 man 来指代一个性别不明的人或泛指任何人。①

八、从社会称谓缺位现象看

郭熙先生曾经研究了“先生”和“小姐”两词在称谓上的不对称。② “先生”可以作为男性的泛称，而“小姐”却不能作为女性的泛称，它只是女性称谓的一部分。这就形成了“小姐”以外女性的称谓的缺位。再比如，人们通常对老师或师傅的妻子尊称为“师母”。但是，如果老师或师傅是女的就无法称呼其丈夫。几乎不会听到一个人称女老师或师傅的丈夫为“师父”。除了社会称谓系统的不对称以外，还有亲属称谓系统的不对称。关于这

① 谢元花：语言中的性别歧视及其社会文化内涵，载《湖北师范学院学报》(哲学社会科学版)，第22卷第3期。

② 郭熙：当前社会称谓缺位现象小议，载《语文建设》，1997年第9期。

方面的研究很多，本文不再赘述。

为什么会出现这些现象呢？帕尔默在《语言学概论》中指出“语言忠实地反映了一个民族的全部历史文化，忠实反映了它的各种游戏和娱乐，各种信仰和偏见。”语言的复杂性除了是因为它是一套规则之外，还在于它是跟特定民族的文化千丝万缕的联系着的。语言实际上是一种深层的文化。就汉语和汉文化而言，中国的传统文化是以个体农业经济为基础、宗法家庭为背景、儒家伦理道德为核心的社会文化传统，这种文化传统通过语言的使用者最终也进入了语言文化的整体结构。在汉民族社会中，以父系血缘关系为基础的宗法制度是整个社会的制度基础。这种制度是以父系家长为中心，以嫡长子继承制为基本原则。为了从血缘上保证封建家族有可靠的财产与继承人，它从生物性上规定了人们的尊卑地位。在婚姻中，男性是居于主导地位的，女性只是通过婚姻（绝大多数是非自主的）为男性传宗接代。我们从一些美化女性的词如出水芙蓉、千娇百媚、沉鱼落雁、闭月羞花等等，可以看出这些词常侧重于女性外貌的描写，这说明男性对女性的欣赏往往侧重于外表，这与种族繁衍密切相关。

造成这种现象的另一个原因是男女双方经济地位的不同。“男”在《说文》中解释为：男，丈夫也，从田从力，言男用力于田也。也就是说父亲起着家庭的供养者与保护者的作用，丈夫在家庭中的功能不仅包括性生活和繁衍后代，还包括供养和保护妻子儿女的责任。而女性只能在家里操持家务。《说文》：妇，服也。从女，持帚，洒埽也，谓服事人者。这种经济地位的不平等决定了女性是处于从属地位的。

事实上，我们还可以用一种新的理论和方法来解释这种语言现象，那就是浑沌学。浑沌学是一种新的理论和方法，它是从研究非线性系统而逐渐发展起来的，而语言系统既是线性的，更是非线性的，从非线性视角研究语言能更深刻地认识到语言的本质。

从浑沌学角度看：(1) 语言是一个非线性系统，在其发展过程中会出现平衡破缺。语言中总是会有例外的现象，总会有非线性的现象。性别词语也不例外。以前我们总是把平衡视为语言的常态，但事实上，平衡破缺更常见，它是平衡的延续。因为语言的发展总是要经历平衡——平衡破缺——新的平衡。用这个观点我们才能更好地解释性别词语的不对称性。(2) 上文我们探讨了性别词语的不对称现象。但是我们也发现了个别例外的现象：比如“雌雄”、“牝牡”，(飞曰雌雄，走曰牝牡)，我们也常常说“一决雌雄”或“雌雄未决”，在这里“雌”和“牝”放在了前面。这更说明语言是一个非线形系统。

究竟这些带有对女性歧视的词语会怎样变化，那要视其生命力的强弱而定。语言自身有调节系统，以前曾有人反对这些歧视女性的字眼，想把类似“嫉妒”这一类字的“女”字旁都换成竖心旁，但最终没有被接受。因为不符合语言系统的规律。语言固然是约定俗成的，但是作为一个非线性系统，语言不是靠人们的主观愿望而发展的，是不以人们的意志为转移的，人们也不能要求语言是整齐划一的，语言有着自身的发展规律。

现代社会已大大地进步了，然而语言的发展总是落后于观念的发展。虽然这些保留了古代文化观念的词还存在于我们的社会中，但我们希望将这些观念从我们的头脑中剔除出去。

数词文化内涵的浑沌学探析

张竞艳

自文化语言学在国内兴起以来，人们对语言、语言和文化间关系的认识日益深化。除了沿用传统语言学的线性分析方法，许多学者还致力于倡导将浑沌学的理论和方法引入语言学的研究中。浑沌学理论是以直观、以整体为基点来研究浑沌状态和浑沌运动的复杂规则性的学问。因为语言不是一个封闭的稳定的系统，“而是一个多维开放的体系，语言现象与各种文化因素互相纠缠，其中存在许多动态的，不稳定的，随机性的因素……我们需要有新的概念和新的方法来分析语言体系演变的复杂性，对语言的演化及语言各种构件的变化的随机性作出合理的解释。浑沌学理论独特的概念体系和方法论框架正好适用于语言和语言与文化相互作用的非线性分析。”①

数词常常被视为语言中较为稳定而又最有民族特色的词类，是我们了解一个民族文化的重要入口。由于其兼有语言符号和文化符号的双重属性，自然成为中国文化语言学的又一研究视点。

一、原始浑沌·数词·原始思维

1. 原始浑沌与神秘数观念

古人常用浑沌去描述从周围环境中某些复杂事物到茫茫宇宙

---

① 张公瑾、丁石庆主编：《文化语言学教程》，第103页，教育科学出版社，2004年。

的一种自然状态。①

浑沌观古已有之，在汉语中，“浑沌”等同于“混沌”。古代中国学者强调浑沌的主要特点是统一体未经分化，与西方文化中起源于希腊的浑沌概念在理解上大体相近。

当世界还处于一片鸿蒙未开之象时，万物相混而又无法分离，原始先民的思维被笼罩上一层神秘主义的面纱，也由此孕育出人类的神秘数观念。“神秘数字的发生根源于前理性的某种原始的数观念。当数还附着于事物的具体表象，没有为人的理性所把握，就被赋予神秘意义，形成神秘数字观念。”② 列维·布留尔在《原始思维》一书中也提到“每个数都有属于自己的个别的面目，某种神秘的氛围、某种‘力场’”③，并进一步指出“这样被神秘气氛包围着的数，差不多是不超过头十个数的范围。原始民族也只知道这几个数，它们也只是给这几个数取了名称。在已经上升到关于数的抽象概念的民族中间，正是那些形成了最古老的集体表象的一部分的数，才真正能够十分长久地保持着数的真义的神秘力量。”④

2. 浑沌的演化与数本论

古代思想家已具有演化的观点，浑沌是他们关于世界起源的重要概念。⑤ 从《庄子·应帝王》故事中的“日凿一窍，七日而

---

① 苗东升、刘华杰：《浑沌学纵横论》，第3页，中国人民大学出版社，1993年。

② 叶舒宪、田大宪：《中国古代神秘数字》，第1页，北京社会科学出版社，1996年。

③ ［法］列维·布留尔：《原始思维》，丁由译，第201页，商务印书馆出版，1981年。

④ ［法］列维·布留尔：《原始思维》，丁由译，第202页，商务印书馆出版，1981年。

⑤ 苗东升、刘华杰：《浑沌学纵横论》，第4页，中国人民大学出版社，1993年。

浑沌死”到古希腊的“原始浑沌”之说，均反映出世界起源于浑沌的演化思想。文明的开端始于文字，文字的开端始于数字。老子将混沌状态的物质视为“道”，其著名的宇宙生成说“道生一，一生二，二生三，三生万物”，阐明了“道生万物”的哲学核心思想，也从侧面反映出了在古人心目中，数字在原始浑沌演化过程中扮演着极其重要的角色。《三五历纪》（作者为三国时代的徐整）记载的盘古创世神话中说到“数起于一，立于三，成于五，盛于七，处于九”，以数的形式反映出创世过程的始终。古希腊的毕达哥拉斯学派的数本论观念更是将万物都归结为数的关系，认为“数，乃物之因与本”。

3. 原始思维与数词

浑沌既然被当作一种组成成分未分离的浑然整体，就不可能通过分析的、还原的方法去认识，只能靠直感去领悟，作整体的把握。①

原始宗教和神话史诗常常是一个民族思想史的来源，是民族文化史的两个重要源头。数词的神秘性是原逻辑思维的产物，它起初并未固化，而是附着在所有具体的被数的东西上。列维·布留尔认为原逻辑思维不能清楚地把数与所数的物区别开来，这种思维由语言表现出的那个东西不是真正的数，而是‘数-总和’，这一点在许多民族的原始宗教、神话和祭祀仪式等原始文化中也得到了反映，数词是其中重要的结构要素。在此仅以被称之为最有代表性的世界性神秘数“七”为例加以阐释。

考古学的发现说明，在先于希伯来文化而存在于两河流域的伟大古文明——苏美尔、巴比伦文明中已有对圣数“七”的神秘用法。在地理上与中近东古文明相距很远的文化中，也发现了圣

① 苗东升、刘华杰：《浑沌学纵横论》，第6页，中国人民大学出版社，1993年。

数“七”的神秘用法。如古代北欧的芬兰创世歌，讲到原始处女在混沌之海中漂浮了七百年后因风受孕，生下七只蛋，从中生出宇宙万物。在非洲和美洲的一些较发达的原始文化中，随着计数观念的成熟，也可找到类似的例子。在此我们无意就“七”的起源问题进行深探，但“七”在我国许多民族中无疑属于原生性神秘数。

在我国原始宗教中，“七”是个古老的神秘数。我国北方游牧民族历史上曾形成了一个萨满教文化圈，受其影响，“七”的神秘性得以普及。在中亚、北亚地区萨满教中，数字‘七’发挥着重要的作用。

《新大英百科全书》中《创世神话与教义》一文指出，创世神话是原始意识形态的基础和核心，它的作用是确认人在宇宙时空中的地位。在以突厥语族民族为代表的北方民族神话中，“七”是一种很重要的文化符号。哈萨克族的人类起源神话《迦萨甘创世》提到了“七层天”。柯尔克孜族的英雄史诗《玛纳斯》等突厥语族民族的古神话作品中都有“七星”的说法。

我国许多南方民族的洪水神话和盘瓠神话中都突出了数字“七”，传递着人类洪荒年代的神秘信息。如瑶族神话《伏羲兄妹的故事》中的“七天七夜”，傈僳族神话《洪水》中的“七天”、“七尺长的大刀”，怒族神话《射太阳月亮》中的“七男七女”、“七条江畔”，水族神话《兄妹开亲》中的“七粒葫芦大的瓜子”、“七天”等。此外，还有土家族的《摆手歌》，侗族的《繁衍人烟》，撒尼族的《阿霹刹、洪水和人的祖先》，黎族的《南瓜的故事》等等。在我国少数民族由盘瓠神话分化出的各种同源故事中，数字“七”也屡见不鲜。如瑶族神话《盘王的传说》中有龙犬游“七天七夜”渡海，及告知公主将他放在蒸笼中蒸“七天七夜”可变为人的描写。苗族《神母狗父》则说神母乃神龙之七女，婚后产七男七女。傈僳族神话《盘古造人》中有“七个太阳”、“七个月亮”、“每隔七天”、“七年零七个月”、“七天七夜”等描写。此外，“七”的夸张变体形式也常在神话中出现。

数词存在和发挥作用的范围之广，表面上混乱无序，纷繁复杂，难以理清和把握，但实际上正是处于一种原始的浑沌状态中，反映出人类早期对事物的一种整体、直观的把握。“具有相同数的事物在神话看来就是‘同一物’：它是同一个本质，只是在不同的表现之下遮盖和掩饰自己而已。”[①]通过研究神话中作为结构素出现的数字“七”，可以解读和重构该民族的原始神话思维。

在我国南方民族的神话中，“七”作为神秘的周期数而存在，或是数量上以七为限，或是时间上以七为期，在这里可以表述为“七+各种数量单位（如时间、年龄、距离、长短、厚薄等）”，与人类的繁衍和生存有着极其重要的关系。恩斯特·卡西尔在《神话思维》一书中指出，神话空间感与神话时间感不可分割地结合在一起，两者一起构成神话数观念的起点。“为了捕捉和确认时间的维度，初民总是倾向于借用已有的空间表象来作为衡量时间进程的尺度。”[②] 认知语言学将隐喻视为人类认知重要的和基本的方式之一。“在认知和语言的发展过程中，最初用于空间关系的词语后来被用来喻指时间、状态、过程、关系等等抽象概念，这是概念隐喻认知的结果”。[③] 因此，七方空间无疑奠立了“七”作为象征宇宙时空秩序和人类起源的神秘数的重要地位。

---

① ［德］恩斯特·卡西尔：《神话思维》，黄龙保、周振选译，第160页，中国社会科学出版社，1992年。

② 叶舒宪、田大宪：《中国古代神秘数字》，第169页，北京社会科学出版社，1996年。

③ 赵艳芳：《认知语言学概论》，第48页，上海外语教育出版社，2001年。

二、现代浑沌·数词·抽象思维

浑沌学的“分形”理论指出部分常常呈现出与整体相同或相似的性质，即部分与整体的自相似性。语言的文化性质决定了语言是文化的分形体，语言和文化具有自相似性。

神秘数“这种观念一旦产生，就会具有顽强持久的传承力量，世代相沿，在文明进程中历久不衰，成为集体无意识中的一种生成性的原型数码语言，衍生出光怪陆离的文化现象。”①

随着人类思维由原逻辑思维向更高阶段的抽象思维发展，从“万物相混”中发展起来了日益有序化和系统化的人类文化，从“数—总和”中分离出来的抽象的数词也真正得以形成，并进入文化的诸多领域，成为其重要的结构要素。然而无论就数词、或是其相关的民族文化还是涉及的文化领域而言，都是一个庞大的体系，彼此间有着千丝万缕的联系，内容难免显得杂乱而奇特，其形成、发展和演化是多方面作用的结果，具有多重性特点，简单地运用线性分析方法很难揭示其真谛。因此，在对其进行分析时更需要借助现代浑沌学的理论，综合运用线性与非线性分析方法来进行研究，不能从单方面去解释，这样也就避免了得出“花落谁家”的片面结论。这里以突厥语族民族对圣数“七”的崇拜为例。

我们知道，我国北方游牧民族曾形成了一个萨满教文化圈，受其影响，“九”的神秘性得以普及。其实，神秘数字“九”曾在突厥语族的民族文化中占据了很重要的地位。维吾尔族先民回

---

① 叶舒宪、田大宪：《中国古代神秘数字》，第1页，北京社会科学出版社，1996年。

纥人曾分为内九族、外九部；另有九姓乌古斯、九姓鞑靼之说；塔塔尔族将黄泉想象成一块九汗分治之地，其信奉的自然神之一，形象为一身九首。哈萨克族和蒙古族都有过九层天的说法。那么，为什么在后来的发展中，“九”成为蒙古族最具代表性的圣数，而“七”却最终占据了重要地位而成为突厥语族民族具有代表性的圣数呢？

从认知的角度看，数崇拜常常是一个从萌发、确立并逐步得以强化的过程，是文化积淀的产物。“七”的神秘力量的产生最早应追溯到这些民族原始的天体崇拜。天体崇拜是自然崇拜的一种形式，它是人类社会发展史上最为普遍的共同信仰形式。作为一种信仰的历史形态，它是产生最早，延续时间最长，甚至流传至今，且与人类的生产生活密切相关的崇拜形式。在这些民族的原始观念中，天是被当作一个实在的天体加以崇拜的。这里的“天”是一种实物，是一个有形的空间。许多民族都有天分多层的说法。在从拜物向拜神灵发展的过程中，又产生了天灵崇拜。照着这样的思路，我们可以认为突厥语族民族对于“七层天”的说法更早是来自于对直观的天及天神的崇拜。

星与星神崇拜是另一种与“七”有关的自然崇拜形式。引起人们崇拜星辰的直接原因是人类把星辰和自身关系密切联系之后，形成的具有神秘力量的星辰观念。在我国，星命之说流行不仅久远，而且影响十分广泛，几乎成为民间信仰的主要内容，直接在民间日常生活中发挥其神秘的诱导作用。在民间，由于对某些星辰的变化特别关注，自然形成了对某些星辰的特殊崇拜。由于“文化是各个民族对特定环境的适应能力及其适应成果的总和”，[①] 古突厥民族以游牧为生，在长期对星空的观察中培养了极高的方位辨识能力，首先注意到的就是辨位价值极高的北斗七

---

① 张公瑾：《文化语言学发凡》，第23页，云南大学出版社，1998年。

星。他们很早就发现了北斗七星有指引方向、计算时辰，辨识气象等实用功能。受北斗七星崇拜的影响，数字“七”很自然地被人们蒙上了神秘的面纱。然而在那时，还没有产生正式的“七”崇拜。随后，原始的自然崇拜逐渐进入到宗教这更高一级的文明阶段。历史上的西域地理位置得天独厚，是外来宗教传入我国的重要路径。“‘七’的崛起，与各种外来宗教文化在突厥语民族中的传播直接有关。”① 据突厥文化史相关文献史料记载，突厥语族民族曾先后信仰过多种宗教。波斯的拜火教（又称祆教）及摩尼教到后来曾被普遍信仰的佛教陆续地传入其居住地，在这几种宗教文化中，“七”同样作为一种结构素反复出现。因此，人们进一步感知到了“七”的神秘力量，由此接受并确立了“七”作为神秘数的观念。这时的“七”还未占据十分重要的地位，直到伊斯兰教的传入。

伊斯兰教认为，天堂分为七层，依次由纯银、纯金、珍珠、白金、银、红宝石和不可企求、无法言喻的圣光组成。第七层即圣光构成的最高天堂，由亚伯拉罕主宰，天使们在这里齐声颂扬最高的主——安拉。每个天使有七万个头，每个头有七万张脸，每张脸有七万张嘴，每张嘴有七万条舌，每条舌讲七万种语言。其经典《古兰经》中曾多次出现“七”，如“七节经文”、“火狱有七道门”、“求饶七十次”、“七条轨道”、“七天的主”。“七层天”是常见的说法，如：“（真主）他已为你们创造了大地上的一切事物，复经营诸天，完成了七层天”。“（真主）我在你们的上面确已造了七条轨道，我对众生不是疏忽的”。“谁是七天的主和伟大宝座的主呢?”“我曾在你们上面建造了七层坚固的天”。“真主创造了七层天，和同样层数的大地，天命通过七层天而下降，

① 王柯：突厥语民族神秘数字“七”、“四十”探源，载《民间文学论坛》，1987年第4期。

以便你们知道，真主对万事是全能的，真主是周知万物的”等。虔诚的穆斯林一天要七次顶礼膜拜。

伊斯兰教形成于中东，中东处于东西方文化的交汇点，宗教的生成不可避免地具有其残酷斗争性的一面。伊斯兰教具强烈的排他性，宣扬“一神”教而排斥“多神”教，再加上几种宗教在我国传播的过程中因其受到的不同对待等原因而有了不同的命运，最后伊斯兰教在新疆等地逐步取代其他宗教而占据了主导地位，它的最终确立和延续以及随之带来的阿拉伯文化对突厥语族民族产生了更为深远的影响。维吾尔语和哈萨克语中有许多与“七”有关的熟语。如维吾尔语中的“水翻七个滚自洁”、“七层天之外”（意为九霄云外），“七大方圆”（意为五洲四海）等成语。哈萨克族中也有“量七次裁一次”、“灾难哥七个”（即祸不单行）等成语。

“七”作为独特的文化符号，贯穿于突厥语族民族一系列人生礼仪的始终。

1. 诞生礼：哈萨克族婴儿出生七天时要举行出生礼，维吾尔族婴儿出生七日命名，塔塔尔族婴儿出生七日举行摇篮礼。乌孜别克族的丈夫不得进产房，产妇七日内不许出屋。

2. 成年礼：成年礼在我国古代称冠礼，仪式十分隆重。突厥语族民族有行割礼的习俗，凡是信仰了伊斯兰教的突厥语族民族一般在男孩到了七岁的时候要行割礼（有的民族给女孩扎耳朵眼），父母为之庆贺一番，象征着一段新的生命历程从此开始。

3. 婚礼：维吾尔、哈萨克族要求子女熟记七代祖先之名。哈萨克人的同一部落不通婚，如果通婚，血缘关系必须超过七辈方可；旧时联姻两家需有七水相隔（七条河相隔）；娶妻的彩礼最多为77匹马，中等户为47匹马，最少也不能少于17匹马。

4. 丧葬礼：据汉文史书记载，突厥人的丧葬仪式，是死者停尸于帐，子女及亲属男女都各杀羊马，陈列于帐前而祭之。亲属俱绕帐走马七匝（即七圈），其中一人则至帐门用刀击面痛哭，血泪交流，如此七次乃止。[1] 维吾尔、哈萨克族在举行葬礼时，把死人放入墓穴后，每人必须先填七锨土，方可开始诵经。在人去世后要燃灯，从第一天在死者尸体脚下燃第一盏灯起，每天增加一盏，第七天为七盏。此后，直至举行四十天祭时燃四十盏灯之前，其间不增加燃灯盏数。现在，维吾尔、哈萨克、柯尔克孜、塔塔尔、乌孜别克等突厥语民族还保留着七日祭的丧葬习俗，均于第七日祭奠死者，如做“乃孜尔”、“都瓦”等。

此外，哈萨克族在传统的“那吾鲁孜”（春分）节这天，为辞旧迎新，预祝来年丰收，家家户户要吃用肉、奶酪、大麦、小麦等七种食物混合做成的“库吉”饭。在有七个客人来到门前或到家中做客时，被认为是吉祥征兆，并将会得到十分热情的接待。

以上可看出，圣数“七”的确立过程正是突厥语族民族社会演化的缩影，“七”的独特性与其文化、民族思维的自相似性正是语言和文化同构的表现。

三、小　结

综上，通过对数词的研究，尤其引入浑沌学的理论与方法，我们可以发掘大量的文化信息，一方面可以探析各民族思维方式和文化心理等方面的独特性，另一方面也可以发现不同民族文化互渗的影子，寻到民族起源、变迁的轨迹，看到人类文化的整合性和文化的变迁性，甚至还能为民族关系的探究寻找到有力的旁证。

---

① 牛汝辰、牛汝极：“七”和“四十”与新疆兄弟民族习俗，载《民族文化》，1984年第4期。

从《圣经·新约》词汇看现代汉语的发展

马云霞

《圣经》在中国的翻译最早可推至唐朝。白话文版的和合本《圣经》译本全称是“官话和合译本”，是由在华新教传教士翻译，分别为“上帝”和“神”两种版本，于1919年出版，在中国广泛使用。在近百年后的今天看来，和合本《圣经》中的语言，特别是词汇，有很多不同于现代汉语的地方，从中可以窥见现代汉语的发展。对于这一论题，尚未有研究。本文仅以“神”版和合本《圣经》中《新约》部分的词汇为对象，通过与现代汉语的对比，探讨其中所反映出的一些变化。①

一、结构的变化

（一）动词的差异

在和合本《圣经》中，许多动词是带有宾语的及物动词，到现代汉语中，它们的及物性发生了变化；而有些不及物动词，其主语的语义类别发生了变化。主要有以下几种情况：

1. 和合本中的许多及物动词，在现代汉语中不能再带宾语，不再具有及物性了。如：

---

① 本文语料主要参照和合本《圣经》（中国基督教三自爱国运动委员会、中国基督教协会，2003年）和中国社会科学院语言研究所词典编辑室：《现代汉语词典》（修订本）（商务印书馆，2005年）。此外，还使用了北京大学汉语言研究中心语料库。

亲爱：(1) 务要尊敬众人，亲爱教中的弟兄，敬畏神，尊敬君王。(彼得前书2：17)

喜悦：(2) 只是他被接去以先，已经得了神喜悦他的明证。(希伯来书11：5)

思想：(3) 彼得还思想那异象的时候，圣灵向他说，有三个人来找你。(使徒行传10：19)

希奇：(4) 众人都称赞他，并希奇他口中所出的恩言。(路迦福音4：22)

忧愁：(5) 耶稣怒目周围看他们，忧愁他们的心刚硬，就对那人说，伸出手来。(马可福音3：5)

拥挤：(6) 众人就向前拥挤罗得，要攻破房门。(创世纪19：9)

又如：生长菜蔬(希伯来书6：7)、兴旺福音(腓利比书2：22)、污秽自己衣服(犹大书1：8、启示录3：4)、思虑怎样说话(马太福音10：19)、对答这话(路迦福音14：5)、完全了律法(罗马书13：8)等。

2. 和合本中有些及物动词，在现代汉语中很少或基本不带宾语了，如：

恼怒：(7) 那十个门徒听见，就恼怒他们弟兄二人。(马太福音20：24)

喜爱：(8) 因为你们喜爱会堂里的首位，又喜爱人在街市上问你们的安。(路迦福音11：43)

惊讶：(9) 他和一切同在的人，都惊讶这一网所打的鱼。(路迦福音5：9)

娇养：(10) 你们在世上享美福，好宴乐，当宰杀的日子竟娇养你们的心。(雅各书5：5)

传说：(11) 于是教会送他们起行，他们经过腓尼基，撒玛利亚，随处传说外邦归主的事，叫众弟兄都甚欢喜。(使徒行传

15：3）

激动：（12）并且你们的热心激动了许多人。（歌林多后书9：2）

3. 和合本中有的动词的及物性，在现代汉语中没有变化，但是所带的宾语在语义类别上有变化，如：

思念：（13）你们要思念上面的事，不要思念地上的事。（歌罗西书3：2）

现代汉语中，“思念”一般只用指人名词作宾语。这里，“思念”可用表事物的名词作宾语。

满足：（14）又有话对他们说，还要安息片时，等着一同作仆人的，和他们的弟兄，也像他们被杀，满足了数目。（启示录6：11）

现代汉语中“满足”不能用于表示数量、数目。又如：

（15）要照所安排的，在日期满足的时候，使天上地上一切所有的，都在基督里面同归于一。（以弗所书1：10）

发生：（16）神说，地要发生青草，和结种子的菜蔬，并结果子的树木，各从其类，果子都包着核。（创世纪1：11）

这里，“发生”指植物“长出、生长”，而现代汉语中是指原来没有的事出现、产生，如：发生变化|发生关系。

4. 和合本中有的不及物动词，在现代汉语中其主语类别有变化，如：

发动：（17）因为我们属肉体的时候，那因律法而生的恶欲，就在我们肢体中发动，以致结成死亡的果子。（罗马书7：5）

（18）约瑟爱弟之情发动，就急忙寻找可哭之地，进入自己的屋里，哭了一场。（创世纪43：30）

这里，“发动”是指情绪开始波动，主语是感情、欲念等。而在现代汉语中“发动”作不及物动词时，一般是指“使机器运转”，其如：天气太冷，汽车不容易发动。

（二）形容词的重叠形式

和合本中有些形容词的重叠形式，到现代汉语中已经不能这样使用，如：

严严：（19）耶稣严严地嘱咐他，就打发他走。（马可福音 1：43）

大大：（20）于是起来，斥责风和海，风和海就大大地平静了。（马太福音 8：26）

羞羞惭惭：（21）你就羞羞惭惭地退到末位上去了。（路迦福音 14：9）

充充满满：（22）道成了肉身住在我们中间，充充满满地有恩典有真理。（约翰福音 1：14）

忧忧愁愁：（23）他听见这话，脸上就变了色，忧忧愁愁地走了。因为他的产业很多。（马可福音 10：22）

牢牢靠靠：（24）你们把他拿住，牢牢靠靠地带去。（马可福音 14：44）

（三）单、双音节的变化

从和合本《新约》中可以看出，使用单音节的动词、形容词形式还比较普遍，到现代汉语中一般不能这样用了，如：

大声音：（25）两位先知听见有大声音从天上来。（启示录 11：12）

住了声：（26）他们住了声，雅各就说，诸位弟兄，请听我的话。（使徒行传 15：13 ）

分了党：（27）城里的众人就分了党。有附从犹太人的，有附从使徒的。（使徒行传 14：14）

歇了他的工：（28）因为那进入安息的，乃是歇了自己的工，正如神歇了他的工一样。（希伯来书 4：10）

其他的，又如："息了自己的劳苦（启示录 14：13）、领了这样的命（使徒行传 16：24）、听了劝（使徒行传 17：4）、受了吩咐（歌罗西书 4：10）、行好些神迹（约翰福音 11：47）、舍了船（马太福音 4：22）、别了父亲（马太福音 4：22）多人的赎价（马太福音 20：28）、复了原（马可福音 3：5）、就了他来（马可福音 1：45）、发热心（启示录 3：19）、敌我（马太福音 12：30）、杂在众人中间（马可福音 5：27）、从我的意思（马可福音 14：36）"等。

（四）语序变化

和合本中有些动词的语序，到现代汉语中颠倒过来了，这类词一般都是联合式的复合词，如：

加添——添加：（29）有一位天使，从天上显现，加添他的力量。（路迦福音 22：43）

加增——增加：（30）使徒对主说，求主加增我们的信心。（路迦福音 17：5）

常时——时常：（31）你们这硬着颈项，心与耳未受割礼的人，常时抗拒圣灵。（使徒行传 7：51）

争战——战争：（32）我的国若属这世界，我的臣仆必要争战，使我不至于被交给犹太人。（约翰福音 18：36）

良善——善良：（33）主人说：'好，良善的仆人，你既在最小的事上有忠心，可以有权柄管十座城。'（路迦福音 19：17）

失丧——丧失：（34）得着生命的，将要失丧生命；为我失丧生命的，将要得着生命。（马太福音 10：39）

果效——效果：（35）并且得着你们信心的效果，就是灵魂的救恩。（彼得前书 1：9）

二、句法与语义的变化

和合本中一些词在句中的句法表现不同于现代汉语，主要表现在词性以及词与词之间的修饰关系上，这同时也反映在意义上。

（一）词性变化

有些词的词性，在和合本中与现代汉语中不一致。主要有以下几种情况：

1. 和合本中用为动词，而在现代汉语中用为形容词的，如：

坚固：

	意　义	例　句
和合本	使牢固	（36）这样，我们因信废了律法吗？断乎不是，更是坚固律法。（罗马书 3：31）
现代汉语	结合紧密，不容易破坏；牢固；结实	（37）报道说，这种导弹射程 4 公里，可以穿透最坚固的坦克装甲。（人民日报 \ 1994 \ 94Rmrb1）

显明：

	意　义	例　句
和合本	表明	（38）那人要显明自己有理，就对耶稣说，谁是我的邻舍呢？（路迦福音：10：29）
现代汉语	清楚明白	（39）作品显明地展示，在他灵魂之中始终存在着圣贤与怪兽的搏战。（人民日报 \ 1994 \ 94Rmrb3.） 最显明的便是举办了一系列少儿作品评奖活动。（人民日报 \ 1995 \ Rm9505b.）

2. 和合本中用为动词，而在现代汉语中用为名词的，如：

	意　义	例　　句
和合本	处罚	(40) 官长为百姓的缘故，想不出法子刑罚他们，又恐吓一番，把他们释放了。(使徒行传 4 :21)
现代汉语	国家依据刑事法律对罪犯所施行的法律制裁。	(41) 管教所不但是执行刑罚的场所，更是未成年犯的新生之地。(人民日报 \ 1996 \ 96News05)

谎言：

	意　义	例　　句
和合本	说谎话	(42) 我在基督里说真话，并不谎言，有我良心被圣灵感动，给我作见证。(罗马书 169 :1)
现代汉语	谎话	(43) 谎言的幕布岂能遮盖住铁证如山的罪行？(人民日报 \ 1994 \ 94Rmrb4)

论断：

	意　义	例　　句
和合本	推论判断	(44) 你这个人，为什么论断弟兄呢？又为什么轻看弟兄呢？因我们都要站在神的台前。(罗马书14 :10)
现代汉语	推论判断	(45) 他鲜明地提出"科学技术是生产力，而且是第一生产力"的著名论断。(人民日报 \ 1993 \ R93＿08)

（二）搭配关系的变化

从和合本反映出，一些词的用法不同于现代汉语，特别表现在词与词之间的搭配关系上，如：

显然：（46）所以耶稣不再显然行在犹太人中间，就离开那里往靠近旷野的地方。（约翰福音 11 :54）

这里，“显然”直接用作状语，现代汉语中一般用作插入语，如：

（47）显然，这位厂长很有自主权。（人民日报 \ 1993 \ R93 __ 02）

（48）这显然有悖于开发区建设的初衷。（人民日报 \ 1993 \ R93 __ 01）

非常：（49）神藉保罗的手，行了些非常的奇事。（使徒行传 19 :11）

这里，“非常”作为一般形容词用作定语，而在现代汉语中作为区别词用作定语，如：非常时期|非常会议；或者作为副词用作状语，如：非常高兴。

端庄：（50）好好管理自己的家，使儿女凡事端庄顺服。（提摩太前书 3 :4）

这里，“端庄”是用来描述行事端正庄重，而在现代汉语中一般描述举止、神情等端正庄重，如：

（51）她给我的初步印象是一位端庄素雅、精明干练的“女公关”。（人民日报 \ 1994 \ 94Rmrb3.）

清洁：（52）要存清洁的良心，固守真道的奥秘。（提摩太前书 3 :9）

与这里不同，“清洁”在现代汉语中一般指具体的事物没有尘土、油垢等，如：屋子里很清洁。|牙齿清洁。

体贴：（53）你是绊我脚的，因为你不体贴神的意思，只体

贴人的意思。(马太福音 16 :23)

“体贴”在现代汉语中指忖度别人的心情、处境，如：

(54) 丑妮生性憨厚善良，很会体贴人。(人民日报 \ 1993 \ R93 _ 03.)

地步：(55) 因为善作执事的，自己就得到美好的地步，并且在基督耶稣里的真道上大有胆量。(提摩太前书 3 :13)

与这里不同，“地步”在现代汉语中一般用于不好的处境、景况，如：

(56) 现在农民负担过重已经到了非抓不可的地步了。(人民日报 \ 1996 \ 96News03.)

披戴：(57) 总要披戴主耶稣基督，不要为肉体安排，去放纵私欲。(罗马书 13 :14)

与这里不同，“披戴”在现代汉语中一般是描述衣饰，如：

(58) 在审判她的法庭上，她披戴黑纱，为被害的公社战友哀悼。(人民日报 \ 1995 \ Rm9503b.)

另外需注意的是，在和合本中有些词有特别的意义，与现代汉语中不一致。如：

跌倒：指犯错误，有过失。

(59) 所以，食物若叫我弟兄跌倒，我就永远不吃肉，免得叫我弟兄跌倒了。(哥林多前书 8 :13)

血气：指肉体。

(60) 然而，属血气的人不领会 神圣灵的事，反倒以为愚拙，并且不能知道；因为这些事唯有属灵的人才能看透。(哥林多前书 2 :14)

三、词汇构成的变化

从和合本圣经中，可以看出有些词汇不是汉语中原有的，而是根据原文，参照汉语已有的构词法造出来的，可以分以下几类：

1 联合式：惊怕、程途、乏倦、锁拿、规条、对说、威荣、提说、美荣、信靠、绊跌、和息、虚晃

2 偏正式：众水、小信、规费、信德、灵奶、选民、恩召、恩道、恩免、死行、戏景、义心、欲心、永能、永火、真像、预像、苦害、全备、灵宫、灵祭

3 补充式：看明、报明

4 述宾式：夸胜、按手

其中有些是《圣经》中特有的词汇，根据原文翻译过来的，如：

信德：(61) 第一，我靠着耶稣基督，为你们众人感谢我的神，因你们的信德传遍了天下。(罗马书 1 :8)

灵奶：(62) 就要爱慕那纯净的灵奶，象才生的婴孩爱慕奶一样，叫你们因此渐长，以致得救。(彼得前书 2 :2)

永火：(63) 你缺一只手，或是一只脚，进入永生，强如有两手两脚，被丢在永火里。(马太福音 18 :8)

又如："众水、选民、恩言、恩召、义心、欲心、恩道、永能、真像"等。

有些词在和合本中使用的是其古义，保留了较多的文言色彩。下面做一对比，每个词仅列举一个《圣经》用例、一个文献用例：

境界：土地的界限。

(64) 众人就央求耶稣离开他们的境界。(马可福音 5:17)

(65) 时诸佛国境界中，诸大山须弥山，其有幽冥之处，悉为开辟无所蔽碍。(东汉佛经《佛说般舟三昧经》)

蒙爱：蒙受宠爱。

(66) 就着拣选说，他们为列祖的缘故是蒙爱的。(罗马书 11:28)

(67) 悟空笑道："前番动劳，今又蒙爱，多谢，多谢!"(《西游记》4 回)

中保：双方都信任的人。

(68) 原是为过犯添上的，等候那蒙应许的子孙来到，并且是藉天使经中保之手设立的。(加拉太书 3:19)

(69) 下面注了年月日，中保等人。(《二十年目睹之怪现状》35 回)

发明：创造性地阐发；发挥。

(70) 这是要应验先知的话说，我要开口用比喻，把创世以来所隐藏的事发明出来。(马太福音 13:35)

(71) 予观《春秋》、《国语》，其发明《五帝德》、帝系姓章矣，顾弟弗深考，其所表见皆不虚。(《史记·五帝本纪》)

解释：除去、解除。

(72) 神却将死的痛苦解释了，叫他复活。因为他原不能被死拘禁。(使徒行传 2:24)

(73) 核前后陈便宜，及贡荐良能，解释罪过，书百余上，皆有补益，文多不悉载。(《三国志·吴书·王楼贺韦华传》)

分诉：分辨、诉说。

(74) 我对他们说，无论什么人，被告还没有和原告对质，未得机会分诉所告他的事，就先定他的罪，这不是罗马人的条例。(使徒行传 25:16)

(75) 我如今短叹长吁，满怀冤屈，难分诉。(《全元曲·关汉

卿·刘夫人庆赏五侯宴》)

起行：动身、出发（去做某事)。

(76) 乱定之后，保罗请门徒来，劝勉他们，就辞别起行，往马其顿去。(使徒行传 20 :1)

(77) 汉王病创卧，张良强请汉王起行劳军，以安士卒，毋令楚乘胜於汉。(《史记·高祖本纪》)

自卑：犹自谦。

(78) 所以你们要自卑，服在神大能的手下，到了时候他必叫你们升高。(彼得前书 5 :6)

(79) 夫礼者，自卑而尊人。(《礼记·曲礼上》)

后事：以后的事情。

(80) 这些原是后事的影儿；那形体却是基督。(《歌罗西书》2 :17)

(81) 前事与后事，岂堪心并忧。(《全唐诗·白居易·将之饶州,江浦夜泊》)

又如："平西（路迦福音 24 :29)、首先（马可福音 9 :35)、记念（约翰福音 16 :21）等"。

圣经的翻译，对汉语的影响不同于佛教经典。这主要是因为圣经大规模翻译时，现代汉语已经基本成型，在构词法方面基本对汉语没有大的影响。但圣经的翻译还是为汉语提供了一批新的词汇，这些词汇有的逐渐进入现代汉语，有的则只用于《圣经》及教会生活中。

文化词语释义的浑沌学观察

——以“中和”、“中庸”、“忠”、“恕”为例

杨大方

词语释义就是对词语的含义进行解说。作为词典编纂的中心任务，它看似简单，实则是一门大学问，要做好绝非易事。同时，作为传播知识文化的一种重要手段和形式，它意义重大。而这其中最重要、难度也最大的是文化词语的释义。文化词语的释义直接关乎民族传统文化的传承，词典编纂者应高度重视，否则就可能以讹传讹，造成不良的后果。本文运用浑沌学的理论和方法，对“中和”、“中庸”、“忠”、“恕”等四个文化词语的释义情况进行一个初步的观察，并对观察结果进行初步的分析。

一、文化词语及其释义问题

词语的分类中，语义分类是最难的。由于汉语本身的特点(缺乏形态标志等)，使得汉语词的语法分类（即传统语法中的所谓“词类”）因无法完全撇开词汇意义而成为一个老大难问题，便是一个例证。虽然早在秦汉之际，我国就有人进行了这方面的实践，并成就了一本古典名著《尔雅》，虽然后来英、俄、德、日、中等国也不断有人进行着语义分类上的不懈努力，[①] 但至今尚未有让人非常满意的、特别权威的分类定论。导致这种结果的

---

① 英国有《洛氏分类词典》，俄国有《俄语同义词典》，德国有《杜登词典》，日本有《日语教育基本词汇表》，中国有《同义词词林》等。

原因有二：一是客观上，语义的分类关系错综复杂，相互交织和渗透的现象很多，很难进行泾渭分明的绝对划分；二是主观的，不同时代、不同地域、不同知识背景的人们的认知方式、经验体会、价值观念等，存在很大差异。

然而语义分类作为一种主题分类又是十分必要的。它与文化有着密切的关联，和人类的思维以及人们对世界的认知有着密切的关联。它的相对性、民俗性、国俗性、时代性，正好从词汇层面说明了语言的文化特性。

本文的主题不是探讨词语的具体语义分类问题，但在语义分类中设立或划分出一个“文化”类确有必要。这里的“文化”指的是最狭义的文化概念，指的是核心文化，即思想观念、意识形态，亦即现在流行的所谓“理念”，“是文化集团在创造文化的历史过程中建立起来、世代相袭的是非通则或对重要性的评判标准。”[①] 每个民族都有自己的一套固有传统观念、理念。本文把固定（化）这些观念或理念的词语，称为文化词语。

本文的“文化词语”和杨德峰先生的“文化词语”不是一个概念，它们的内涵和外延都不相同，名同而义异。杨德峰先生说：“所谓文化词语，是指在一定文化背景下产生的词语，或与某种特殊的文化背景相联系的词语。这些词语有一个很大的特点，那就是从字面上很难理解或准确地理解它们的意思，换句话说，字面上的意思不是它们的真正的含义，要理解它们，必须结合一定的文化背景。”如“思想工作”、“放卫星”之类。[②] 可见，杨德峰先生所用的“文化词语”，是指那些在词的概念义上附加了民族文化色彩，即具有“国俗语义”的词语。所谓国俗语义，“是语义民族性的一种表现，它反映使用该语言的国家的历史文

① 马清华：《文化语义学》第 42 页，江西人民出版社，2000 年。
② 杨德峰：《汉语与文化交际》第 133 页，北京大学出版社，1999 年。

化和民情风俗，具有民族文化特色。也就是说，语义在反映概念的基础上增添了附加的民族文化色彩，离开民族文化背景，难以理解语言单位的含义。”①

本文所考察的几个文化词语，在《同义词词林》② 的分类体系中，“中和”属于“特征”大类下的“性质”一类，“忠”属于“特征”大类下的“德才”一类，“恕”却属于“心理活动”大类下的“心理活动”一类；而“中庸”一词则干脆没有收入。这从另一个角度证明设立一个“文化”类的必要，同时也证明了分类的主观性和相对性。过去有人反对对词进行语义分类，理由是无法穷尽，这个理由表面上好像说得通，但一联系实际就发现说不过去。是不是无法做到穷尽的事就干脆不去做呢？或是不值得去做呢？

日本国立国语研究所《日语教育基本词汇表》中所拟订的义类大纲，横向方面把所有词汇分成事物、运动、属性、其他四种，而纵向方面第一级分为五类：人类活动的主体、人类活动精神及行为、生产物及用具、自然物及自然现象、抽象关系。其中的人类活动精神及行为类包括人类的感觉、感情、智能、意志和社会行为等。③ 代表一种思想观念、价值观念的文化词汇应该属于此类。

词汇由于其直接反映着社会的发展和人们认识上的变化，一直被认为是语言中最活跃的部分，这种活跃，不仅表现为新词语的不断产生和旧词语的不断淘汰上，而且也表现在词语意义的不断变化上。在词语意义的发展变化中，诸多因素都会发生作用，

① 王德春：《国俗语义学略论》，载邵敬敏主编《文化语言学中国潮》，第137页，语文出版社，1995年。

② 梅家驹等编，上海辞书出版社，1983年。

③ 参见马清华：《文化语义学》第67－69页，江西人民出版社，2000年。

如“现实作用力、心理力量、文化压力和语言内部力量”等。[①]而无论是传统词汇学、词义学，还是现代语义学，对词语释义方面的作用都未予以应有的重视和注意。事实上，词语释义不仅反映和记录了词语意义的发展变化，而且也对词语意义的发展变化起到了固定化和推波助澜的作用，起到某种引导和导向的作用。如果说只有词，才能“固定所要表达的概念，以不使其他概念渗透进来”[②] 那么，词语的释义就是概念内涵的明确化、具体化和固定化。因此，文化词语的释义必须慎之又慎，不可马虎从之。

当然，文化词语的释义是词语释义中的难点，其难度甚于科技术语的释义。文化词语的主观精神性和抽象概括性，决定了对其进行释义的难度。一般来说，传统文化权威研究者是文化词语释义正确答案的提供者，而词典编纂者则是文化词语释义正确答案的汇集者，二者都承担着传统文化传播、继承、发扬的重任。作为汇集者，必须博采众长，并融会贯通，方能胜任。过去，常是由于客观条件的限制（如学识、时间、精力等）而导致词语释义中的不足，现在则主要是由于主观偏见的作用（普遍规定辞书类著作不算科研成果）而导致词语释义中的因循敷衍。过去的不足是研究进程中认识上的不足，而现在的问题是根本上的研究缺失。这种差异不是量上的不同，而是质上的区别。

文化词语的释义如果不是在广泛吸收前人和今人研究成果基础上进行，不是严谨地采取定义式加描写说明式进行，而是简单地采取词语对释式进行，那么我们的传统文化就始终会模模糊糊，甚至以讹传讹，习非而是，最终失去或变得面目全非。

---

① 参见马清华：《文化语义学》，第 145－146 页，江西人民出版社，2000 年。

② 加地伸行：《中国古代逻辑的语义特征》，载《逻辑与语言学心》1989 年第 3 期。

二、“中和”、“中庸”、“忠”、“恕”的释义变化及浑沌学分析

“中和”、“中庸”、“仁”、“义”、“礼”、“智”、“信”、“孝”、“悌”、“忠”、“恕”等，是孔子所创立的儒家思想中的一些核心理念，是中国几千年传统文化、传统思想乃至正统思想的重要组成部分。它们作为词语，无疑是不折不扣的文化词语。那么，它们的释义情况怎样呢？限于篇幅，我们这里仅选取其中的“中和”、“中庸、“忠”、“恕”等四个词语作为代表，进行考察。

先让我们看看这几个词语的本来意义。

“中和”在儒家思想体系中是指中正，不悖人情物理，即不偏不倚不乖戾。《礼记·中庸》说：“喜怒哀乐之未发谓之中，发而皆中节谓之和。”“中也者，天下之大本也，和也者，天下之达道也。致中和，天地位焉，万物育焉。”可见“中和”的重要性。《论语·子路》中说：“君子和而不同，小人同而不和。”朱熹说：“和者，无乖戾之心；同者，有阿比之意。”①

“中庸”在儒家思想中，被认为是最高的道德标准。《论语·雍也》：“中庸之为德也，其至矣乎！”那么什么是中庸呢？《中庸》朱子序引程颐的话是这样解释的：“不偏之谓中，不易之谓庸。中者天下之正道，庸者天下之定理。”因此中庸之道成为一个政治和伦理的哲学命题。

“忠”是尽心竭力的意思。《说文解字》释为“敬”。唐人元行冲《孝经疏》说：“尽心曰忠”。所以段玉裁注说文曰：“敬者，肃也。未有尽心而不敬者。”《左传·僖公九年》：“公家之利，知

① 参见《四书五经》(上)，《论语》，第57页，中国书店，1985年。

无不为，忠也。”《论语·学而》：“为人谋而不忠乎？”有联语曰：“尽己所能之谓忠。”

“恕”是人同此心、推己及人的意思。《论语·卫灵公》：“子贡问曰：‘有一言而可以终身行之者乎？’子曰：‘其恕乎。己所不欲，勿施于人。’”孔子在这里用举例说明的方法很好地解释了“恕”的真正含义。说文则是这样解释“恕”的：“仁也。传曰：‘仁者，必恕而后行也。’礼中庸疏：‘恕，忖也。忖度其义于人也。’”程颐注孔子所谓恕：“恕者，仁之施也。”朱熹则说：“恕非宽假之谓，又曰推己及物为恕。”朱熹注《论语·里仁》“夫子之道，忠恕而已矣”：“尽己之谓忠，推己之谓恕。……中心为忠，如心为恕……忠者天道，恕者人道。”①

再让我们来看看《现代汉语词典》对这几个词语的释义情况。

中和：各个版本都只有化学、医学、物理学上的意义解释，没有思想文化上的义项。

中庸：1973年版的释义是，“儒家的一种主张，待人接物采取不偏不倚、不左不右的态度。”1983年版的释义则是，“①儒家的一种主张，待人接物采取不偏不倚、调和折中的态度。②<书>指德才平凡。”1986年版和2002年版都沿用了1983年版的释义。

忠：各个版本都解释为“忠诚”。

恕：各个版本的释义都是，“①用自己的心推想别人的心；②不计较别人的过错；③客套话，请对方不要计较。”

从这些释义中，我们可以看出：

(1) 现时代，编者思想中没有“中和”这样的思想文化概念

---

① 参见《汉语大字典》，第2293页，四川辞书出版社、湖北辞书出版社，1995年。

或认为我们不能有这种“落后”观念。(2) 1973年版的《现代汉语词典》对“中庸”的解释只有一个唯一的义项，但其中出现了“不左不右”的字眼，联系当时“没有中间道路”的流行观念，显然这种解释是带有贬义色彩的；1983年以后版除了把“不左不右”改为“调和折中”之外，即仍然沿袭了基本的否定立场外（调和、折中那时仍是贬义的），还对“中庸”的义项增加了一项：“指德才平凡。”这显然给“中庸”一词雪上加霜。给人的感觉，“中庸”不仅是政治思想上没有进步性、革命性，而且在道德文章素质能力上也没有任何可取之处。由此以来，中庸在人们心目中可算是彻底完了。(3) 把“忠”简单地解释为“忠诚”，实在有些语焉不详，特别是一个“诚”字，会误导许多人对“忠”进行简单化的理解，因为很多人对“诚”的理解是“讲信用、守信”。(4) 对“恕”的解释有两个义项都是说的“不计较”，而第一个义项“用自己的心推想别人的心”远不如“将心比心”、“换位思考”来得准确、无歧义，不能给人们“己所不欲，勿施于人”的正确引导和启发。

读着《现代汉语词典》长大的几代人，于是一般都这样理解这几个词：

“中和”就等于和事佬、好好先生、不讲原则，没有斗争性；

“中庸”就是中等、中不溜、平庸，没有才能；

“忠”就是不背叛；

“恕”就是宽恕，宽容，原谅。

下面，让我们对上面的事实来进行一些浑沌学的归纳分析。

文化语言学告诉我们，语言是一种不确定性动力系统，是一种非线性系统，是一个浑沌系统。这表现在语言的各个平面，各个层面。很多时候，词语，特别是文化词语，本身的意义体系就是一个不确定的动力系统，一个非线性系统，一个复杂系统，一个浑沌系统。本义、引申义、比喻义，具体意义、抽象意义、简单意义、复杂意义，关系呈现相当错综的状态。比如“中”、“和”这样的词，看似简单，实际上驳杂无比。从而给人提供了各种理解的可能性。

美国气象学家洛仑兹在研究天气预报问题时，发现了一种现象：巴西的一只蝴蝶扑腾几下翅膀，可能会改变三个月后美国得克萨斯州的气候。这就是所谓的“蝴蝶效应”。①

浑沌学研究表明，对初值的敏感依赖性，会导致系统长期的行为的不确定性、随机性。彭加勒说：“我们觉察不到的极其轻微的原因决定着我们不能不看到的显著结果，于是我们说这个结果由于偶然性。……可以发生这样的情况：初始条件的微小差别在最后的现象中产生了极大的差别；前者的微小误差促成了后者的巨大误差。于是预言变得不可能了。”②

一般人对事物的认识和理解都有趋简的倾向，在词语意义的理解上也不例外。而我们不少负有文化传承责任的相关人员迎合了这种倾向，简单化地解释一些文化词语，而许多读者由于受教育程度的关系缺乏起码的判断能力，导致“差之毫厘、谬以千里”的蝴蝶效应出现。一般人对“中和”、“中庸”、“忠”、“恕”的理解出现如此大的误差，就是一个明证。

由于蝴蝶效应，思想者的初衷和本意与人们对其理解之间的差距越来越大，但这只是一个方面。另一方面，思想者的初衷和本意与人们对其理解之间的差距再大，我们还是可以沿着某种线索对思想者的思想进行回溯。这是一种反向的对初值的敏感依赖性。比如今天倡导构建和谐社会，就是某种对传统道德、传统理念的回归。所以，是不是像彭加勒所说“预言变得不可能了”，

① 参见苗东升、刘华杰：《浑沌学纵横谈》，第72页，中国人民大学出版社，1993年。

② 彭加勒：《科学的价值》，第388－389页，光明日报出版社，1988年。

结论不能下得这样绝对。因为，在本真义和歪曲义分道扬镳的各自不同的路径上，都充满了各种不确定因素，各种变数，它们各有沉浮、隐现。当条件成熟，碰到某种机缘，谁又能够肯定像“中和”、“中庸”、“忠”、“恕”这些理念的本真意义不会被国人所真正认识和接受？文化传统的断裂已是事实，但断裂不会持续到永远，这也是事实。作为一种奇异吸引子的传统文化，具有一种整理、整合能力，一种自我修复功能。

沃尔夫说一种语言结构和语言模式决定一种世界观，也就是说一种语言决定一种世界观。而我认为在同一种语言中，对某些词语的不同理解会导致人们形成不同的世界观、人生观和价值观。如果说，沃尔夫假说比较抽象而易造成误解的话，那么，我们这种认识则有更多的具体实在的例证，上面所讲的仅是极少数的几个罢了，因而更易被人们所接受。

总之，在文化词语的释义中，存在着大量的浑沌现象。其中有“差之毫厘、谬以千里”的对初值的敏感依赖性，蝴蝶效应，也有奇异吸引子的神秘作用，有不确定性因素的影响，有非线性的变化发展轨迹等等。

三、启　示

中国近现代的历史是充满屈辱的历史，也是许多仁人志士寻求救亡图存、摆脱挨打局面、让中国重新振兴崛起的历史，其间有许多可歌可泣的感人事迹，也有许多宝贵的经验和惨痛的教训。正是在这种历史情境中，中国传统文化才遭受了别国传统文化很难遭受到的被怀疑、诘问、歪曲直至全盘否定的命运。在中国固有的本土文化中，儒家传统思想的被全盘否定是人所共知的事情。其实，道家思想也未能避免被歪曲否定的命运。道家思想中“顺其自然”、“无为而治”的理念首先被歪曲为消极避世的“无为”，然后就自然而然被否定掉。其实，儒家文化与其说是一种伦理思想、道德体系，还不如说是一种和道家文化一样的人生智慧或曰生存智慧。“道”与“义”是相通的，公道，正义，无妄为，各行其道而又相互依存，和而不同，多元一体，总之按规律办事，按规矩办事，不偏不倚，中道而行，对己对人都有利，和谐共存，可持续发展，这难道不是一种生存的智慧么？难道不暗合于普世的公平、正义价值观么？

儒道文化是产生在中国这块古老文明大地上的智慧结晶，它享有和宗教一般的殊荣，并且也做出了杰出的伟大贡献，因为它的存在，中国封建社会作为一种社会制度，存在长达两千多年之久。但它又和宗教不同，它完全是世俗的，是用来解决今生今世生存和发展问题的。它没有先验的东西，没有与人相对的神灵，一切都是基于人类和自然的深刻思考。“人之初，性本善”，“道法自然”，无疑比“上帝创造世界”要实际得多。因为是一种智慧，所以也没有宗教所特有的那种恐惧与强制力，也没有宗教的那种极端性和唯一性。儒道并存以至于互补相融便是一个明证。智慧不排除别的智慧，而宗教信仰却往往是互斥的。中国主体民族没有真正意义上的宗教，但中国有古老的智慧。这种智慧弥足珍贵，且具有极大的优越性。

中国可以没有宗教，但中国不能没有智慧。核心传统是无法否定的，也是不能否定的。因为它是一个民族、一个国家的文化根基，就像计算机的系统核心数据。全盘否定的后果，相信大家都有目共睹。而现在的有识之士主张弘扬优秀的传统文化，老百姓为人处世的准则，以及党和政府构建和谐社会、和谐世界、科学发展的目标追求，则无一不在说明着好的文化传统是无法被否定的。中国古老的智慧文化在新的历史机遇中又重新焕发出了强大的生命力，这是中国人民的觉醒，也是中国人民的福音。作为语言研究者，应该借着这样的历史机遇，做一些正本清源的工作，恢复一些文化词语的意思上的本来面目，让我们的国民清晰地看到我们的智慧文化，进而认同，化作自己的行动。这对于提高国民素质，加强精神文明建设，保证我们国家健康、稳定、持续地发展，切实提高人民群众的生活质量，无疑都具有十分重要的意义。

《现代汉语词典》作为一部国内最富影响力的语文词典，对于文化词语的释义应当经得起历史的检验。今天我们要构建和谐社会，不讲中和，不讲和而不同，不讲公平中正，不讲人之常情，不仁不义不礼，恐怕是不行的。曾几何时，“中和”、“中庸”由褒义词变为了贬义词，特别是“中庸”，变成了一个十足的贬义词。而“忠”和“恕”的含义被缩小以至于被歪曲了，被简单化了。我们现在说的“对谁谁不忠”，往往仅指背叛了谁。殊不知，比如一个男人如果没有尽到做丈夫的责任，即便是没有外遇，也不能说对妻子忠了。因此，我们说忠于祖国，就不仅仅是说不叛国，还应该尽心竭力为国家作贡献；我们说忠于职守就是敬业。我们说“忠君”不一定是愚忠，真正的“忠君”不是指一味死心塌地地服从皇帝的旨意，而是指尽到你为臣的职责。比如你是一个谏议大夫，你就要敢于提出自己的劝谏意见，这才叫忠。明知皇帝错了，还唯唯诺诺，这不叫忠，不叫敬，而是失职，是忠的反面。所以“忠”没有错，应大力提倡。“恕”的问题主要是含义的简单化。由于不了解其本义是人同此心、推己及人，不知道人性本善，人人同有一颗善心，人人都值得爱，都需要爱，所以往往就把“恕”当作一种高高在上的宽容、饶恕、大人不记小人过，一种施舍。因而很多人就认为“恕”是那些道德高尚或境界高的人才应该做的，自己不要求自己道德高尚，也不想虚伪地故作姿态，故也就可以不“恕”。因为不知道“恕”是人人所必需的，是人性的一部分，所以慢慢使自己的人性异化了。“人生南北多歧路”，对词汇意义的不同理解导致人们思想观念和行为实践的不同。正本清源，我们任重而道远。

业隆话[1] 研究中的浑沌学拾零

尹蔚彬

浑沌学是20世纪中期兴起的一门科学。浑沌学最初应用于动力学，后逐渐被引进到其他科学的研究领域中。浑沌学被应用到语言学研究领域，始于上个世纪80年代。浑沌学认为客观世界是一个开放性系统，语言作为一种客观存在，既是人类最重要的交际工具同时也是一个开放性系统。语言在与其外部世界的接触过程中，系统自身会不断发生变异，这种变异在语言的各个要素层面上表现出不平衡性。本文以业隆话为例来加以说明。

一、系统的有序与无序

有序是指事物空间排列上的规整性和时间延续中的周期性。无序则是指事物在空间上的偶然堆砌和时间中的随机变化。有序其实就是有规律，无序就是等于无规律。语言是一个综合性的系统，在语言这个大系统中，又有若干子系统，包括语音系统、词汇系统和语法系统等。从不同的角度又可以对上述子系统进行分割。语音系统就是语言中一个相对独立的子系统。语音系统又包含声母、韵母和声调等要素。语音系统是业隆话研究的一个重要组成部分。业隆话语音系统有它本身的特点，比如，复辅音多，前置辅音变异程度严重，辅音韵尾变读现象突出等诸多现象是其特点。复辅音的构成与藏缅语族其他语言相近，以二合复辅音占优势。仅以二合复辅音的构成特点为例，在部分二合复辅音的组合关系中，前置辅音与基本辅音的组合是有序的，基本上是清音

① 参见尹蔚彬：《业隆话概况》，《民族语文》，第61页，2000年第6期。

配清音，浊音配浊音。以 r-为例，与清辅音组合时其实际读音为［ʂ］，与浊辅音组合时其实际读音是［ʐ］。有序是语言系统的一个特征，与之相对无序同样也是语言系统的一个重要特征。业隆话语音系统的无序特点，突出表现在复辅音的前置辅音变异明显、辅音韵尾变读以及动词形态变化中语音的增加。业隆话的动词，若前面带有构形前缀，在连读时就会有增音现象出现，增加的辅音在与前、后音节的结合上比较松散，即可以附着在构形前缀的末尾充当韵尾，又可以黏着在动词词根上，充当前置辅音。例如：

$dzri^{55}$ 揪

$na^{33}\chi dzri^{55}/na\chi^{33}dzri^{55}$ 揪（已行体）

$t^{h}je^{55}$ 收割

$ko^{33}\chi t^{h}jeʔ^{55}/ko\chi^{33}t^{h}jeʔ^{55}$ 收割（已行体）

$sprat^{55}$ 交到手上

$nə^{33}\chi sprat^{55}/nə\chi^{33}sprat^{55}$ 交到手上（已行体）

stu^{55} 直

$nə^{33}\chi stu^{55}/nə\chi^{33}stu^{55}$ 弄直了（已行体）

$sreʔ^{55}$ 搜山

$ni^{33}\chi sre^{55}/ni^{33}\chi sre^{55}$ 搜山（已行体）

语言系统的无序特性反应在语言系统的各个层面。以业隆话的词汇系统为例，业隆话多数形容词都有与之意义相反或相对的词，这类词以词根形式出现，这是词汇语义系统的有序表现，而极个别形容词没有与之意义相对或相反的词，在表达意义相反或相对时用词的否定形式，例如：la^{55}好、$ma^{33}la^{53}$不好，$cç^{h}a^{55}$行、可以、赢、$ma^{33}cç^{h}a^{55}$不行、不可以、输，$vɟje^{55}$对、正确、$ma^{33}vɟje^{55}$错，$mp^{h}jor^{55}$美、$ma^{33}mp^{h}jor^{55}$丑，这类以否定形式出现的形容词，其实就是语言词汇系统不对称即无序规则的产物，是当地人描述事物时的思维习惯在词汇上的体现。再如，业隆话的亲属称谓词，一般来讲，多数语言中，辈分和性别是称谓系统中最基本的语义区别性特征。但在业隆话的亲属称谓系统中，除区别辈分、性别外，年龄和婚姻关系在称谓系统中也有区分。但辈分、性别、年龄和婚姻关系这四个区别性特征在业隆话亲属称谓系统中的分布是不平衡的。同辈分的人在区别长幼上是有序的，在区分性别方面是无序的，以“我”为参照对象，比“我”年长的同辈，一律称呼 da^{55}不分性别，比“我”年幼的同辈，一律称呼 ze^{55}，不分性别。对于与父母同辈的男性的称呼，有血亲与姻亲之分，血亲与姻亲内部，不区别年龄的大小。例如，伯父与叔父，均称呼 vo^{55}，舅父、姨夫和姑父，均称呼 wu^{55}；而对于与父母同辈份的女性的称呼，则一律称为 mo^{55}te^{33}，mo^{55}te^{33}这一语音形式，涵盖了姑母、姨母、伯母、婶母和舅母等多重意义。

二、动态性与稳定性

语言作为一种客观存在，既是人类最重要的交际工具，同时又是人类文化的载体。“一个民族的语言和文化结构一般说来是稳定的，而语言的各个构件及文化的各个组成部分在运行中又是不稳定的，从而又造成整体的不稳定”，① 语言是人类认知客观世界的产物，客观世界的开放性决定了语言系统的不稳定性即动态性，动态性是世间万物运行的准则。语言系统的动态性，是不断发展变化的一种浑沌运动。语言在与其外部世界的接触过程中，自身会不断发生变异，这种变异在语言系统的各个要素层面上表现得不平衡。以业隆话的语音系统为例，语音系统的动态性，一方面表现在语音共时层面的不稳定性，其中，声母中的前置辅音与韵母中的辅音韵尾发音不稳定，是业隆语音系统的突出特点；另一方面表现在语音历时层面的变异性，主要表现在语音在不同年龄

① 张公瑾、丁石庆主编：《文化语言学教程》，第 106 页，教育科学出版社，2004 年。

人群之间的变异。比如，由于发音人的年龄不同而产生的变异，即同一个词，在老年人与年轻人口语中读音不同，例如：

青年①	老年	汉义
$sma^{33}spo^{55}$	$sŋa^{33}spo^{55}$	寨子名（属业隆村）
$svuk^{55}$	$ɕvuk^{55}$	渴
$sjit^{55}$	$sɣit^{55}$	卖
$sje^{55}zeʔ^{33}$	$ɕɣe^{55}ze^{33}$	男人
$rbjat^{55}$	$rbɣat^{55}$	出产
rvi^{55}	$vriʔ^{55}$	尝
$rmok^{55}$	$lmok^{55}$	菌子
$rtep^{55}$	$ltep^{55}$	叠（被子）

由上面的例子可以看出，业隆话的前置辅音 ɕ-，年轻人变读为 s；前置辅音 l-，老年人仍读 l-，年轻人变读为 r-；后置辅音-ɣ，老年人读-ɣ，年轻人则变读为-j。此外，“rvi^{55}/$vriʔ^{55}$尝”一词中，复辅音声母 rv 和 vr 在年轻人中存在辅音换位现象。复辅音换位现象，在老年人中也存在，例如，“$rɣom^{55}$/$ɣrom^{55}$青苗”一词，在老年人中存在两读现象，这说明业隆话的语音正处于剧烈变化状态。

此外，有的辅音在年轻人中已经丢失，而在老年人中仍保留发音，例如：

青年	老年	汉义
$vjat^{55}$	$ʁvjat^{55}$	八
vur^{55}	$vɣur^{55}$	背（东西）
$p^{h}uʔ^{55}$	$rp^{h}uʔ^{55}$	合（多少钱）
go^{55}	zgo^{55}	空闲

① 青年以尚基斯甲的音为代表，尚基斯甲，男，1981 年出生，是发音人 $pur^{33}pa^{55}$的儿子。

与辅音声母的变读情况相近，业隆话部分辅音韵尾在年轻人与老年人中变读明显。在年轻人中，韵尾已经丢失，而在老年人中，韵尾读音仍然保留。例如：

年轻人	老年人	汉 语
ftɕoʔ^{55}	ftɕoʔs^{55}	骗
ta^{33}mi^{55}tsi^{55}	ta^{33}mi^{55}tsis^{55}	商量
skʰro^{55}	skʰrot^{55}	木炭
dʑe^{55}	dʑes^{55}或 dʑeʔ^{55}	叼、含
ne^{55}	neʔ^{55}	停止
dʑe^{55}	dʑeʔ^{55}	握
ro^{55}	roʔ^{55}	（肚子）胀
nvəʔ^{55}	nvuk^{55}	醉

上述词的语音变化，反映业隆话语音在不同年龄人之间的变异，有些词的读音即使在老年人中，也会存在变读现象。比如喉塞音尾 ʔ 与韵尾-s -t -k 和-q 变读，例如：ndveʔ^{55}/ndvet^{55}“娶”，ftsoʔ^{55}/ftsos^{55}“跳”，dʑeʔ^{55}/dʑes^{55}“叼、含”，ndjoʔ^{55}/ndjos^{55}“等候、等待”，nvuʔ^{55}/nvuk^{55}“醉”等。

语言系统的动态性与稳定性是语言作为交际工具的职能决定的。语言只有随外部环境的不断改变而发展变化，才能满足人们交际的需要和认识客观世界的需求；语言只有相对稳定，才能便于人们学习使用并代代传承，也才能充分体现语言的本质。语言系统的动态性与稳定性，贯穿于人类语言使用的整个过程。

三、语言与文化的自相似性

浑沌学的分形理论认为，部分与整体之间呈现出相同或相似的特征，这就是自相似性。“文化是各个民族或群体对特定环境的适应能力及其适应成果的总和”。[①] 语言是一种文化现象，是文化总体的组成部分，语言与文化整体之间具有高度的自相似性。语言与文化的自相似性是多维的。首先，决定语言发展变化的有两个因素，一是语言系统内部要素之间的相互作用，另一个是外部环境。决定文化变异的因素，同样是来自两方面，一是文化本身的内部作用，二是外来影响。语言发展是动态性与稳定性的统一，文化发展同样也是动态性与稳定性的统一。传承性是语言和文化存在的必要条件。

“文化语言学要在比较各民族语言在词的选择和切分上的差异，来探讨各民族对客观世界认知方式的差异”。[②] 时间范畴和空间范畴是人类认识客观世界的两个重要范畴。在业隆话中，无论时间范畴还是空间范畴都是二分的。比如，时间范畴在动词词根上有过去时与非过去时的区分，空间范畴中，尽管参照系不同，但依然是二分的。业隆人的思维习惯中有 3 个定位系统，这 3 个系统分别是地势、河流和太阳。每个子系统又由 2 个对立的方向概念构成，即地势有高/低、上/下之分，河流有上游/下游之别，对于太阳来说，有朝东/朝西、背阴/向阳的差异。

时间范畴和空间范畴在不同的语言里有不同的表示方法，这在一定程度上反映了讲不同语言的人在认知世界方式上所存在的差异。比如，同为汉藏语系语言，汉语与业隆话在表达空间范畴方面却存在着很大的差别。汉语主要是通过句中的介词与方位词或其他词类来体现句子里动作行为的方向。例如：

(1) 他向东（西、南、北、里、外……）走。

---

① 张公瑾、丁石庆主编：《文化语言学教程》，第 19 页，教育科学出版社，2004 年。

② 张公瑾、丁石庆主编：《文化语言学教程》，第 43 页，教育科学出版社，2004 年。

（2）你往这边（那边）看。

（3）我朝山上追，他往山下跑。

从上面的3个例句中，我们可以明确看出，句子中的方位词“东、西、南、北、里、外、山上、山下”，指示代词“这边、那边”等明确标示出句中动作行为的方向，从这个角度讲，可以说汉语主要是以词汇形式来区分不同方向概念的。而业隆话中，动作行为的空间动向主要是通过在动词前面添加不同的趋向前缀来表示的，一般在汉藏语系语言研究中又把这类语法现象叫做趋向范畴。

讲业隆话的居民，由于世世代代生活在高山峡谷地带，因而形成了一套以高山河流为定向标准的方向概念。这种方向概念在他们的思维中已根深蒂固，尽管在他们的意识中没有明确的东、西、南和北等方向概念，但他们却可以通过在动词前面加不同的前缀来区分不同的方向。具体在什么情况下添加哪一种趋向前缀，还要依赖于具体的语言环境和动词词义的性质。一般来讲，只要讲话者认为有必要指明方向时，就必须在动词前面添加趋向前缀。趋向前缀的添加，不但依据说话时的情境，而且还与一个民族长期的语言习惯和民族心理有着密切的联系。下面是业隆话动词趋向前缀的一般添加情况：

地　势		河　流		太　阳	
高/上	低/下	上游	下游	向东	向西
o-	na-	la-	vo-	ko-	ni-

例如：

o-向上（地势）　　　　$o^{33}-vi^{55}$（他）向上走

na-向下（地势）　　　$na^{33}-vi^{55}$（他）向下走

la－朝水源方、斜上方 $la^{33}-vi^{55}$（他）朝水源方走、朝斜上

方走

vo-朝下游方、斜下方 $vo^{33}-vi^{55}$（他）朝下游走、朝斜下方走

ko-向东、向里 $ko^{33}-vi^{55}$（他）朝东走、向里走

ni-向西、向外 $ni^{33}-vi^{55}$（他）朝西走、向外走

业隆人在空间范畴认知上的特点，本质上讲就是语言结构的系统性，使业隆人不自觉地对空间概念进行了分类和解释，这种分类和解释，使得人们对空间方位的认识变得清晰有序。正如《文化语言学教程》一书中所言，“而语言，由于其结构系统性，使人们不自觉地对世界万物作出了分类和解释，从而使一切文化现象从浑沌变为有序。”①

二分法的分类方式，不仅体现在业隆人对具体时间和空间范畴的认识上，还体现在业隆人对外部环境的认识上。业隆人居住区在气候上属大陆性高原季风气候，干湿季节明显。11月至次年4月，高空受西北气流控制，气候干燥，晴朗天气多，雨水少，昼夜温差大，是干季。每年的5月至10月，受来自印度洋的西南暖湿气流影响，气候湿润，降水丰沛，是湿季。业隆人长期生活在这样的自然环境中，在他们的思维中从来就没有春夏秋冬四季交替的概念，反映在语言上，就是有 $vʑar^{53}$“春夏即湿季”和 $rtso^{55}$“秋冬即干季”的对立。

业隆话在标记日期上也是二分法。业隆人的计数日期的方法不同于大部分藏缅语族语言，他们计数日期的方式是以15天为一轮，以上、下弦月为标记。尽管他们也知道汉历一个月有30天或31天，但每当计数日期时，还是分上、下两个半月来计数，一年之中，除大年初一和初二用藏语借词外，其他日期的具体计数方式是在弦月后直接添加数词，计数下半个月的日期时，带下

① 张公瑾、丁石庆主编：《文化语言学教程》，第15页，教育科学出版社，2004年。

弦月标记，数词仍从一开始计数。例如：

大年初一	ts^{h}e^{33}tɕik^{55}
大年初二	ts^{h}e^{33}ʁŋ̩i^{53}
上弦月	o^{33}ɣoi^{53}
初一	o^{33}ɣoi^{53}rək^{55}（上弦月一）
初二	o^{33}ɣoi^{53}ɣnes^{55}（上弦月二）
初三	o^{33}ɣoi^{53}xsom^{55}（上弦月三）
初四	o^{33}ɣoi^{53}ɣdi^{55}（上弦月四）
初五	o^{33}ɣoi^{53}mŋa^{55}（上弦月五）
十一日	o^{33}ɣoi^{53}sjev^{33}rək^{55}（上弦月十一）
十五日	o^{33}ɣoi^{53}sjev^{33}mŋa^{55}（上弦月十五）
下弦月	na^{33}ɣai^{53}
十六日	na^{33}ɣoi^{55}rək^{55}（下弦月一）
十七日	na^{33}ɣoi^{55}ɣnes^{55}（下弦月二）
二十日	na^{33}ɣai^{53}mŋa^{55}（下弦月五）
三十日	na^{33}ɣai^{53}sjev^{33}mŋa^{55}（下弦月十五）

上述语言事实，充分说明语言研究上的二分法与业隆人对外部世界的认识分类有着明显的对应关系。

四、结语

浑沌学理论，被应用到语言学研究领域，从方法论角度讲可以说是对语言研究的一次飞跃，同样也是对语言本质的再认识。尽管藏缅语族内部的语言都有大致相同的结构，但我们透过语言，仍能发现不同语言使用者历史和文化的不同。作为使用人口很少，同时处于多语言接触环境下的业隆话，在其发展演变过程中，浑沌学特征异常突出。本文尝试使用浑沌学的方法对业隆话研究中出现的个别问题进行浑沌学分析，旨在说明语言的浑沌学特性。

浅析朝鲜族语言流失现象之“初值”

金燕玉

一种语言不可能在一朝一夕之间走向“濒危”，也不可能只因为语言自身的原因面临“濒危”，语言之所以会失去生命力，必定与操这种语言的群体所处的社会、人文环境有着千丝万缕的联系。用专业的敏感性洞察语言发展的势态，及时发现语言负向发展的苗头，从而为语言的繁荣作出切实可行的研究，这一点对语言研究工作者而言，责无旁贷。

一

据统计①，1995年中国朝鲜族中使用朝鲜语的人口占朝鲜族总人口的99.83%，几乎全民使用母语，然而过了十余年后的今天，转用汉语者日益增多。尽管朝鲜语的发展势态不至于说成是走向“濒危”，但存在语言流失现象却是不争的事实。

语言的变化与社会因素之间有着不可分割的联系，社会发展中的种种因子都会影响到语言，反映在语言本体以及语言发展趋势中。朝鲜族出现语言流失现象，其背后的原因也应该结合朝鲜族社会发展中的相关因子来探索。

（一）人口流动频繁

朝鲜族人口流动可以分为省际流动和国际流动两方面来讲。

1. 省际流动：其主要特点为“从东三省向全国流动”，“从农村向城市流动”，“以知识分子、商人向大城市流动转化为不同

① 数据引自《世界的书面语：使用程度和使用概况》第4卷（中国卷），朝鲜语部分，拉瓦尔大学出版社，1995年。

层次人群向全国大中型城市流动”。

人口的流动实际上是劳动力的流动，朝鲜族的人口流动应该说脑力劳动力的流动先于体力劳动力。在大部分朝鲜族都在从事农业时，人口流动的条件并不是那么开放，正所谓“有能力、有本事”的人才可能到外地工作或学习，即，知识分子和涉足商海的人是省际流动先行军，应该说一度走在我国少数民族最前列的朝鲜族民族教育也为省际间脑力劳动力的流动提供了应具备的软件储备。随着改革开放的进一步扩大，人口流动的客观条件更加成熟，尤其是服务行业的发展为人口的进一步流动拓宽了道路，对朝鲜族而言，到外地打工比春耕秋收更有诱惑力。走出田间，到异地务工成了当时的风尚。

2. 国际流动：国际方面则体现出“以劳务输出为主，跨国婚姻、留学为其次”、“向韩国、日本为首的世界各地流动”的特点。

之所以可以促成人口的国际性流动，其中语言方面的优势不可忽视。在韩国，朝鲜族基本上没有语言障碍，而日语又是早期民族教育中开设的主要第一外语，因此他们在完成高中课程时就已经具备了可以到韩国、日本留学或务工的语言基础。自 1992 年中韩建交以来，向韩国的劳务输出人数更是日益增长，而劳务输出的范围也逐渐从韩国扩大到了以韩国、日本为主的世界各地。据统计，[①] 黑龙江省牡丹江市仅 1996 年参与海外劳务输出的朝鲜族就有 11600 余人。

参与跨国婚姻的朝鲜族人数增长速度也比较惊人，1993 年有 1463 名朝鲜族参与跨国婚姻，到 1994 年已有 1995 人，到 1995 年陡增到 7693 人，而到 1996 年，这一数据已超过万人。

---

① 郑信哲：《朝鲜族人口流动及其特点》（朝文），载《朝鲜学（1998）》，1999 年。

列举一个数据，[①] 1996年，吉林省九台市红光朝鲜族村387户中离开村子的有50户，400多名劳动力中离土离乡的约占50%，这种现象不仅仅出现在红光村，更有甚者，有不少朝鲜族村落出现了“空洞”现象。

人口流动带给朝鲜族社会的变化是：朝鲜族走出聚居区，散居在全国大中型城市乃至走出国门的朝鲜族越来越多，民族村落逐渐萎缩，以农耕为主的传统经济生活方式基本上被打破。

对语言的保持而言，拥有语言使用环境是一个很重要的因素之一，除了流向韩国的以外，其他离开聚居区的人们都要适应新的语言环境，或者是汉语、或者是外语，这注定要影响朝鲜族母语的使用，而且这种影响大部分是负面的。

(二) 人口增长率下降

据统计，[②] 1990年至2000年内朝鲜族总人口由1923361人增长到1923842人，十年的增长数仅为481人，其增长率不到万分之三，人口自然增长率在全国各民族中处于最低水平。值得注意的是作为国内朝鲜族最大的聚居地，延边朝鲜族自治州的朝鲜族人口自1996年至1999年连续四年呈现负增长态势。

其主要原因有：流动人口中育龄妇女数量较多，这是其一；其二，参与跨国婚姻并改入配偶国籍者日益增长；其三，对婚姻、生育的观念发生了变化，朝鲜族年轻人普遍都“晚婚晚育”，大城市里一般只生一个孩子，异族通婚人数也在日益增加。此外，近些年还逐渐出现了“丁克家族”和“单身贵族”等现象。

语言是要靠使用者来传承的，人口出现负增长意味着使用语

---

① 郑信哲：《朝鲜族人口流动及其特点》(朝文)，载《朝鲜学 (1998)》，1999年。

② 金炳镐、柳春旭：《中国朝鲜族人口流动现况及面临的问题》(朝文)，载《朝鲜学 (2003)》，2004年。

言的人在减少，尤其是继承人的减少，无疑将会给语言的保持带来负面影响。

（三）生活环境的变化

一般来讲，许多劳务输出者在回国或归乡后就会想在城里买房子，从农村搬出去，从此不务农；之后就把孩子从农村学校转入城市学校。改善生活，让子女有一个更好的学习环境应该是这些背井离乡者的朴实的初衷。务农生活很难在短时间内为他们带来这种变化，而通过外出打工他们能把这些想法变为现实。

但是，生活环境的改变使语言失去了原有的使用环境，毕竟在城里是散居状态，语言使用方面远不如原有的聚居村落那么好。

（四）民族教育的萎缩

朝鲜族原本为农耕民族，其教育自然也扎根于农村，城市民族教育不可能是主流，但因上述所提及的人口自然增长率下降、农村学生转入城市学校等因素，涌向城市民族学校的学生急剧增多，农村民族教育陡然间下降，在城市民族教育未得到与之相对应的发展的情况下，民族教育整体上体现为滑坡。如：黑龙江省朝鲜族小学从1988年的405个缩减到1998年的325个，而朝鲜族中学从1988年的85个减少到1998年的69个。[①] 延边朝鲜族自治州的朝鲜族小学从1985年的419个锐减到1995年的117个，而朝鲜族中学从1985年的118个减少到1995年的75个。

许多家庭又把孩子转入汉族学校，这些父母认为孩子越早提高汉语水平越有利于升学，这样许多学生在小学升初中或初中升高中时就因父母的意愿中断了学校母语教育。越是更高阶段的民族教育更难保证学生生源。

---

① 金炳镐：《20世纪末中国朝鲜族农村的社会问题》（朝文），载《朝鲜学（2000）》，2001年。

民族教育师资队伍的萎缩也比较严重，这也与“出国风”有直接联系，许多教师宁愿到国外从事体力劳动也不愿意留在中国执教，其中的经济利益应该说是最大的诱惑。师范学校的生源也大不如前，这对师资队伍的梯队建设构成了威胁。

民族学校对一个民族的重要性不仅仅体现在能够学习民族语言，更重要的是，在这里能够系统地学习、了解到民族的历史文化，对提高民族意识、民族认同感而言，民族学校也有着它不可替代的作用。而对语言保持来讲，朝鲜族民族学校的逐年缩减无疑对其造成了不可挽回的重创。

二

先看一个实例。

《朝鲜——韩国学研究（2005）》中曾发表一篇论文，名为《北京朝鲜族语言使用状况及语言态度》，[①] 这是一部调查报告，调查点设在北京的民族出版社、民族语言翻译局、中央人民广播电台、国际广播电台、中央民族大学等事业机构和学校，被调查者均为朝鲜族，作者指出这些单位属于“典型的朝鲜语使用区域”。

相关信息数据如下：

（一）留京原由及途径

调查数据表明，大学毕业后就留在北京的占 66%，工作调动后到北京的占 26%，分配在北京工作的占 1.36%，随父母来北京或出生在北京的占 6.85%。

以上数据表明，绝大多数是在北京读书后没有回到原籍而在北京就的职，这也是许多朝鲜族学生改变自己生活轨迹的办法，

① 金菊花：《北京朝鲜族语言使用状况及语言态度》（朝文），载《朝鲜——韩国学研究（2005）》，2007 年。

向往某个城市就到那个城市读大学，这是朝鲜族学生中比较流行的概念。这一数据也证实许多朝鲜族学生一旦离开自己的家乡就不愿意再回去，而是在就学时期已经熟悉的环境里找到适合自己的工作，并得到暂时的稳定。

（二）婚配民族

已婚者中，89%与朝鲜族结婚，11%与其他民族通婚，异族通婚率比较高。

11%的人的家庭主要语言是汉语，而他们的子女的语言则更会倾向于汉语，至少可以肯定，听到朝鲜语的机会必定会少于父母双方都是朝鲜族的孩子。

（三）日常第一语言

选择朝鲜语的有35%，选择汉语的有35%，选择日本语的有22%，选择英语的有8%。日语和英语作为外语在这里被选为第一语言是因为与其专业或工作性质有关，属于特殊现象，因此在此不谈论。而朝鲜语和汉语的比例恰恰相同，朝鲜语并没有显出优势。

（四）与配偶使用的语言

选择朝鲜语的有45%，选择汉语的有55%。汉语多出朝鲜语10%。

（五）与子女使用的语言

以朝鲜语为主的11%，以汉语为主的45%，只用汉语的37%，只用朝鲜语的3%。汉语明显占优势约为4倍。

（六）子女婚配民族问题

63%表示希望子女与朝鲜族结合，35%表示无所谓，1%表示希望与汉族结合。调查人中与异族通婚者占11%，但对下一代的婚配问题上，对民族成分的宽容度似乎又提高了许多。

以上六个方面只是此调查报告中的一小部分信息，之所以抽取这些问题就是为了与前一部分社会因素以及语言问题结合起来进行分析。

北京是朝鲜族所向往的大城市之一，也是现如今年青一代流入最多的城市之一，这里的朝鲜族母语使用情况应该能或多或少地反映出其他大城市，如上海、广州等地的朝鲜族母语使用情况。

综合起来看，可以得出以下初步结论：

（一）大城市成为年轻人的流动目的地，反过来说，离开原聚居地是普遍选择；

（二）日常汉语的使用率高出朝鲜语，无论其中的理由是客观的还是主观的，在大城市这一现象是普遍的；

（三）大城市里，对子女的母语教育面临太多困难，大部分家庭无奈地选择汉语教育；

（四）对于婚配民族的开放度更加开放。

语言的保持是需要条件的，如保障语言使用的语言环境，完整的语言教育体系，对语言价值的认同，对子女母语教育的坚持，等等。但是从上述四点来看，在北京被称为“典型的朝鲜语使用区域”的单位或机构中，母语的生命力已开始显示出衰退迹象。试想一下，留京的第一代朝鲜族中已出现这种状态，那么他们的第二代呢？

三

构成朝鲜族语言流失的那个“初值”到底是什么？是哪一个初值的小改变使朝鲜语的发展转向了流失？

尽管诸多社会因素都会对语言发展起到或多或少的作用，但是笔者认为最为关键的“初值”应该是生活模式的转变，即，从从事农业为主向从事服务行业的大规模转变。在改变生活模式后发生的一系列变化，应该说人们是没有预料到的，而这些系列性变化拭去的却是许多对保持民族性最有力的因素。

从制止语言流失的角度而言，朝鲜族应以辩证的眼光重新审视一下近20年来的民族发展，从长计议，对其中的得与失予以新的认识。

尽管笔者认为生活模式的转变是朝鲜族语言流失现象所依赖的“初值”，但时代已然把朝鲜族推到了今天，重新返回原来的生活模式绝非现实。我们可以从“民族教育”入手，开辟一道振兴朝鲜族语言的新途径。

从前的朝鲜族民族教育建设力度是放在农村的，因为朝鲜族的生活扎根于农村，但今非昔比，朝鲜族逐步走向城市，教育问题方面的改革也应该随之跟进。郑信哲研究员在《略论朝鲜族教育发展现状及其对策》一文中提到：“应支持和支援杂居地区建立朝鲜族学校，以解决朝鲜族流动人口子女民族教育问题”①。他认为，朝鲜族流动人口大量涌向山海关以南，但这些地区没有朝鲜族学校，为了朝鲜族子女能够在流入地区接受正规民族教育，有关部门应支持和支援朝鲜族流动人口较多地方建立民族学校或创造进行民族教育的环境。

支援支持城市民族教育应抓紧，但农村民族教育应在原有的基础上进一步发展。

金炳镐教授曾在《20世纪末中国朝鲜族农村的社会问题》中指出：“应采取有利于朝鲜族农村民族教育的特殊办法，教育学生学习民族语言文字。”他提出若干条建议，如：调节朝鲜族学校分布，合并朝鲜族中小学，建立寄宿制学校，配备学生通勤车；应重视民族教育师资队伍的素质提高问题；为了避免朝鲜族学生流向汉族学校，制定有利于朝鲜族学生的行政、观念及经济

① 郑信哲：《略论朝鲜族教育发展现状及其对策》，载《朝鲜学（2000）》，2001年。

方面的规定与措施；鼓励朝鲜族生育第二胎等。[①]

朝鲜族已面临发展民族语言的挑战，这一挑战既需要外部的力量支援，也需要内部的能量储蓄。

散居在大中型城市的朝鲜族人群中越来越多的人希望自己的子女能够接受民族语言教育，留守在农村的朝鲜族人群希望自己的民族语言教育得到保存，对这种意愿，国家有关部门应予以重视，应对民族教育的现况做出必要的了解，制定出符合实际、切实可行的发展规划，从政策措施的倾斜、人才资金的投入等方面支持少数民族语言教育的健康发展。

而朝鲜族社会内部更是要探索出保护民族语言、民族文化，加强民族意识的发展性策略，从而进一步提高本民族的整体素质。民族语言的健康发展只靠外力是不可能实现的，来自民族内部的拥护及全民对母语的热爱和保护是民族语言健康发展的真正的生命力之源。此外民族学校不仅仅是教授民族语言的地方，它对学习、了解民族历史文化，提高民族意识、民族认同感有着不可替代的作用。由此看来，朝鲜族民族教育的振兴仍然是遏制朝鲜语流失现象的首要任务。

---

① 引自金菊花：《北京朝鲜族语言使用状况及语言态度》（朝文），载《朝鲜——韩国学研究（2005）》，2007年。

中韩拟亲属称谓语与文化的层次自相似性

申慧淑

如今在中国和韩国使用的社会称谓语里都有一种由亲属称谓泛化而来的拟亲属称谓。由于两国在历史文化上不可分割的渊源关系，因此，两国的亲属称谓体系比较接近，由此而来的拟亲属称谓也不可避免地具有很多相似之处。同时，由于政治文化经济等诸多因素，两国的称谓语系统也发生了相应的变化。浑沌学有一种分形理论，认为很多事物的部分呈现出与整体相同或相似的特征，这就是部分与整体的自相似性。部分中包含着整体的若干信息，了解了部分就可以知道整体的若干情况。语言是文化的一部分，通过语言的研究我们可以得到大量的文化信息，这就是部分包含整体所致。本文试图用浑沌学中的分形理论来解释称谓语与社会文化之间的关系，这里的称谓语指拟亲属称谓语。

一、一些直系亲属称谓语的泛化与其传统文化背景

在封建社会中，亲属关系是维系整个社会正常运转的力量之一，这种关系把亲属成员自然地组织成一个和谐的凝固体。在社会生活中，人们更希望用这种关系作为一条纽带，把社会的其他成员联结起来组成更大的群体。因此亲属关系便被推广到社会生活的各个方面，造成了亲属关系的泛化。中国和韩国的拟亲属称谓里，有些在使用范围和情境方面无差异，有的则差异较大。在这些共同点与不同点背后，都隐藏着深刻的传统文化的异同。以下我们以图表展示一些较常见的中韩拟亲属称谓。

汉语	使用对象与场景	韩国语	使用对象与场景
爷爷、奶奶	对认识或不认识的年迈者（通常是儿童和年轻人使用）	할아버지,할머니	对认识或不认识的年迈者（通常是儿童和年轻人使用）
叔叔	少儿和年轻人对非亲属男性长辈最常用的称呼，也可用于恋人称呼对方的父母	삼촌	年纪较小的人对与自己父母年龄相仿的男性的称呼。（但不能用在恋人父母的称呼上）
阿姨	少儿和年轻人对非亲属女性长辈最常用的称呼，也可用于恋人称呼对方的父母	이모	年纪较小的人对与自己父母年龄相仿的女性的称呼。（但不能用在恋人父母的称呼上）
大姐	对陌生的平辈或年长（有时也根据礼貌原则用于小于自己的）于自己的女性使用	아줌마	对陌生的已婚女性、不熟悉的朋友之母亲以及邻居的称呼（与年龄无关），也可用于从事服务行业的或小本生意的女性

续表

汉语	使用对象与场景	韩 国 语	使用对象与场景
大哥	对陌生的平辈或年长（有时也根据礼貌原则用于小于自己的）于自己的男性使用	아저씨	对陌生的已婚男性、不熟悉的朋友之父亲以及邻居的称呼。（与年龄无关）也可用于从事服务行业的或小本生意的男性

汉语中的“叔叔、阿姨”比韩国语里的“삼촌\이모”使用范围宽，一般是少儿使用，成年以后较少使用，而且一般是称呼较熟悉的人。对于陌生人的称呼，韩国语中“아줌마\아저씨”两个词在社会中使用频率极高。这两个词有时相当于汉语的“服务员、小姐、师傅、大妈、大姐、大哥、老哥”等，其使用范围相当宽，但从社会地位上来说，集中在普通老百姓群体上，韩国社会普遍承认的高学历高收入人群身上较少使用。“爷爷、奶奶”这两个词，在中国一般是儿童或年纪较小的人使用的拟亲属称谓，但在韩国，一般不受年龄限制，一个四五十岁的人如果碰到七八十岁的老人，也可以亲切地称其为爷爷、奶奶，再则使用人群更广。韩国语中的“哥哥”(오빠，这是女性称呼兄长的用语，男性不用)、“姐姐”(언니，这是女性称呼年长的姐姐的用语，男性不用）这两个词是有特殊含义的。“哥哥”本来是女性称呼家中比自己年长的兄长的用语，现在可以称呼认识的比自己稍年长的男性，有时也可以是一对恋人之间女性一方对男性的称呼。“哥哥”和“姐姐”本来是在家族内部使用的称呼语，但在韩国其使用范围与频度已大大超出了这个范围。大学里的学姐学妹称为“哥哥姐姐”，歌迷影迷们称自己的偶像时也是“哥哥姐姐”，

在单位共事的同事之间私下的场合里也称为“哥哥姐姐”，甚至一个年近60的老奶奶如果喜欢一个20多岁的歌手称她为“哥哥”也毫不奇怪。只要不是初次见面，稍微熟悉之后称呼就可以变成“哥哥姐姐”。“姐姐”还有另一种使用方法，服务业或一些单位的行政人员也被称为“姐姐”。在餐厅等服务场所，我们常能听到年纪大的男性也用姐姐来称呼年轻的服务员，这显然违背了称呼语的两个原则：其一，长幼有序的原则；其二，根据性别使用不同称呼的原则。但这种称呼已被社会广泛地接受，听者与话者并不会对此介意。

“爸爸”和“妈妈”在汉语中一般不能称其为拟亲属称谓，因为在没有亲缘关系的人之间一般不能使用。韩国语中的爸爸、妈妈却已经成为了某种社会称谓，使用较为普遍，当然这里有一些前提，如当话者知道对方是某个孩子的父母或当场见到了孩子谈一些与孩子有关的问题时可使用此称呼。如开家长会时班主任对家长的称呼，在医院小儿科护士或大夫对小患者的父母的称呼等。另外遇见与自己父母年龄相仿的长者时也经常使用。虽然在中国，某些场合也有可能出现这种情况，但仍是极个别的，而非普遍的。

综上所述，比较一下中韩两国直系亲属称谓的泛化情况，有很多共同点。对一些没有亲缘关系的人使用家庭中的称呼语，反映了以家为中心的儒家文化印迹，也反映了两国人习惯于将“他人”拉入家庭范围内以此获得心灵上的某种亲密感的思维方式。但是韩国社会中直系的拟亲属称谓其使用范围远比中国要广泛，使用频率也更高。如“爸爸、妈妈、哥哥、姐姐”都是在中国较少用的拟亲属称谓，“爷爷、奶奶”虽然两国都可以作为拟亲属称谓，但在韩国使用范围更广，使用者的年龄不受限制。我们可以从两国的传统文化发展、现代社会以及家庭结构中得到答案。中国在漫长的封建统治体系中，维持了以儒家思想为核心的传统文化结构，韩国从中国吸收接纳儒家思想以后直到现在，整个社会崇尚儒教、信奉孔子的风气与中国相比更加浓厚。现在的韩国仍是等级森严的国家，长幼有序的理念已渗透在家庭、社会、职场各个领域，是生活在韩国的每一个人必须遵守的准则。在学校里，同学之间是有严格的先后辈等级的。在职场，按年功序列来升迁仍然是比一个人的能力更为重要的准则。在家里，以爷爷、父亲、长子为中心的体系也是严谨的，不可动摇的。从家到国家，都已是井然有序的整体，所以把家的概念扩展到整个社会，把家庭里的语言行为准则进一步施用到社会便是很自然的过程。因此，在韩国直系的拟亲属称谓如此发达便毫不奇怪了。以儒家思想为基础的整个韩国文化体系当中，称谓文化是很好地反映整个文化体系的具有典型性和代表性的文化。通过称谓文化，我们也可以窥见整个韩国文化体系的全貌。

二、汉语中特有的拟亲属称谓

除了直系的亲属称谓向社会称谓的扩散之外，汉语中还有很多形式的拟亲属称谓。

(1) 姓 + 亲属称谓语，如张哥、王姐、杨叔、李伯伯

(2) 小 + 亲属称谓语，如小姐姐、小弟弟

(3) 大 + 亲属称谓语，如大爷、大伯、大叔

(4) 老 + 亲属称谓语，如老爷爷、老爷子

(5) 从儿（从孙）称谓语，如燕子他爷爷、军军他爸

(6) 最新用法，如的哥、倒爷、空姐、外来妹

这里的第一种形式在韩国语中也能找到相似的，不过不是姓 + 亲属称谓语，而是名字 + 亲属称谓语，在韩国社会，称呼名字时很少带上姓，一般直接称呼名字部分，连姓带名只有在非常正式的场合如考试、自我介绍等情况下才用，不然对熟悉的人用全名，会给人一种疏远的感觉。第 5 种形式韩国语中能够找到相同

的，而且也是较为常见的形式，不过这种称呼的背后恐怕却隐藏着不同的文化心理。在韩国，使用这种称呼更为常见，而且没有性别之分，男性女性都用，这对于讲究礼仪的韩国社会来说是非常实用的方法，既可以避免因找不到合适的称呼而引起的尴尬，也可以表示委婉和谦让。如两个女性同伴之间，由于男尊女卑的观念，女性不可能对女伴的丈夫直呼其名，如果使用从儿称谓，就又简便又可不触犯韩国社会的礼貌原则。在中国，这种用法多集中在老年人身上，年青一代较少使用，而且农村的使用频率应比城市高一些。汉语中女伴之间可以直接称呼对方丈夫的名字，不必遵守韩国这样严格的礼貌原则。第 6 种形式是较为有特点的，这种称呼给人的印象不是特别正式，登不得大雅之堂，有些调侃的意味在里面，但又给人亲切之感。韩国语里没有相应的形式，这些词要么用专门的名词，要么用动词加后缀的形式，不过此时就不是称谓语了，而且是带有贬义的。“小、大、老”是汉语中表示人的名词中常见的前缀，所以用这些词和亲属称谓组成称呼语也是有一定理据的。

汉语中的拟亲属称谓从形式上更为发达、形式更为多样，这与汉语的丰富多彩的方言有关，也与改革开放后复杂的社会环境有关。韩国语中直系亲属称谓泛化之后与上述的第一种第五种形式一起使用，并没有造成社会称谓的缺环现象，因为直系称谓泛化以及其他社会称谓虽然整体数量比中国少，但这些称谓已经深深地扎根于社会结构中，其形式已稳固，并被大众所认可。所以韩国的社会称谓形式上不像汉语发达，但使用频率较高，称谓语较实用方便。即韩国的拟亲属称谓少而精，纵向发展趋势更为明显，这也符合纵向等级森严，严格区分长幼的社会伦理观念。而中国的拟亲属称谓根据场景、对象、年龄等因素划分为很多形式，使用规则细而杂，这与当前中国多样的意识形态、复杂的人际关系、多变的社会环境是一致的，更多地是一种横向的发展。

三、中韩拟亲属称谓的变化趋势及其文化根源

拟亲属称谓从古代就有，很多古典名著中拟亲属称谓的使用正成为大家关注的焦点。新中国成立和改革开放是中国社会称谓语产生明显变化的两个重要时机。这些变化包括：(1) 对众人的合称，基本上不用拟亲属称谓，如弟兄们、姐妹们等已较少使用。(2) 对社会个人的称呼，使用各种拟亲属称谓的现象大为减少。取而代之的是一些职务名称、世界通用称呼。(3) 一些拟亲属称谓被简化，同一辈分的两个称呼往往合并为一个，如过去的大妈、伯母、大娘等正被阿姨取代。(4) 某些拟亲属称呼出现打破辈分年龄界限的扩大用法。(5) 有的群体开始流行新的拟亲属称谓，如哥们儿、姐们儿。而且由于社会经济发达、人际关系复杂，各种带有讽刺、调侃、褒奖、憎恶等情感的新式称呼正在出现。以上变化显示出来的主要趋势有四个，拟亲属称谓的数量在减少，有的称谓已经或正在消失；多数拟亲属称谓适应对象的范围比以前缩小，使用频率比以前降低；同一序列即同一辈分的两个（套）称呼走向合并，大多从长不从幼；跟着复杂多样的现代社会发展，产生多彩的新称谓。之所以出现这样的情况，可能有这样几个原因。(1) 宗法家族观念逐渐淡化，亲缘纽带的中介作用削弱。(2) 严格区分行辈序次、注重名分尊卑的观念基本破除，承认人格平等。(3) 繁文缛节不受欢迎，科学精神受到崇尚。(4) 人际关系变得更为复杂，交际形式多样化。

在韩国，拟亲属称谓的形式不像汉语中那么多样复杂，主要是直系亲属称谓逐渐扩散到社会作为社会称谓在使用。跟汉语比起来，拟亲属称谓的数量没有那么多，但是韩国社会中的拟亲属称谓无论是纵向的还是横向的，都比汉语中的使用更宽更深。韩国语中的拟亲属称谓在有些趋势上具有与中国相同的特点。如：(1) 一些拟亲属称谓被简化，同一辈分的两个称呼往往合并为一

个。(2) 某些拟亲属称呼出现打破辈分年龄界限的扩大用法。但是另一方面又出现了与中国不同的特点。如：(3) 有些只适用于男性或女性的称谓已打破其界限，变成不分性别的称呼语。(4) 拟亲属称谓未呈现出明显的萎缩状，反而有增加和更为发达的迹象。(5) 有一种逆向的趋势，即在家庭内部使用社会称谓。常有年迈的父亲称自己的儿子为某社长或某支行长，这种称呼有蔓延的趋势。到目前为止，在韩国社会，儒家传统文化的根基还十分牢固，社会等级森严，长幼有序的理念不容许破坏，序列意识根深蒂固，与中国改革后的现状大有不同。因此，拟亲属称谓主要以直系的亲属称谓为主，而且没有萎缩的迹象，反而使用起来很方便、经济，越来越发达，这都与整个社会的伦理结构有关。在家庭内部使用社会称谓，一定程度上表明尊重家庭成员在社会上所争取到的社会地位与成果，这也从另一个角度说明整个韩国社会都十分重视以序列为中心的人际关系。

小　结

语言是一种文化现象，是文化总体的组成部分，是自成体系的特殊文化。称谓语由于它自身的特殊性，具有较高的研究价值。每种语言的称谓语都是一个完整的体系，横向地说它可分为亲属称谓语与社会称谓语，纵向地说亲属称谓语又根据辈分以及亲疏远近可分很多类型，社会称谓语又可以根据年龄、性别、职位、情景等很多因素来划分。因此语言中的称谓语能够最为忠实地反映那个文化。中国和韩国的拟亲属称谓，由于其历史上的渊源关系，具有相同的文化根基，但随着时代环境的改变以及思想观念上的深刻变化，两种语言中的拟亲属称谓都各自有了新变化，这种变化也很好地反映了各自的文化。这种语言结构与文化结构的对应当然只是两种体系的一部分，并不能完全凭此判定语言系统与文化系统的关系，但研究称谓语至少是把语言与文化连接起来的很好的一个接面，尤其拟亲属称谓又是家庭与社会的桥梁。如果我们要对拟亲属称谓的变化以及未来的趋势做出客观合理的解释以及预测，那么没有对社会文化环境和伦理观念的剖析是不可能的。

回族语言形成和运用中的浑沌学因素分析

李 敬

据2000年全国第五次人口普查统计，回族人口数为9816802。散布在我国2000多个县、20多个市中，是我国少数民族中人口分布最广的一个民族，也是我国信仰伊斯兰教的十大民族中人口最多的一个民族。

回族目前通用语言是汉语，绝大部分回族人操汉语，基本上是居住在哪个汉语方言区的，就讲这个方言区的方言；有的还兼操其他少数民族语言；有的单操其他少数民族语言，不会汉语或会得很少。但作为一个年轻的民族，其形成发展初期的语言并非是汉语，回族语言的形成有其漫长渐进的演变过程，同时回族语言的运用也有其特点。

一、回族语言形成中的非线性因素分析

回族语言的形成是一个非线性过程，是一个多种因素共同作用的复杂的非线性浑沌演化过程。

回族语言的形成与回族这个民族的形成同步。回族先民来源上呈多元化特征。根据史学界、民族学界大量研究成果，回族的先民最早一部分是唐宋时期到中国侨居或定居的阿拉伯人和波斯人，大部分则是13世纪初被东迁的中亚、波斯和阿拉伯等各民族的人，以及自愿东来的商人；北宋至明朝年间从越南占城分几批由海路来到中国海南的南洋穆斯林；以及后来逐渐汇入回回民族行列的中国土著民族：维族、蒙族、汉族等。回族先民来源的多元化，决定了他们语言的多样化。回族先民入驻中国初始，都

操用着各自的母语，回族由多种语言演变成普遍使用汉语的漫长历史大约经过了几百年，这期间，回族曾经历了三个语言使用阶段。

第一、不同来源的回族先民各自使用母语阶段

不同来源的回族先民初到中国时，分别使用着各自的母语。据目前的史料挖掘与各方面综合研究，证明回族先民至少使用过阿拉伯语、波斯语、古代维吾尔语、印尼语、蒙古语、藏语、傣语等多种语言。

第二、双语使用阶段

使用着不同语系语言的回族先民们在到中国内地后，在居住上呈大分散、小聚居的分布格局。由于长期和汉人接触交往，受到中国传统文化的深刻影响，也逐渐学习和掌握了汉语。他们在各自的聚居区内使用自己的母语，而在与其他派的穆斯林和汉人交往时使用汉语。长此以往，形成了普遍的双语使用现象。

第三、转用汉语阶段

回族先民中的双语现象在经历了几百年的过渡后逐渐趋于衰亡。明中后期以来，由于统治者推行同化政策，下令禁止胡语胡姓，不许回回人自相嫁娶，强迫回回人改变自己的生活习惯，从而加速了回族由双语转为单语—汉语的进程。汉语逐渐进入回族家庭，回族先民们的后代由于土生土长在中国，从小习得汉语，逐渐遗弃了母语，最终普遍使用了汉语。

回族语言形成的进程表明，这是一个由早期的语言多元化向后来一体化汉语的漫长渐进与演变过程。它不是一个线性过程，而是一个复杂的非线性浑沌过程。多语言的源起就显现出回族语言形成的非线性，回族语言可以说是多种语言经过长期历史的演化而成的。回族语言的形成历程完全遵循浑沌学理论所揭示的事物发展的过程：语言的调试与重构先由具体的个人按照随机的可能接触外来作用，然后做出纯个人的无序反馈的语言形式。当这

种无序反馈的语言形式持续一定时间和积累到一定量的时候，会引起该族群的多数成员的关注与模仿或引用，从而触及语言结构本身。回族先民刚刚来到中国不可能马上使用汉语，回族语言是在不断演变中逐渐形成的，经历了从多语到双语最后到完全转用汉语的过程。

同时可以看出回族语言的形成也是由多种原因作用的结果。浑沌学认为事物在动态发展过程中往往会产生意想不到的复杂性。包括两层含义：首先，系统时常由数量众多的成分构成；其次，系统的表现不是各个成分分别表现做积累而得的结果，而是他们交互作用的结果。回族语言形成的原因也不是单方面的，它的形成是一个非线性过程，充满了复杂性，各种客观的需要和现实的可能因素造就了回族语言，而且是长期历史发展的结果。回族语言形成的因素主要包括以下几点：

第一、回族先民的活动特点

中国回族最早的先民是来自阿拉伯、波斯的商人。由于以商业活动为主要目的，所以必须得学会汉语才能更为便利。

第二、回族先民人种的复杂性和内部语言不统一

回族先民来源复杂、民族众多，他们的语言也不统一，互相交流都有困难，所以有必要采用汉语这样一个共同语作为交流工具。①

第三、先民居住的特点

回族先民在历史的迁移中很早就形成了“大杂居，小聚居”的居住格局，长期处于汉语的包围中。在长期的交往中为了交流需要，最终放弃了母语而使用了汉语。

第四、回汉通婚

婚姻是影响语言一个非常重要的因素。回汉通婚必然影响回

---

① 杨占武：《回族语言文化》，第15页，宁夏人民出版社，1996年。

族的语言，使汉语逐渐进入家庭，进而加速了回族转用汉语的进程。

第五、强制政策的实施

明中后期以来，政治上的一些强制政策，客观上也加速了回族转用汉语的进程。上文已经论述到明中后期以来，统治者推行同化政策，下令禁止胡语胡姓，不许回回人自相嫁娶，强迫回回人改变自己的生活习惯，从而加速了回族放弃母语逐渐使用汉语的进程。

二、回族语言运用中的非线性因素分析

回族虽然转用了汉语但由于回族在宗教信仰、风俗习惯、民族心理等方面和汉族都有所不同，回族所使用的汉语呈现出一系列不同于汉语的特点，突出表现在词汇方面：在回族词汇中夹杂了很多阿拉伯语、波斯语借词，如“色俩目”、“朵斯提”等。除此之外，回族在运用汉语时，使不少汉语词汇回族化和伊斯兰教化，回族语言中许多汉语词汇通过独造、取意、拟古、别同等创造性发挥，被赋予了与普通汉语词汇功能不同的意义；某些词汇的构成方式、意义，也发生了转变，并在词法和句法上都产生一些与普通汉语不同的地方，从而使回族语言在结构上具有非线性的特征，使我们不能用普通汉语去线性地理解。如回族语言中的自造词语，这类词语大多是利用汉语原有的语素，组成带有宗教意蕴的词语。如：“讨白”意为做忏悔；回族穆斯林每次礼拜前都要洗浴，回族人称之为“净身”；“归主”意为死亡，也称“归真、归回、无常”；“赶刀”意为请阿訇或毛拉念经宰牲畜；“起指”就是高高地举起右手的食指，这是一种特殊的表示信仰的方式，同时也是回族穆斯林一种最重的发誓方式；“知感”意为感激，但主要表示对真主的感激，即回族所习惯说的“知感主”。此外再如：“天课”（伊斯兰教法定的施舍）、“教门”（回族对伊

斯兰教的称谓)、“从国”(遵守国家的政策法令)等。这些回族自造词语我们不能仅从汉语字面意思进行线性理解,他们被赋予了浓郁的伊斯兰教含义,仅仅把汉语字面意义进行叠加是不能真正理解其中的含义的。此外还有些回族词汇是汉语词语变义而成的。如“封”指封斋,“开”指开始进食。“穿衣”指的是回族经堂教育中经生毕业时的一种仪式:经生毕业时要由本教坊的穆斯林送他一件绿色大衣穿上,经过这种仪式之后就成了阿訇,回族称之为“穿衣阿訇”。“招认”意为承认赞颂真主,“没水”意为没有洗身、净身。此外这类词语还有:“老人家”(特指宗教门宦中的最高首领),“天仙”,(安拉的仆役)、“功课”(礼拜、祈祷等的总称)、“供养”(阿訇的薪水)、“散学”(送任期已满的阿訇回家)、“上殿”(上清真寺)等等。以上这些词语是汉语中原有的,它所表示的意义虽然和原来的意义大多密切相关,但和原义相比,这些词的意义大多经过引申,词义有所扩大或缩小,个别的词义已经发生了转移,具有明显的非线性,和普通汉语词汇的本意有根本的不同,我们不能简单地按汉语原义去解释。

另外,在回族习惯用语中还有一些由阿拉伯语、波斯语、汉语混合,按照汉语语法规则组合而成的一些比较固定的短语,如:“您伍玩儿各”:“您”,汉语;“伍玩儿各”,阿拉伯语;意为“您吉祥如意”。“做乃玛孜”“做”,汉语;“乃玛孜”,波斯语;意为“做礼拜”。有时甚至在一个短语中把几种语言的词汇混合在一起,如“克悉琐莱提真者玛里”,“克悉”意为“她”,波斯语;“琐莱提”,意为“容貌”,阿拉伯语;“真”汉语;“者玛里”,意为“漂亮”,阿拉伯语;整个短语意为“她的模样(容貌)真漂亮”。这种多语言混合现象及以上几种语言形式都表明了回族语言在重组和调整中发生了伸缩、折叠、离散和磨损等现象。回族语言在运用中具有明显的非线性特征,不像线性系统那样具有叠加性。

三、回族语言形成及运用中其他浑沌学因素分析

（一）回族语言形成中的分叉现象

浑沌学认为在系统演化过程中的某些关节点上，系统的定态行为可能发生定性性质的突然改变，原来的稳定定态变为不稳定定态，同时出现新的定态，这种现象叫做分叉。[①] 语言系统的分叉是由于语言演变过程中参数变化造成的。语言的演化是从言语的个人变异、细节变异开始的，这里边一部分能符合历史沿流的会保存下来。

回族先民由于各种主客观原因从操多种语言到使用双语以及到逐渐开始转用汉语，打破了原来多种语言的稳定态，进入了一种浑沌状态，最后完全转用汉语并在运用中形成了具有民族特色的回族语言，进入了一种新的稳定状态。从无序走向了有序，可以说在回族语言形成的过程中出现了语言的分叉现象。

（二）回族语言形成及运用中的自相似性

依照浑沌学理论，事物具有自相似性。语言与文化同构，两者具有自相似性。语言是人类最重要的交际工具，人类文化的代码。民族语言是民族历史的“活化石”、深层精神文化的表征。

回族全民信仰伊斯兰教，伊斯兰教可以说是一种世界性的文化，是一种社会形态，一种穆斯林共有的生活方式。正是由于有着共同的文化背景操着不同语言的回族先民才会选择同一种语言汉语来作为交际工具。回族语言特别是其中的民族特色语（阿拉伯语、波斯语借词及回族专用词语、句式）就是伊斯兰教文化的直接体现。在现在的回族语言中保留的阿拉伯、波斯借词，如“色俩目、朵斯提、接都哇，写伊扎布”等都是伊斯兰教生活用语，和回族文化紧密相关。可以说伊斯兰教文化是回族语言中的

---

① 苗东升：《浑沌学纵横论》第57页，中国人民大学出版社，1991年。

民族特色语形成的直接和根本原因。此外，回族语言（民族特色语）的功能用途与其他少数民族语言不同，它侧重的不是信息的表达而是情感的交流。民族特色语是一种回族文化、宗教信仰的外显、心理认同的表现。一声“色俩目”，“多斯提”立刻拉近了回族同胞之间的距离。尤其是其中的选择用语如“宰、壮”等，在汉语中完全有相应的汉语表达，但回族人必须用一种不同的方式表达，更彰显出回族语言对回族人民的精神追求与心理内核等文化内涵的表现。

（三）回族语言运用中的“蝴蝶效应”

对初值的敏感倚赖性是浑沌学理论中一个非常重要的概念，也叫做“蝴蝶效应”。它是指初始条件的微小变化可以对系统未来的表现产生巨大的影响。

把回族先民的母语文化作为初值来分析，回族语言在运用中的特点就表现出了对初值的敏感依赖性。回族先民的母语并没有完全消失，而是转为了回族语言的底层。回族语言在运用中保留的阿拉伯语、波斯语借词，以及口语中所带有的阿拉伯语语音，在一定程度上都是回族先民母语的遗留，表现出回族语言在运用中对先民母语文化这个初值的敏感依赖性。

（四）回族语言运用中“无序中的有序”

浑沌学认为浑沌并不是无序，而是无序中的有序，并且以有序为前提。上文提到绝大部分回族人操汉语，基本上是居住在某个汉语方言区的，就讲这个方言区的方言。中国七大方言区，各个方言语音、词汇等方面都有差异。从这方面来讲，回族语言具有无序性，但浑沌状态的本质不是无序和混乱的，而是无序中的有序。虽然回族语言地异言殊，但毕竟回族通用汉语，而且回族语言中的民族特色语具有超地域性，在不同地区的回族人民之间具有很强的通用性。甚至回族人的语音、语调都有内在的相似性。正是由于有了这些民族特色语，使各具特色的回族语言有了内在的统一，从无序趋向有序。

综上所述，回族语言在形成和运用的过程中呈现出一系列特点，而这些特点都蕴含着浑沌学因素。运用浑沌学理论来分析和阐释回族语言的形成与运用，或许会对这一问题会有新的理解和发现。

浅谈察布查尔县锡伯族双语使用中的浑沌现象

刘宏宇

概　　述

2006年7月我们对新疆察布查尔锡伯族自治县（以下简称察县）的锡伯族语言使用情况进行了调查，在调查中，我们掌握了察县锡伯族语言使用情况的一些最新资料，并利用这些田野调查的第一手资料对当前察县锡伯族的母语保持、双语使用、语言转用等三种情况进行了调查，调查的内容涉及语言使用范围、使用程度、家庭及社区语言、族际交际用语、语言选择、语言态度等方面。

我们在此次调查中共选取了四个调查点，分别是作为聚居区样本的孙扎齐牛录乡（五乡）、堆依齐牛录乡（四乡）；作为杂居区样本的察布查尔镇；作为散居区样本的种羊场。

对这三个区域的划分主要依据它们的民族人口情况和居住情况以及周边的环境情况。

聚居区的五乡总人口9208人，其中：锡伯族2549人、汉族2518人、维吾尔族1152人、哈萨克族2854人；四乡总人口7378人，其中：锡伯族1921人、汉族1997人、哈萨克族2422人。这两个乡的特点是，距离察布查尔镇较远，锡伯族人口较为集中，周围少数民族人口较少，均为农耕经济形态等。

杂居区的察布查尔镇总人口23393人，其中：锡伯族5406

人、汉族10024人、维吾尔族4338人、哈萨克族2993人。特点为，汉族人口较多，锡伯族居住较为分散，锡伯族人口较少，经济形态多样，农业人口很少。

散居区的种羊场总人口6671人，其中：锡伯族306人、汉族3591人、哈萨克族2159人。特点为，汉族人口占绝大多数，锡伯族人口少、居住分散，人口流动性强，主要从事农业生产等。

具体调查中，我们在各乡均选取锡伯族聚居村作为调查对象：五乡选取了孙扎齐牛录村、阿帕尔村；四乡选取了柏尔哈舍里村；种羊场选取了场部和五连。

在对各个类型区的调查中发现，他们的语言使用都表现出了很强的类型特点，总的来说表现在以下几个方面：

聚居区母语保持较好。双语中锡伯语水平要好于汉语及其他语言。锡伯语的社会功能强于其他区域。

杂居区的锡伯语保持及使用的情况较聚居区差但是比散居区好。双语中的汉语水平比聚居区好，与散居区基本一致。锡伯语的社会功能比起聚居区有所削弱，但强于散聚居。

散居区锡伯族人口很少且居住分散，锡伯语保持及使用情况较聚居区和杂居区为差。在双语中汉语的使用比例较其他两种类型区域的大。锡伯语的社会功能弱。

调查中所显示的这些情况总的来说是具有概括性和代表性的。但是正如我们所知道的，语言中不光有表现为线性的，可以用常规的语言学方法进行分析和解释的现象，还有许多是非线性的，具有浑沌特性的现象，这些现象往往表现出与平常我们所见到的语言现象大相径庭的“奇特的”表现形式。对待这些现象我们不能仅仅因为其不规则的行为方式而把它们当作例外放在一边或一带而过，因为“这种不规则行为不是可以忽略的例外现象，而是一类系统的通有行为”,[①] 在这些不规则的行为中往往蕴含着以往不为我们所注意的、但有时又是十分重要的语言现象。

以下就是在这次调查中所发现的一些语言浑沌现象。对这些非线性现象的分析将有助于我们开阔视野，并找到几点人类语言学调查中的非线性语言影响因素。

一、对初值的敏感依赖性——对锡伯语保持状态认识差异的分析

在对四个样本区的锡伯语保持状态的考察中，我们的问题是：“您认为目前锡伯语的保持状态如何?”因为语言的使用是外显的，每个人都会通过对周围人使用一种语言的情况感受出这种语言的活力如何，所以通过居民的自我认识进行分析，可以了解他们周围锡伯语的保持情况。

在对四个样本区的数据进行统计后得到了图 1 的数据，从中我们可以看出不同样本对母语保持现状的不同认识，孙扎齐牛录乡样本中有超过 73%的人认为母语保持状态处于一般或以上，处于散居区的种羊场也有 70%的人持相同观点。堆依齐牛录乡有超过 58%的人认为锡伯语现处于弱化或濒危状态，察布查尔镇有 66%的人认为锡伯语现处于弱化或濒危状态。

从中我们不难发现，虽然同为聚居区，孙扎齐牛录乡和堆依齐牛录乡的数据却大相径庭，认为锡伯语保持状态处于一般或一般以上的孙扎齐牛录乡占到样本总数的 73%以上，而同为聚居区的堆依齐牛录乡只有 42%的人持有相同观点。

但是在我们实地访谈和了解中发现，这两个乡的锡伯语使用及保持情况并没有很大的差异，锡伯语的保持和使用情况普遍较

① 苗东升、刘华杰：《浑沌学纵横论》，第 70 页，中国人民大学出版社，1994 年。

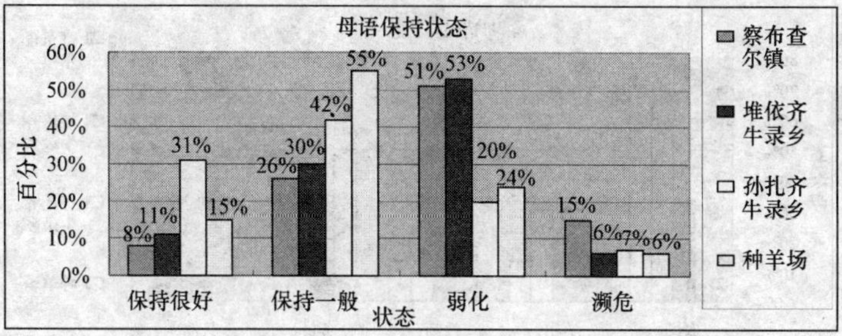

图1　母语保持状态

好，锡伯语的社会功能较强，不论是在家庭还是在社区锡伯族之间进行交际时普遍使用锡伯语，而且周围有相当一部分其他民族通晓并使用锡伯语作为族际间交际语言，人们对自己母语普遍怀有很深的感情。

两个聚居区的客观条件非常近似，可是在这项调查中的结果却存在如此大的反差，从而表现出一种非线性的特征来。浑沌学理论表明，哪怕是从极其相近的两个初值出发的两条轨道，在短时期内似乎差距不大，但在足够长的时间后，就有可能产生非常大的差异，这就是浑沌学中“对初值的敏感依赖性”，同时也是浑沌运动的本质特征。两个聚居区对母语保持状态认识在环境相似的情况下所表现出来的浑沌正是与其初值有关。

我们进一步分析了这两个村中存在的其他可能的影响因素后发现了这样两组数据：

在比较分析了两组数据之后，我们找到了使两个聚居区被调查者对母语保持情况认识出现浑沌的初值：从图2、图3中可以看出，堆依齐牛录乡和察布查尔镇的样本中职业为公务员和文化程度为高中或高中以上的样本数远远高出孙扎齐牛录乡和种羊场两处。同为聚居区的堆依齐牛录乡有比较多的公务人员，这部分人普遍有着较高的学历和文化素质。

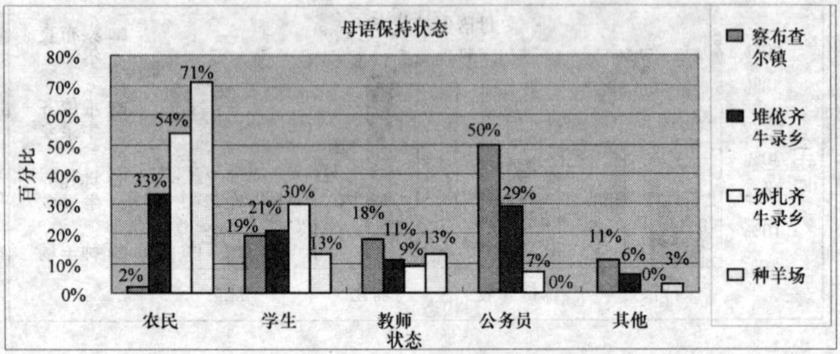

图 2 母语保持状态

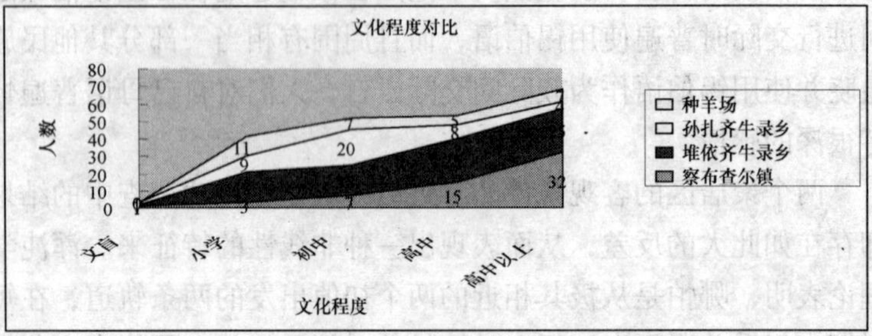

图 3 文化程度对比

公务员阶层由于与外界的接触多，再加上汉语在公共场所的强大功能，使得锡伯语在这个阶层的功能处于弱化状态。这也反映了虽然锡伯语是察布查尔县锡伯族自治县主体民族的语言，但作为行政用语的职能却是有限的。据了解，现在察县的政府工作会议和公务活动中多使用汉语，在县人代会、政协会议上使用汉语和锡伯语，而锡伯语也主要是通过分会场提供口译。相对高的文化素质也使得堆依齐牛录乡的公务员和察布查尔镇的受调查者一样更加清楚地感受到母语的危机。所以同样为聚居区的堆依齐牛录乡的样本与孙扎齐牛录乡的样本有一定差异，而与杂居区的察布查尔镇相同。

同样是受职业和文化素质的影响，聚居区的孙扎齐牛录乡和散居区的种羊场则因为样本为随机抽取，其中文化素质较低的农民的比例很高，所以在对母语保持状态的认识上有着很大的一致性。

正是在我们调查时抽取数据原则的差异，即在堆依齐牛录乡没有采取与孙扎齐牛录乡一样的随机抽样的原则，而是突出了文化素质为基础的社会职业因素，从而造成了初值的不同，最终使得对职业这个初值敏感依赖的语言保持状态的认识系统呈现出了浑沌的状态。

在人类语言学田野调查中，我们可以有意地在控制某些变量的情况下突出另外一些变量，这样可以更加清楚地分析出这些变量的特征，在这里，我们在控制了居住环境、年龄、性别等变量，突出了以文化素质为基础的职业变量，这样就清楚地看出了这一变量对语言认识和语言使用的重要影响，从而分析出了在察县锡伯族聚居区这个特定环境下对语言认识的一个重要的初值条件。

二、奇异吸引子——对语言转用者的态度差异分析

由于存在着转用汉语的锡伯族人群，这使得锡伯族对本民族的这部分人所持的态度更加值得关注了，因为对这些人的态度实际上反映了锡伯族对待汉语的态度和对语言选择的态度，这对锡伯族语言的选择和使用是一个非常重要的影响因素。

从图 4 中可以看出，在聚居区的两个乡和种羊场，对语言转用者的态度是较包容的，但是恰恰相反的是在环境最为开放的察布查尔镇中，对语言转用者的态度却比较严格，对转用汉语者认为“不应该”或“瞧不起”等消极选项的占到了样本总数的52%。甚至高于聚居区的两个乡。

通常我们认为民族认同、民族关系、职业、受教育程度、性

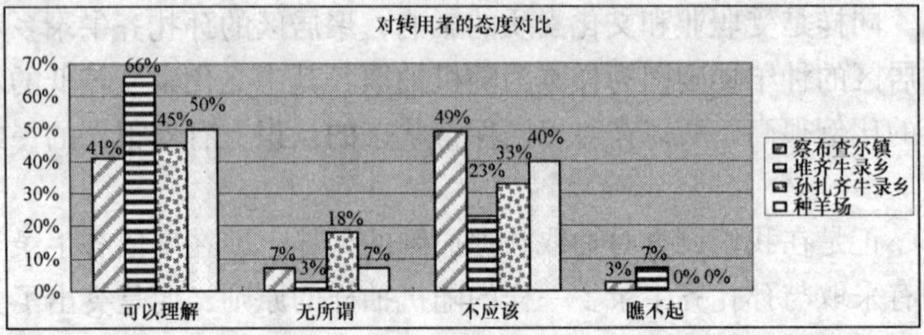

图 4　对语言转用者的态度

别、年龄等变量往往对语言态度有不同程度的影响，而这些因素又与语言态度呈正相关，即变量越具有开放性语言态度就越开放，因此，往往是杂居区居民的语言态度更加开放，但是在这里却呈现出了一种非线性的浑沌的特性。浑沌学理论告诉我们“一个奇怪吸引子就是某个浑沌系统的核心。”① 那么在这里什么成为造成察布查尔镇锡伯族居民语言态度陷入浑沌的奇异吸引子呢？

处在城镇这个相对开放的环境中，对外界事物的接触就更多，锡伯族居民比聚居区的居民们更能深刻地感受到外来文化的强烈冲击，这种冲击当然不可避免地会反映在语言上，面对母语在功能、信息承载量等方面的劣势，锡伯族居民们承受了更大的压力，他们一方面渴望自己的母语能够传承和继续，可是又不得不面对母语日渐衰落的痛苦的现实。这表现在，在问卷中他们普遍希望自己的下一代精通自己的母语，可是在我们实际调查中了解到，他们更多的是选择了把孩子送到汉族学校，因为锡伯语学校“学习锡伯语会增加孩子的负担、对孩子将来的升学高考没有用处”。

① 洛伦兹著，刘式达、刘式适、严中伟译，周秀骥审核：《混沌的本质》，第 44 页，气象出版社，1997 年。

同时，较高的文化素质使得察布查尔镇的锡伯族有着更加强烈的民族意识，再加之近年来党和国家对民族工作日益重视，在爱新舍里镇成立了双语示范区，锡伯族的西迁节民俗艺术去年12月通过文化部审核论证，今年1月通过文化部验收，成为首批中国非物质文化遗产之一。这些都极大地激发了锡伯族的民族意识与民族自豪感。作为民族意识的一个分形，语言态度与其有着很强的自相似性，与强烈的民族意识相对应的是察镇锡伯族对母语的重视。这种强烈而复杂的感情使得察镇的锡伯族居民对自己身边语言转用者的态度相对比较严厉，尽管他们周围语言转用者的数量远远多于聚居区。

同样受较高文化素质和外界开放环境的影响，察布查尔镇的锡伯族居民在对母语保持着较强感情和美好希望的同时却又有着理性的认识，语言转用是一种客观的语言现象，它受到多种客观因素的影响，并不随着人们的意志为转移。因此，在所有的样本区中，只有察布查尔镇对转用汉语者没有选择“讨厌”这一选项。

其他区域的代表性的选择则反映了锡伯人对单语人的包容性，同时也反映了语言经济性的一面，面对汉语的强势冲击及社会环境的需求，锡伯族对在一定条件下失去自己语言的同胞更多是采取了理解与包容的态度。

正是强烈的民族意识使得在察镇这个开放的社会环境中人们并没有表现出相应的开放的心态，民族意识作为奇异吸引子的地位就显现出来了。作为一个奇异吸引子，受文化程度影响的民族意识使得察布查尔镇居民对语言转用者的态度变得较为严厉，脱离了由作为平庸吸引子的开放环境所导致的语言态度也较为开放的规律性，使得察布查尔镇居民的语言态度呈现出非线性的复杂特点；但同样是较高的文化素质带来的理性因素又作为一个奇异吸引子，使得由民族态度为平庸吸引子而造成的规律性——对语言转用者的严厉态度又出现了脱离常规的趋势，变得没有走向极端，而是向着较为平和的方向迈进。

在人类语言学田野调查中，尤其是在对语言态度等主观性较强的项目进行调查时，应该在考虑客观因素的影响的同时更多地寻找一些与民族意识、民族认知、民族性格等有关的主观性因素进行考察分析，因为在语言态度的认识上起决定性作用的奇异吸引子往往就隐藏于其中。

三、事物的螺旋上升的趋势——锡伯族母语学习与传承

我们在调查中还获得了这样的认识：锡伯族的双语现象是典型的，但同时又是复杂的，我们不能不相信调查的数据，但是有时事物的浑沌现象又会使数据背后所反映的真实特质不那么容易得到澄清。

就如我们的调查问卷中反映的，由于锡伯族的双语水平较高，而且双语化时间较长，再加上近年来随着社会经济的飞速发展，随着先进文化技术而来的汉语的社会功能越来越强大，在所有的区域中都有不同年龄段的锡伯族转用汉语的情况（图 5）。特别是在少年儿童中有很多的人已经大量使用汉语或者已经转用了汉语。但我们并不能立刻下结论说锡伯语将会在几代人后走向濒危甚至灭亡。正如我们更深入地了解后发现的那样，有相当多的锡伯族人，即使是在杂居区的锡伯族，他们小时候就已经转用了汉语，可是随着年龄的增大和文化素质的提高，使他们的民族意识也得到了增强，再加上周围仍然存在的语言环境，他们又慢慢地学会了锡伯语，并且他们对自己母语的感情更加深厚，在家庭中，他们又在刻意地对自己的子女进行锡伯族民族意识和语言意识的教育，这使得他们的后代又重新学习自己的母语了。

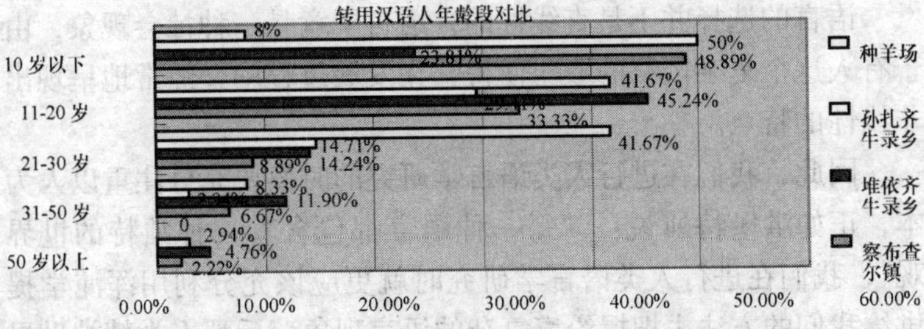

图5 同年龄段的锡伯族转用汉语情况①

在聚居区，转用汉语者也同样面临着一个语言环境问题，尤其是青少年，他们在上学时可能由于环境的转变和学习的需要转用了汉语，但是这些人会有一部分在结束学业后又回到自己的出生地工作和生活，浓厚的母语环境对他们也将会起到重大的影响，他们同样可能会学会自己的母语。也许这部分人数量并不是很多，但是只要周围的环境不发生特别剧烈的变化，他们就将是母语保持和使用的平衡力量。

锡伯族在母语学习与传承中这种曲折的轨迹，也呈现出一种浑沌状态，在母语保持和语言转用这两个端点之间，锡伯族所表现出来的语言选择正与浑沌学中所描述的事物的螺旋上升的趋势相吻合。

结　语

在语言学研究中运用非线性思维有助于我们透过复杂的语言现象去探究其背后更高层次的规律性。

① 由于30岁以上转用汉语的人数较少，所以将31—40岁、41—50岁两项合并为一项。

语言的选择并不是直线性的，语言毕竟是一种社会现象，由于有人这个复杂因素的参与使得它在发展过程中会经常地呈现出非线性的特点。

因此，我们在进行人类语言学研究的时候要充分注重以人为本，正如洪堡特所说："每一种语言都包含着一种独特的世界观"，我们在进行人类语言学研究时就更应该充分利用浑沌学提供给我们的方法去把握纷繁复杂的语言现象背后那人类精神世界的实质。

汉字：一个奇异吸引子

王　锋

一、关于奇异吸引子

奇异吸引子是浑沌学的重要概念，它是浑沌系统的本质特征。根据浑沌学的理论，奇异吸引子和普通的两种吸引子——定点和极限环（周期性的运动）大不相同。它有两个与极限环相区别的重要特性。一是它对初始条件极端敏感：一个被奇异吸引子捕获的系统，它的长期行为与其初始状态最细微的细节都有关；二是奇异吸引子是一个“分维体”。“分维”一词于1975年由曼德布罗特（Benoit Mandelbrot）提出，目的是要描述在不同尺度上都具有同样的不规则形状的奇怪几何。奇异吸引子的任何一个部分，都基本上具有该吸引子的全盘结构，这个性质也就是我们所说的“自相似性”。

当一个系统表现为奇异吸引子时，系统的运动会有如下特点：

1. 系统演变的过程不重复，轨迹不稳定。这是因为，在一个确定的临界点，微小的偏差会随时空变化呈指数函数放大，以致难以预测系统未来的发展状态。这就是浑沌系统的非线性特点。

2. 系统的轨迹虽然不稳定，仍保持其有序性。在浑沌流的作用下，系统的集合先是发散性的，沿最不稳定的方向发展。但这种发散又逃逸不出奇异吸引子的约束，结果，系统经由折叠、迭代而相互靠拢，分布在奇异吸引子规定的相空间，从而保持一种高级的有序性。

因此，用较为通俗的话来说，奇异吸引子就是指系统有一个或多个潜藏的规律或原则，它会主导系统的演变，虽然会导致系统的非线性发展，但在某一特定范畴内，它仍具有稳定的性质，是影响系统发展的重要因素。

二、汉字是汉语言文化系统发展的奇异吸引子

语言文化系统是典型的浑沌系统。在语言文化系统中，存在不同的奇异吸引子，导致语言文化系统的非线性发展。在汉语言文化系统中，汉字就是一个典型的奇异吸引子，它对汉语言文化的发展起着非常独特的作用。

汉字是世界上唯一使用至今的最为古老而又充满青春活力的文字体系。汉字作为“世界文字中最有独特性、最有民族代表性的文字”，[①] 它在汉民族文化中的地位是举足轻重的。汉字不仅是汉文化发展的承载体，又是汉文化的凝聚体，汉字在历史上所发挥的这种作用与其自身的根本特征是密切联系的。为什么说它最有民族代表性，就因为它在汉语、汉文化发展中独特的奇异吸引子作用。

汉字区别于其他民族文字的一些重要特点，学术界过去也早就注意到，但由于认识的角度不同，看法有所差异。例如，在语言和文字的关系方面，过去往往依据相关哲学理论来阐释，从而得出“语言第一性，文字第二性，语言决定文字，文字对语言的发展起反作用”的结论。这样的宽泛阐释还不能完全解决语言和文字之间的复杂关系。尤其是音、形、义都较为特殊的汉字，它在汉语和汉文化（甚至包括汉字文化圈的各民族文化）发展之间的地位和作用，更难以清楚把握。而在浑沌学理论框架下，这一问题可以得到更为全面的阐释。从下面的论述中，我们可以看到

① 《袁晓园汉字现代化方案简介》，第19页，中国展望出版社，1981年。

汉字作为一个重要的奇异吸引子，它在汉语和汉文化发展过程中所起的重要作用。这是一个新的视角，也是一种认识的深化。

按照前述关于奇异吸引子的相关论述，汉字作为奇异吸引子的作用可以从以下三个方面来认识：

1. 汉字影响到汉语的发展路径，导致了汉语非线性的发展。

2. 汉字保持了汉语言文化这一浑沌系统的稳定性。

3. 汉字的结构与汉语言文化系统之间有着强烈的“自相似性”。

三、汉字作为奇异吸引子的表现

（一）汉字影响到汉语语音系统的发展路径，导致了汉语语音系统非线性的发展

奇异吸引子在系统中的作用之一，就是它能够主导一些重要的非线性的发展。在汉语和汉字的关系方面，汉语在本质上决定着汉字书写符号系统的发展，但由于汉字音、形、义结合的特殊性，汉字的书写符号本身对汉语的发展也是有重要作用的。汉字的一些结构特点往往会导致汉语语音的变化。这些现象过去往往被认为是一种社会现象而被纳入社会语言学的研究范畴。

汉字读音有一种十分突出的类化现象，使来源不同或不同方言的多音字在读音上统一起来，如“洽”，正音是 xiá，现在读 qià，如“洽谈”读 qià tán，是从“恰”（qià）字类化而来；“谱”，正音是 bǔ，现在读 pǔ，如“乐谱”读 yuè pǔ，是从“普”（pǔ）字类化而来，等等。[①] 这是从汉字字音本身的发展来看问题。

在浑沌学的理论视野中，现在我们可以有新的认识。可以看到，上述的问题并非只是汉字字音的问题，而是汉字和汉语的关

① 聂鸿音：《中国文字概略》，第 112—117 页，语文出版社，1998 年。

系问题。汉字字音的变化，实际上是汉语语音系统的变化。以上的所谓“类化”，实质上都是汉字影响汉语而造成的重大变化。“谱”正音是 bǔ，而现在读 pǔ，因此，从《广韵》以来该字的一个重要语音发展方向消失了，这在语言系统的历史发展上是非常重要的变化。

汉语是一个大系统，汉字是汉语重要的子系统。这个子系统由于其有别于其他文字系统的音、形、义特征，所以往往会造成整个汉语系统的非线性发展。潘悟云教授指出，“谱”，正音是 bǔ，现在读 pǔ，实际上是北京话因为汉字形声字造字规律而导致的“有边读边”误读的结果。从这一个字读音的演变，我们可以有三个方面的认识：

首先，虽然“谱”字的误读一开始只是发生在部分北京普通老百姓中，但最后它扩散到社会各阶层，成为北京话的统一读音。又由于北京话是普通话的语音基础，因此，这一误读现在已发展成为全部汉语方言的共同标准音，这就是一个典型的对初值敏感依赖的演变过程。

其次，由于它本身属于误读，所以它的发展是随机的，跳跃性的，没有按照汉语语音的历史发展规律来演变，因此其发展过程就是浑沌系统中典型的非线性演变。

此外，这种非线性发展同时又保持其系统的稳定性，因为它并不是毫无根据的胡乱误读，而是以“普”字的读音为基础的。这是汉字作为奇异吸引子的典型表现形式。

作为奇异吸引子的汉字导致汉语的非线性发展，例子非常多，以下略举数例。矿，古猛切，应读 gong 上声。孪，生患切或所眷切，应读 shuan 去声。柯，古俄切，应读 ge 平声。祉，敕里切，应读 chi 上声。溪，苦奚切，应读 qi 平声。屿，徐吕切，应读 xu 上声。其共同的特点都是因特定的汉字形式和结构功能而造成读音的非线性变化。其内在的推动力是汉字特有的以“形声相益”为主要结构特点造成的“有边读边，无边读中间”以及“同偏旁字则同音”的认读模式。

还有一个很典型的形近误读例子。如：“证券”的“券”，去愿切，念 quan 去声，因形近“书卷”的“卷”，误读为 juan 去声，《新华字典》“券”字以 quan 去声为正音，但同时又补充注明：俗读 juan 去声，这已经在一定程度上承认了该错误读音的合法性。其他还有大量的所谓“别字”都有这样的特点。这类字共同的特点同样也是因特定的汉字偏旁而造成读音的非线性变化。

有的字原来有多种读音，后来统一了。如“滑”有 hua 阳平和 gu 上声两读。前者用于“滑冰”、“狡猾”、“光滑”等，后者仅用于“滑稽”。后来 gu 这一读音消失。“忾”字有三个读音，kai 去声、xi 去声、qi 去声，一般都误读为 qi 去声。又如“暴”字，“暴露”的“暴”念 pu 去声，“凶暴”的“暴”念 bao 去声，现在一律念 bao 去声了。这些字统一读音的潜在动力是字形相同，其中一种读音较为常见，使用频率高，其他各种读音最后都被其吞没。

另外，有的因为汉字形体改变和规范，导致汉语语音的变化。中国的语言规划，本质上是汉字规划。包括建国后汉字的简化，一些汉字形体有了较大的改变，造成起读音容易发生变化。

赵元任较早地看到了汉字对汉语发展的影响，在上个世纪50年代就在《语言问题》第八讲“何谓正音”中指出：“有时候错了，将错就错，错了几百年，没法子改了，就是错了几十年也很难改，就成了‘习非成是’的局面了，你要改了反而会觉得太怪了。还有一个趋向，就是凡是一个字虽然有几读、有几个反切，现在因为意思不同，或者文法上用处不同，应该有几读，而事实上有一个很强的趋向：凡是一个方块字都给它一个读法，不管是合是分。”[①] 在《什么是正确的汉语》一文中，他又强调：“只有闭眼不看语言演变的事实才能守住旧传统始终不变的错误观念。语言是在变的：或者通过语言规律有规则地进行，或者是通过方言间的借用不规则地进行，或者是通过有意识地立出新的规范，或者是在不知不觉之中因为错误的读法或对文献的误解。演变的最大的社会力量之一是中国人所说的‘习非成是’。错两次固然变不成正确，但是次数多了，什么错误都会变成正确。”[②] 其中前两者是传统语言学所认识到的，后两者即所谓的“有意识地立出新的规范”和“错误的读法或对文献的误解”，实际上说的正是汉字对汉语发展的非线性影响。

（二）汉字保持了汉语言文化这一浑沌系统的稳定性

语言的发展是一种浑沌运动，汉语的发展也不例外。由于我国境内民族语言众多，语言接触情况复杂，各民族语言有着长期的交流史，汉语系统长期处于一种不稳定状态，其非线性特征就更为突出。在这种系统高度扰动的情况下，汉语的不同子系统可能会沿各自的路线发展，进而发展为不同的语言。但事实上，汉语虽然方言差别很大，但并没有分裂为不同的语言。这里面的原因是多方面的，但汉字在其中的重要作用也早已得到公认。

如何看待汉字在汉语稳定方面的这个作用？过去常常简单地用文字对语言的反作用以及汉字的相对独立性来解释。这一解释本身并没有错，只是现在我们已不满足于这样的解释了。我们认为，作为汉语言文化系统的核心要素，汉字在保持汉语发展稳定性表现出来的就是奇异吸引子的重要特性，即奇异吸引子在导致系统非线性发展的同时，又约束着系统的发散性发展，从而保持

① 赵元任：《语言问题》，第119页，商务印书馆，1980年。

② “清华文丛”之四：《中国现代语言学的开拓和发展——赵元任语言学论文选》，第134页，清华大学出版社，1992年。

整个系统的稳定。

这种约束机制是如何实现的？简单地说有三个途径：第一，有文字以后所形成的书面语言可以使语言更好地进行规范化，有利于形成共同的标准语。第二，书面文献在时间上的传承和空间上的传播，都在一定程度上制约着语言变异的程度和速度。上述两个特点是各种文字共有的，这里不再展开讨论，主要谈谈第三方面，即汉字特有的符号形式和结构功能，使其在各方言的分化发展过程中表现出独特的内在规定性，约束着汉语语言系统的发展。

汉字对汉语的记录，采用了一种相当独特的方式，即以字形与语义直接发生联系，能够“形入心通”。因此，汉字便在一定程度上摆脱了一般文字对有声语言的依附性，而成为一个相对独立的信息传载的符号体系。汉字的字形蕴涵着丰富的信息，既利于认读，又给人以联想以至想象的余地。如“氵”、“口”、“木”等都是由事物的形状发展而来的。从“氵”旁，即可知其代表“水”，进而联想到水的自然容器，如江、河、湖、海、港；水的活动，如流、淌、泄、泻、洗；水产生的作用和影响，如湿、沉、浮、浸、溶；除水以外的液体，如酒、油、汁、汤、汗、泪等等。由于汉字强大的“以形表义”功能，使得汉字的符号系统不会因为口头语言的语音发展而发生巨大变化，保证了其突出的超方言功能。

同时，汉字在几千年的历史发展进程中，尤其是秦代“书同文”以来的两千多年间，汉字的造字方法、常用字数、字形、字义都基本保持稳定。这一特点非常关键。针对汉字特有的符号形式和结构功能特性，现代语言学的奠基人索绪尔作过精辟的阐述：“对汉人来说，表意字和口说的词都是观念的符号；在他们看来，文字就是第二语言。在谈话中，如果有两个口说的词发音相同，他们有时就求助于书写的词来说明他们的思想。”[①] 众所周知，汉语方言林立，相互之间差异极大，一些方言彼此根本无法通话。但通过汉字，不同方言间的人都可以进行交流。李约瑟说，汉语“虽然存在着许多不同的方言和口语，可是全中国人民却用古老的文言文作为统一的‘普通话’”。[②] 由于汉字本身所具有的“普通话”地位，它对汉语发展的规范作用就是非常清楚的。

这种规范作用最突出的例子就是秦汉以来各个朝代的“读书音”，即太学中诵读经典的标准读音，通过规范通用汉字的标准读音，对各地方言的发展起到重要影响。读书音是与口语相对而言的，实际上就是汉字的读音。中国古代最重要的韵书《切韵》，其读音的标准是什么，学术界一直有很多的意见，最近的讨论表明，《切韵》所依据的可能就是当时洛阳太学的读书音。这样一本韵书，对后代汉语语音发展的影响是举足轻重的。而从汉语各地方言中普遍存在的文读、白读两个系统，也可以很清楚地看出读书音对汉语方言发展的作用。

汉语各大方言之间历史上由于山川阻隔，加上与其他民族语言的接触和交流，相互之间差异越来越大。但由于通用汉字的存在，极大地减缓了各方言之间的分化进程，并使汉语各方言一直保持着汉语的共同属性。现在我们看到，北方方言和粤方言、闽方言、客家方言间虽然已很难通话，但相互之间在词汇、语音上的对应关系仍然是十分清楚的。这就与汉字的作用有密切的关系。从这个意义上说，汉字在维系整个民族的发展、促进语言的统一和民族文化心理的凝聚方面，都起着巨大的作用。

可以看到，汉字在汉语的这一发展过程中表现出来的就是奇

---

① F.D. 索绪尔：《普通语言学教程》，第51页，商务印书馆，1980年。
② 李约瑟：《中国科学技术史》，第1卷第1分册，科学出版社，1975年。

异吸引子的根本特点之一：在浑沌流的作用下，系统的集合最初都是发散性的，沿最不稳定的方向发展。但由于奇异吸引子的约束，系统经过复杂的非线性发展，最后又相互靠拢，分布在奇异吸引子规定的特定空间内，该非线性系统的稳定性得到保持。这就是浑沌系统发展特有的高级有序形式。

（三）分维与自相似性：汉字构形模式和民族文化心理

汉字承载着汉文化的继承、发展和传播，同时又是汉文化的凝聚体和重要组成部分。“一个民族的精神和文化素质固定由某一种文字形式来体现，在长期的历史承袭过程中形成一种习惯势力，使这种文字成为该民族文化的特点之一，成为该民族传统文化中重要的组成部分。文字的文化性质既体现在文字形式本身之中，也体现在用该种文字所记录的文献之内。”① 也只有从这样的视角去看汉字，将汉字和汉文化其他要素紧密联系，对汉字的认识才可能是较为全面和深入的。

汉字的构形，包括两个方面的内容，一是结构功能，二是形体特征。汉字的构形模式，是在汉字漫长的发展历史过程中逐渐形成的。这一过程，凝聚着汉民族先民群体的心灵智慧，展现着这一群体文化心理或思维模式的各个方面。

1. 学术界普遍认为，汉字的发展特点，和汉民族特别是汉民族先民思维方式的形象性，即具有注重经验的综合、直观感性顿悟特征的思维方式是有密切关系的。② 在造字时，汉民族要尽可能地做到以形表义，而在认字时，又总是习惯于以形及义。其“理据性”就是汉民族文化心理和思维模式的直接反映，具有高度的同一性，也就是我们所说的“自相似性”。

从结构功能上说，汉字的构形模式有如下几种：

---

① 张公瑾：《文字的文化属性》，载《民族语文》，1989年第5期。

② 刘志基：《汉字文化综论》，第251页，广西教育出版社，1996年。

（1）绘形象物。即“画成其物，随体诘诎”，就是用简洁的线条笔画把语词所指称的某一具体之物的形体或其重要特征描绘出来，让人一看就能知道这一符号代表的是什么内容，如“人”、“女”等表现了先民直观成像的思维经验。（2）烘托显物。既描绘出所指称之物的形体，又用与其密切相关之物的形体加以陪衬烘托，使其意义更为明确，如“元”、“眉”等字，反映了先民以相关事物彰显主体的联系性思维。（3）比形象事。把两个或两个以上代表某些客观物体的图像结合在一起，来表示某一语词的内容，如“北”、“休”、“采”、“从”等字，反映了先民对人的行为动作及自然现象的多种因素彼此关联的认识和领悟。（4）标记指物。利用在整个形体上加某种标记性符号，来表示该物体特定部分的意义，如“本”、“末”等字，反映了先民对事物整体与局部关系的认识。（5）借形寓意。即借用某一具体之物的图形来寄寓某种抽象的概念，表示语言中某一意义比较抽象的词，如指方位的“左”、“右”两字，其字形原来指左、右手，后借用为抽象的方位概念。（6）符号示意。采用纯粹的符号，代表语言中某些意义比较抽象的词。如“一”、“二”、“三”、“上”、“下”等，反映出形体符号化和概念抽象化的发展趋势。（7）合字会意。把两个以上的字组合在一起，构成一个新字，借助于构件字意义之间的联系，会合出某种新的意义内容，表示语言中的某个词，如“尖”、“吠”、“鸣”、“炎”等字。这种造字方式，建立在人们对构件字意义的联想思维的基础之上。（8）音义合成。既有在原有汉字上加注意符而成者，也有在原有汉字上加注声符而成者，此外还有选取音符和意符加以组合制造新字的方法。这一造字模式兼顾汉字音义，成为后来汉字造字的主要方法。汉字产生和发展的过程，也是汉民族认知体物的才智不断提高、不断细密的思维发展过程。①

从最初的绘形象物到后来的合字会意，再到后来在“方以类聚，物以群分，同条牵属，共理相贯”类族辨物的思维方式引导下，能够对文字符号“形”、“声”、“义”进行归纳分析，大量通过形符和声符组合造成形声字，可见，不仅单个的汉字符号在构形上体现出先民对事物的认识，汉字构形模式的历史演进更体现着汉民族先民心智、思维的发展历程。所有上述的结构功能，都可以概括为汉字结构功能的“理据性”。这是汉字区别于其他各种文字的重要标志。这一特点也使得汉字成为汉民族文化心理和思维模式的重要表现形式。

2. 汉字的形体特征方面所表现出来的民族心理因素也是值得注意的。汉字构形的首要特征无疑是其方块形态。方块形态不仅是现代汉字的特征，迄今为止所发现的最早的成体系的汉字——殷墟甲骨文，其中虽有合文以及字形大小不一的现象，但其字形大体都呈长方形。西周金文的方块特征更趋明显，如《宗妇鼎》、《宗妇盘》铭文，都是先画好方格再铸的，字体端庄严正，重心稳实。小篆以后，方块形体已成汉字定格，并一直延续至今。而汉字的这种方块特点，和汉族先民方形嗜尚的心理特征是密切联系的。在汉文化中，“方”是一个极重要也极具理想色彩的范畴。汉民族先民的空间概念，可用一个“方”字来概括，“方”可指“天下大地”、“四境之内”，也可指“邦国”。作为价值观念和审美意识的标准，“方”可以表示“道理”、“准则”、“楷模”、“礼法规矩”、“正直贤良”等等。因此，汉民族先民在生产、生活中，也都尽可能地符合这一标准，人们营造自己的生活空间，如房屋、院落乃至城市时都取方形结构。甚至连听觉、

① 孙雍长：《汉字构形的思维模式》，载《湖北大学学报》（哲社版），1990年第4期。

视觉、味觉上的五音、五色、五味等也都分别与“五方”（东西南北中）相配，也呈方块形结构。汉字方块状的形体特征，显然和汉民族这一文化心理是相适应的。

汉字除方块形特征外，平衡对称也是其构形的基本特征之一。无论是独体字还是合体字，无论是古文字还是隶化以后的隶书、楷书，汉字构形的平衡对称是始终如一的。虽然汉字笔画、线条变化繁多，但整个汉字的形体是整齐对称的，全字的重心位于方块的对角线交点上，显得端正典雅。在笔画、部件的处理上，长则短之，宽则窄之，有余则削，不足便补。为了保持汉字字形的平衡对称，在造字时甚至不惜牺牲字形表词的明确性或完整性，例如汉字形声字造字时常见的省形、省声就是构形追求平衡对称的重要手段。总的来看，汉字的方块形特征和追求平衡对称实际上是一个问题的两个方面，即汉字形体的方正平衡。汉字的形体特征并不是孤立的现象，而是汉民族文化心理的一种取向及其表现形式。表现在语言上，就是汉语词汇的双音节化。而在多音节词语中，又以四音节词占绝对多数。

可见，汉字在构形模式及形体特征诸方面，都和汉民族的心智发展、认知模式和文化心理等有密切联系。“我们说文化是整合的，指的是构成文化的诸要素或特质不仅仅是习俗的随机拼凑，而是在大多数情况下相互适应或和谐一致的。”① 这体现的就是一种自相似性。汉字和汉文化其他要素的关系，也正说明了这一点。也只有这样，才能更好地理解张公瑾先生“文字是一个民族文化的凝聚体”的相关论述。

① C. 恩伯、M. 恩伯：《文化的变异》，第 47 页，辽宁人民出版社，1988 年。

浑沌理论在公文写作教学中的应用

陈永莉

引　言

公文，古代亦称“书契”、“公牍”、“简牍”、“官文书”，是机关、企事业单位在管理过程中所形成的具有法定效力和规范体式的公务文书，它是传达贯彻党和国家的方针、政策，发布法规和规章，施行行政措施，请求和答复问题，指导、布置和商洽工作，报告情况，交流经验的重要工具。国家法定的行政公文有命令（令）、议案、决定、指示、公告、通告、通知、通报、报告、请示、批复、函和会议纪要 13 种。

浑沌理论研究表明，我们的世界是一个简单与复杂一致，有序与无序伴生的（偏序）世界，以往那种单纯追求有序、精确、简单的观点是不全面的，我们真正面临的确是一个复杂纷纭的世界。对任何人来说，任何简单片面的认识和行为都有可能欲速而不达，甚至会造成预想不到的结果。因此，有必要用浑沌新思维方法，对复杂性进行深入地研究和艰苦不懈地工作，以期全面认识研究对象，并找到解决问题的最好的方法。

公文写作是文科及管理类大学生的必修课程，由于公文本身的枯燥性、格式化等特征，往往在实际教学中致使学生厌倦它的学习。而在公文写作教学中应用浑沌理论，可以引导学生更好地认识公文的众多特点，促使教师改进教学的手段和方法，进而提高教学质量，收到事半功倍的教学效果。

一、浑沌理论在公文特点教学中的应用

在公文特点教学中，将公文的特点分为两类，一类是确定的共性的公文特点，即所有公文文种、在所有写作场合都具有的特点，另一类是不确定的随机的公文特点，即不同的公文在不同性质的工作单位、在不同的写作任务下具有的个体的特征。

（一）公文特点中确定的、共性的因素

第一，突出的受命性，又称被动性。公文写作完全是受命写作，起草者必须遵照社会组织的要求，表达全体成员的意愿，写作公务活动的内容。大多情况下，起草之前就要接受领导的具体指令，“遵命”写作。

第二，显著的目的性。一篇公文的写作目的是明确的、专一的，一定是为了办理某一政务或者事务。即使从文种来说也是这样。每一种行政公文都被国家最高行政机关在《国家行政机关公文处理办法》中规定了具体的目的和作用。

第三，读者的规定性。公文写作全都规定了自己的读者，用“主送机关”、“抄送机关”和“阅读（传达）范围”以及发文范围来表达。

第四，作者的集体性。公文常常由某个人执笔起草初稿，然后要有讨论修改，最终一定要由规定的人员或者领导来审核。有的公文则是由起草小组写作的。整个公文的拟写过程由几个环节构成。公文作者，是法定社会组织及其领导人。而由领导人署名的公文，其实也是以社会组织中最高职位来表示的，代表着社会组织整体。

第五，写作的规范性。公文的内容，是公务和对公务的认识，尽管要求新颖、深刻、精炼，但本质上还是社会化的、理性化的，甚至常常受到众所周知的法规政策的制约。公文的形式，

具有规范性。公文语言，是理性化的认识表达，更有许多体式用语。公文结构，比起某些文章的模式来更进一步，已经发展成为格式。行政公文的格式，由国家行政机关发布法规作为依据。

（二）公文特点中不确定的、随机的因素

第一，行文目的是不确定的、随机的。公文，是公务文书。“公务”的内涵表明公务活动是有组织和目标的，是在一定的目的下按一定的方式进行活动的，文字工作也不例外。每一份公文的写作目的都是不同的，或传达贯彻党和国家的方针、政策，或请求和答复问题，或指导、布置和商洽工作，等等。正确把握公文的写作目的是写出优秀公文的基础。

第二，公文的内容和观点是不确定的、随机的。每份公文反映的综合情况、包含的数据、所举的事例及思想观点都是不同的。这就要求平时注意收集、分析材料，而且“备料”一定要充裕，“材料”要包括思想观点，特别是一些带战略性的思想。

二、浑沌理论在公文语言教学中的应用

（一）确定的、共性的公文语言特征

第一、公文语言提倡简洁、精炼，所谓“要言不繁”、“惜字如金”

好的公文都有一个共同的特征：作者非常重视语言的提炼，力争做到言简意赅。党的十五大报告中的第一部分“三个伟人”、“三次巨变”的高度概括，便把自鸦片战争以来中国一个半世纪的社会历史进程阐述得十分清楚，极富内涵，是公文“要言不繁”的典范。公文语言强调简洁、精炼，才能最大限度地提高工作效率，才能准确反映社会生活、工作动态，以及据此确定的政策、措施，避免产生歧义或褒贬失当。公文语言简练，可产生严肃、庄重的效果，增强其权威性。

第二、公文语言贵在质朴、追求自然晓畅

公文应多用直叙性语言，开门见山，直叙胸臆。党的十五届四中全会上通过的《中共中央关于国有企业改革和发展若干重大问题的决定》，全文15000字，大量使用直叙性语言，语义明确，明白易懂。语言看似平淡，实际上寓意深远，概括力很强，虽然朴实无华，但并非随意道来，而是深思熟虑、独具匠心的结果。公文还应尽量使用大众化语言，不用冷僻字。

第三、公文语言应准确、规范

在汉语中，有大量的意义相同或相近的词汇，称为同义词或近义词。其实，即使是同义词，细细分辨起来还是有些微妙的差异。写作公文，必须在词语的细微差别和感情色彩上仔细斟酌，选择表意程度和感情色彩都恰当的词。公文写作语言的规范性，体现在句子上就是造句合乎语法规则、合乎逻辑。其次，句子中词语之间的搭配要恰当。词语相互搭配在一起，必须符合事理和习惯。

（二）不确定的、随机的公文语言特征

第一、恰当地引文和运用修辞手法，可使公文语言富于美感。

用典引故，是古代公文中常见的写作手法，用以增强公文的分量和说服力，现代公文中运用较少。但在某些特定情况下，如果用得自然、贴切，常会收到非常好的效果。例如，近年来，中央领导人在一些公开、重大、正式场合中的讲话，就很注意用典引故，使讲话具有很强的感染力和时代感。江泽民总书记在首都各界庆祝香港回归祖国大会上的讲话中，引用了一句古诗“海上生明月，天涯共此时”，接着说：“在今天这个美好的夜晚，澳门同胞、台湾同胞和海外侨胞也同我们一样，为香港回归这一民族盛事感到欢欣鼓舞。”由此转入有关澳门、台湾的话题，抒发实现祖国完成统一大业的殷切希望，体现出了浓浓的骨肉亲情。

公文也可以应用一些修辞手法，应用较多的是排比、对仗等句式型修辞手法。通常，使用排比可以使要说明的思想内容更加丰富，逻辑更加严密，层次更加清晰，气势更加恢宏；使用对仗可以使语言整洁优美，易于传颂，或从正反两方面说明，使说理更有力、更充分；使用短句可以较好地处理公文语言的节奏和韵律，读来抑扬顿挫，铿锵有力。

第二、公文中专门性惯用语的灵活使用

公文在长期的使用、演变和继承过程中，形成了一整套固定的专门性的惯用语，以体现公文内容的权威性、约束力和公文语体的庄重风格。如开端时用：据、根据、按照、遵照、为了、为、由于、对于、关于、兹有、兹因、兹将、兹定于等；称谓时用：我单位、你单位、贵单位、本单位、该单位等；引叙时用：前接、近接、据查、据了解、近悉、欣悉、收悉、阅悉等；经办时用：经、已经、业经、一经、复经、通过等；判断时用：系、确系、纯系、均系、纯属等；强调时用：须、必须、均须、务须、务必、务于、一律、一概、尤为等；期请时用：请、特请、拟请、务请、函请、希、望、希即等；协商时用：当否、可否、妥否、能否、是否可行、如有不当、如无不妥等；表态时用：可、不可、可行、不可行、同意、不同意、拟予同意、照办等；结尾时用：为要、为盼、此复、特复、此令、此布、此告、特此通告、特此函达等。这些惯用语依据不同的公文灵活使用。

三、浑沌理论在公文教学方法中的应用

浑沌理论运用到教学中，概括起来有以下主张：第一，改变单一的教学方法，倡导灵活多样的教学方法和手段，促使思想解放；第二，重视学生学习的主体性，促使学生了解自我并发展自己的潜能，培养学生独立思考与解决问题及运用科技与资讯的能力，重视学生的个体经验、个别差异以实施因材施教；第三，注重揭示系统之间的关系，包括人与人、物与物、人与物，培养学生在关系体系中探索新知、锐意创新。具体运用到公文教学中，有如下的教学方法：

（一）教师应在掌握公文整体体系的前提下把握公文写作的重点和难点

一门课程，就是一个系统。了解整部教材分多少部分，每一部分讲什么内容，各部分之间有什么联系。这样，就对这门课有一个大致的轮廓认识，就能从宏观上去领会掌握这门课的整体构成体系。一般的公文写作教材可分为上、中、下三篇内容。上篇为“公文写用总论”，讲述的是公文概念、公文的格式、公文行文规则、公文主旨、公文的材料、公文的结构、公文的语言等内容，这些内容是一般公文写作必备的基础知识与基本原理。中篇讲“行政公文的写作”，共有12类13种，是所有公文或应用文写作教材中较为重要的内容。下篇讲的是“杂体公文写作”。杂体公文有几十种甚至一百种，使用频率多、使用范围较广的12种是：计划、总结、调查报告、简报、大事记、讲话稿、条例、规定、办法、细则、章程、经济合同，这些公文比之中篇的行政公文，从格式及结构规范上，要稍为弱一些，但写作的难度及复杂程度上，却比中篇的行政公文要高。

对教材整体的布局谋篇的分析，一方面可以充分认识教材的学习目的与学习要求，另一方面在具体的学习过程中，还可以充分了解各篇章之间的联系与区别，并且可以更进一步认识各公文种类的规范特点。

（二）教材知识的讲授与例文阅读的讲解相结合

教材知识是系统化、理论化的实践知识，需要着意讲授，但如果在教学公文写作过程中，仅就事论事地让学生学习教材，理解教材，效果恐怕不会太好；如果能把教材的理论知识，基本原理与具体的公文实例结合起来讲解，那么，学生们学习起来，无论是对教材知识的掌握，还是写作能力、阅读欣赏公文的能力的提高都会有较好的效果。

例如，在所有的公文中，通知的种类最多，不容易记住。教师可找来各类通知，让学生了解钻研各种类型通知的实际例子，脑子里留住一批“案例档案”，这样，就容易理解通知的类型和适应范围：一是发布行政法规和规章，二是转发和批转文件，三是布置要办或执行的工作，四是告知需要周知的事项。将公文写作知识、写作原理相互融汇，掺杂在一起学习，就可以起到记得牢，理解得快，掌握得准的学习效果。

理论与实际结合，是我们一直在倡导的学风，公文写作是应用性很强的学科，学习中紧密联系实际，更是应该的，只有从实际中、从实例中不断学习，才能发现新的问题，并在解决问题的过程中不断提高自身的写作理论与写作水平。

（三）在公文文种的比较中使学生学习公文的写作知识

一个事物的特点，总是在同别的事物比较中显示出来的。为此，善于运用比较的方法，是辨识公文文种特点，掌握公文写作的重要途径。公文中，有一些文种极为相似，只有通过精心的比较，学生才能真正掌握它们的特点及写作方法。

例如，报告与请示两种文件，因为同是上行文，人们往往分辩不清，在工作中常常混用、错用。我们通过比较，是完全可以将两者区别开来，区别是：第一，从性质上看，报告是陈述性公文，是阅件；请示却是请求性公文，是批件、办件；第二，从内容上看，报告是汇报工作、反映情况、提出建议和答复上级询问用的，不能写请示事项；请示重在请求，要写清请示事项，要求上级批复；第三，从时限上看，报告是事后说明，请求是事前陈文，请示的发出机关，要等上级批复之后才能把请示事项付诸实施，决不能“先斩后奏”。这样一比较，请示与报告的不同也就一目了然了。学习公文写作知识，不能避免一定的知识记忆，但仅靠死记硬背，无助知识的掌握，只有通过理解、通过比较去记忆，才能有效地掌握与运用知识。

（四）学习、练习相结合是提高写作能力的根本途径

学习公文写作理论知识是完全必要的。现在各级机关公文写作和处理混乱现象还比较严重，重要原因是没有普及公文写作知识。但必须明白，记熟了理论知识，还只是第一步，这门课的最终目的，是提高公文写作能力。练习的方法有两种：一是在学习中练习写，即学完一章练习一两篇公文，如果能坚持这样做，整部教材学完，至少可以写 30 至 50 篇公文，那么，这时候公文写作能力一定有较大提高。二是在学习中练习修改有病误及格式问题的文章。现在在机关单位的文件及一些教材中有许多病文，在学习中我们可以找来，根据所学理论知识对其进行改写。改写病文，是提高写作能力的较为显著有效的途径。理解、比较、练习，是学习的基本途径，恒心、毅力、意志，是学习的必备条件，掌握了这些途径，具备了这些条件，才能把公文写作学好。除此之外，没有别的捷径。

四、结语

浑沌理论打破了牛顿以来决定论的传统观念。它指出，具体刻画浑沌运动的轨迹具有强烈的不稳定性，其突出特点之一是，初始条件如遇微小扰动就表现出极端的敏感性，简直是失之毫厘差之千里。在浑沌运动中，对长期以来社会的、经济的、气象的或生物的预测变得不可行了，浑沌系统表现出巨大的内在繁杂性、分叉性和随机性。这类繁杂性现象，即不可预测性、不可分割性和周期点稠密的浑沌现象，在自然界和社会领域层出不穷。将浑沌理论运用于我们的公文写作教学中，同样可以指导教学工作，起到事半功倍的效果。

试析萨丕尔《语言论》中的浑沌学思想

李素秋

语言是一个开放系统，在发展过程中，会受到各种内部因素和外部条件的干扰，呈现出既有规律，又无规律；既是线性，又是非线性的特征，所以语言的发展变化是一个浑沌运动的过程。以往的语言学家注意过这一现象，虽然他们没有运用浑沌学理论来分析语言现象，但论著中却充满了浑沌学思想。萨丕尔就是这样一位语言学家本文以其代表作“语言论——言语研究导论》一书为例，来探讨一下萨丕尔语言分析中的浑沌学思想。

一、语言是一个确定性系统

萨丕尔认为一种民族语言在产生之初就已形成了自己的语音格局和语法格局，“每一种语言都有一个具有特定格局的内部语音系统……在语法结构的层次上，语言也要求有一定的格局。这两种趋向于一定形式的、潜在而制约性很强的冲动，都自由自在地起着作用”①。由于格局的存在，人们在说话的过程中就会不自觉地遵循这一基本格局。“每个人在运用语言时所感觉到的那种几乎无限制的自由，实在是受制于一种不知不觉中起指导作用

① ［美］爱德华·萨丕尔著，陆卓元译：《语言论——言语研究导论》［M］. 第53页，北京：商务印书馆，2000年。

的规范的”[①]。“我们可以有意识的仿照老词创造新词，但是难得有新的词型被有意识的创造出来。同样，随时可以创造新的句子，但总是严格遵循着传统的路线”[②]。“内部的语音系统虽然会被机械地、不相干的现象掩盖起来，却是语言生命里一个真正的、非常重要的原则。甚至在它的语音内容久已改变了之后，它还能作为一个格局坚持下去，包括语音成分的数目、关系和作用”[③]。

萨丕尔在《语言论》中反复强调格局，他认为一种语言的语音、语法格局一旦确定就很难改变，语言的日后发展也都紧紧围绕着基本格局而进行。例如英语中的 camoulage（伪装）借自法语，但是 k、l 和 a 的发音，以及第一音节上的强重音，都是无意识地同化于英语发音习惯的结果。再比如乔叟时代古老的盎格鲁—撒克逊 ü（写做 y）由于非圆唇化而写成了 i，可是一组新的 ü 元音已经从法语传进来了（用在 due，value ，nature 这样的词里）。这个借进的 ü 没有保持很久，经过二合化后变成了 iu，和当地的 new，slew 等词里的 iw 混淆了。于是这个二合元音变为 yu，改变了音势——dew（来自央格鲁—撒克逊的 deaw）和 due（乔叟时代的 dü）一样了。因此萨丕尔得出结论“这样的事说明一种语言多么顽强地抗拒从根本上扰乱它的语音格局。”[④]

因此作为一个确定性系统，语言有着自己的格局，它无论如

① [美] 爱德华·萨丕尔著，陆卓元译：《语言论——言语研究导论》[M]. 第 132 页，北京：商务印书馆，2000 年。

② [美] 爱德华·萨丕尔著，陆卓元译：《语言论——言语研究导论》[M]. 第 32 页，北京：商务印书馆，2000 年。

③ [美] 爱德华·萨丕尔著，陆卓元译：《语言论——言语研究导论》[M]. 第 48 页，北京：商务印书馆，2000 年。

④ [美] 爱德华·萨丕尔著，陆卓元译：《语言论——言语研究导论》[M]. 第 178 页，北京：商务印书馆，2000 年。

何发展，都是紧紧围绕基本格局而展开的。

二、有序和无序

有序是指语言系统中有规则的一面，无序是指语言系统中无规则的一面。在英语中，通常使用附加成分-s表达复数，比如reforms，books，但同时也可以用不规则形式表达，如oxen，sheep，geese；通常用特定的后附加成分-ed来表达过去时，比如die-d，work-ed，但通过元音变换来表达过去时也不乏其例，如sing-sang，throw-threw等。

在希伯来语及其他的塞姆语中，动词一般用三个特殊的辅音来表达，比如sh-m-r（看守），g-n-b（偷窃）。这些辅音中间放置不同的元音可以表达不同的观念。如表达不定式可以加o，shmor（看守的不定式），gnob（偷的不定式）；然而不定式还可以按照其他元音变换的格式形成，比如动词后附加-t成分，ten-eth（给），heyo-th（是）。代词可以用独立的词表达，如anoki（我）；可以用前附加成分，如e-shmor（我将看守）；也可以用后附加成分，如shamar-ti（我已经看守过）。

在句子层面中，英语whom did you see？应该是一种标准说法，但到了百姓口中却变成了who did you see？

从上述例子中我们可以看出，语言系统中存在有序规则的同时，又大量充斥着无序的现象，从而使有序和无序交织在一起，使语言系统呈现出一种浑沌运动状态。

但是这些貌似无序的现象却又隐含着高度的有序。在英语中，百姓将whom did you see念成who did you see？是有其动因的。

根据萨丕尔的分析，原因主要有如下四点：[①]

1. whom 在结构关联中显得较为孤立，出现了平衡破缺。

	人称代词				疑问代词关系代词			
I	he	her	we	they	**who**	which	what	that
me	him	her	us	them	**whom**			

在上面的矩阵中，who/whom 有主、宾格形式，但又不是人称代词；如果作为疑问代词和关系代词，which，what，that 又没有宾格形式，所以 who/whom 在结构关联中处于不平衡的地位，整个矩阵出现了破缺。为了使系统重新恢复平衡，只有两种解决方法：一是删除 whom，二是为 which，what，that 创造宾格。但由于语言失去了创造新格的能力，所以只有选择放弃 whom。

2. whom 的语尾-m 使这个词在修辞效果上受到牵连，需要删除。疑问词置于句首，一般音势较强，同时要求不变格，但是 whom 作为疑问代词置于句首却使用了宾格形式，所以-m 需要删除。

3. whom 隐藏着一种矛盾：使用有语尾的宾格的句子的正常语序和使用疑问代词或疑问副词的句子的正常语序之间的矛盾。

1）a. I see the man.

b. The man sees me.

2）a. He told him.

b. * Him told he.

c. * Him did you see?

3）a. When did you go?

---

① ［美］爱德华·萨丕尔著，陆卓元译：《语言论——言语研究导论》［M］. 第 141 页，北京：商务印书馆，2000 年。

b. What are you doing?

c. Where are you from?

4) Whom did you see?

宾格的位置应该放在动词后，但 whom 现在却放在句首，而能放在句首的又应该是主格形式，所以 who did you see? 更符合要求，而 whom did you see? 应该退出历史的舞台。

4. whom 作为疑问代词需要加重说，但半长的元音后面是一个唇辅音，所以其后应该跟着一个轻快的音节。然而在 whom did you see 中，-m 后跟着的却是一个辅音 d，读起来很笨拙。虽然同时存在 what did 和 when did 的用法，可是 what did 和 when did 中元音较短，末尾辅音很容易融化在 d 里，并且 d 的舌位和 t，n 一样，显得稍为轻快一些。所以 whom 和 did 相拼时，如果删除 -m读起来会更协调一些。

由于上述四种原因，促使 whom 可能会在语言的沿流中消失。所以老百姓不受约束的口语形式 who did you see? 听上去虽不规则，但实际上却是一种有序的变异。因此萨丕尔感慨“没有受过教育的老百姓坦然地说 who did you see? 他们对语言的真正沿流比语言学者们嗅觉更为灵敏”①。

三、分　叉

语言系统在演化过程中，不断地伸缩和折叠会使语言处于一种强烈的非线性运动状态。当这种伸缩和折叠发生到一定阶段，语言就会发生定性性质的改变，从而出现分叉现象，即分化出不

① ［美］爱德华·萨丕尔著，陆卓元译：《语言论——言语研究导论》［M］. 第144页，北京：商务印书馆，2000年。

同的语言。萨丕尔认为“一种语言能在广大地区通行而不孳生方言，是极端可疑的。老的方言一经妥协而被磨平了，或是由于一种文化上占优势的方言的传播而被排挤了，立刻就有一群新方言起来瓦解这拉平作用”[①]。“指望地域上分散的语言沿着严格平行的路线发展，未免是奢望。如果其中一地的言语开始自发的流动了，它几乎肯定会离开它的伙伴们越来越远。”[②]。“久而久之，每一种方言本身又会分为次方言。次方言逐渐取得真正方言的资格，而原来的各种方言，发展成为互不相通的语言。这种萌芽过程会继续下去，直到分化如此之大，以致只有用文献证据和比较法或构拟法武装起来的语言学家才能推论出这些语言是在发生上有关系、而又代表着独立的发展道路的，或者说，是来自一个遥远的共同起点的”[③]。

从以上论述中可以看出萨丕尔认为语言是不断分化的。语言可以分化为方言，方言又可以分化为次方言 ，当次方言取得了方言的资格，原来的各种方言就可能发展成一种新的语言，从而出现了语言在历史发展过程中的分叉现象。

四、奇异吸引子

系统在演化过程中，由于内部随机性和外部的影响，系统并不总是遵循整齐划一的演变方式，而是会在其中出现变异，这样

① ［美］爱德华·萨丕尔著，陆卓元译：《语言论——言语研究导论》［M］．第135页，北京：商务印书馆，2000年。

② ［美］爱德华·萨丕尔著，陆卓元译：《语言论——言语研究导论》［M］．第136页，北京：商务印书馆，2000年。

③ ［美］爱德华·萨丕尔著，陆卓元译：《语言论——言语研究导论》［M］．第136页，北京：商务印书馆，2000年。

就会产生奇异吸引子。作为一种分形，奇异吸引子具有层次自相似性。它不是指局部和整体的完全相似性，而是指整体和部分都有层次性，部分的部分也有层次结构。原则上奇异吸引子是无穷嵌套的层次结构，它有自己的吸引域，并且与初值相关。

现在我们依然以 whom 为例来说明语言中的奇异吸引子现象。

如前所述，萨丕尔认为 whom did you see? 在语言沿流中消失是由四种潜在的因素导致的。但这四种因素并不是同时起作用，而是分不同等级、不同层次进行的①。

5）a. Whom did you see?

b. Whom are you looking at?

c. The man whom they referred to.

d. The man whom I referred to.

5）a 中宾格形式的 whom 是疑问代词，后面又紧跟着一个辅音 d，把 whom 可能消失的四个因素都占全了，所以可能最先消失。5）b 中 whom 虽然是宾格形式，也是疑问代词，但是其后紧跟一个元音，所以是 1、2、3 因素在起作用，消失会稍晚一些。5）c 中的 whom 是一个人称代词，放于句中，不强调重音，但它同样是以宾格形式前置，后面紧跟着的又是一个辅音，对其起作用的是因素 1、3、4，消失得会更晚一些。5）d 中的 whom 是宾格、人称代词、后面跟着元音，所以该形式消失最晚。

whom did 的消失存在着层次性，但与此同时它还与初值有关，因为它与语言的三个沿流相吻合：

1. 把主格、宾格抹平。印欧语中有 7 个格，在古日尔曼语里已经简化为 4 个。格变系统虽然大致完整，可显然趋向于进一

① ［美］爱德华·萨丕尔著，陆卓元译：《语言论——言语研究导论》［M］. 第 145 页，北京：商务印书馆，2000 年。

步解体。you 的主宾格形式一样，her 的宾格形式和所有格形式趋同，而且所有格形式的趋势限于有生命名词。所以 whom 的消失正是顺应了语言这种格位变少、适用范围变窄的趋势。

2. 英语的屈折形式越来越少，词本身的形式越来越不足以表达造句关系，所以词在句子里的位置就显得越发重要。宾格就应该放在宾格的位置上，而不应该占据主语的位置。

3. 符合了语言中趋向于不变词的沿流。语言一般都力求达到观念和词之间的简单对应，词越是不变越好。英语的词也是要求彼此之间有一定的距离，而不喜欢把意义上只有细微差别的词挤成一簇。whence（从哪里），whither（向哪里），hence（从这里），hither（向这里），thence（从那里），thither（向那里）不能存留至今，就是因为过分侵犯了 where（哪里），here（这里），there（那里）几个词的意义范围。who 和 whom 意义一样，仅仅是形式不同，因此有归并的可能，所以 whom did 的消失顺应了英语要求不变词的沿流。

在语言的发展过程中，由于各种因素的影响，whom 发生变异并可能会从语言的沿流中消失。但 whom 消失的四个因素是分层次的，消失的先后也是分层次的。语言是一个系统，内部具有层次结构，从这个意义上说 whom 与语言系统具有自相似性。同时 whom 的消失并不是毫无目的的，而是顺应了语言的沿流，与初值有关，所以 whom 是语言发展过程中的一个奇异吸引子。

五、对初值的敏感依赖性

对初值的敏感依赖性是指系统在运行过程中，由于受到各种因素的干扰，初值的微小改变会影响到后续过程的大范围变化，从而导致轨道发生巨大偏差，在相对空间中越走越远。比如

“脚”在西日耳曼语时代写作 fot-foti（复数），o 由于受到 i 的影响，变为 ö，即 foit-föti，从而导致一系列音发生了变化：tothi（牙）-töthi（复数）、fodian（“喂”）-födian（复数）。o、ö 在最初的变换中本来没有什么真正意义，后来就逐渐演变成了两个不同的元音。同样 musi（“鼠”的复数）中的长 u 由于受到 i 的影响变成 ü，即 musi-müsi，从而导致 lusi（“虱子”）-lüsi（复数），kui（“母牛”）-küi（复数），fulian（“玷污”）-fülian 等一系列音的变化。

但是 foti 发展为 föti 后并没有停止前进的脚步，而是继续演变，前后历经了 föti-föte-föt-fet -fit 的演变过程。这种语音上的变化经历了 1500 年的历史，并且它的影响远远超出了语音学的范围，而侵入了形态学的范围。因为语音的变化促使这些语言越来越多地采用了分析法和象征法。

萨丕尔为了更好地说明语音的演变，他列出 foot，feet，mouse，mice1500 年的演变简史①。

一、fot：foti；mus：musi（西日耳曼语）

二、fot：föti；mus：müsi

三、fot：föte；mus：müse

四、fot：föt；mus：müs

五、fot：fet；mus：müs（盎格鲁-撒克逊语）

六、fot：fet；mus：mis（乔叟式）

七、fot：fet；mous：meis

八、fut（押 boot）：fit；mous：meis（莎士比亚式）

九、fut：fit；maus：mais

十、fut（押 put）：fit；maus：mais（英语，1900）

---

① ［美］爱德华·萨丕尔著，陆卓元译：《语言论——言语研究导论》［M］. 第 161 页，北京：商务印书馆，2000 年。

萨丕尔同时还列出了德语的语音形式顺序。

一、fot：foti；mus：musi（西日耳曼语）

二、foss：fossi；mus：musi

三、fuoss：fuossi；mus：musi（古高地德语）

四、fuoss：füessi；mus：müsi

五、fuoss：füesse；mus：müse（中古高地德语）

六、fuoss：füesse；mus：müze

七、fuos：füese；mus：müze

八、fuos：füese；mous：möüze

九、fus：füse；mous：möüze（路德式）

十、fus：füse；maus：moize（德语，1900）

萨丕尔认为"今天的英语形式和今天的德语形式相象的程度，超过它们各自和西日耳曼语原型相象的程度，而它们都是从这原型独立发展来的。两个表都显出缩减非重音音节的趋势，都显出根本成分受到后面元音的影响而发生的元音音变，也都显出长的中元音舌位的提高（英语 o 到 u，e 到 i；德语 o 到 uo 到 u，üe 到 ü）和古老的高元音的二合化（英语 i 到 ei 到 ai；英语和德语 u 到 ou 到 au；德语 ü 到 öü 到 oi）。这些方言平行现象不可能是偶然的。它们都根源于一个共同的、早于方言的沿流"①。

从上面两个表中，我们可以看出"一种沿流，从语音的轻微调整和扰动开始，会在几千年的历程中引起最深刻的结构变化"②。同时"一个简单的语音规律，本身是没有意义的，最终

① ［美］爱德华·萨丕尔著，陆卓元译：《语言论——言语研究导论》［M］. 第162页，北京：商务印书馆，2000年。

② ［美］爱德华·萨丕尔著，陆卓元译：《语言论——言语研究导论》［M］. 第156页，北京：商务印书馆，2000年。

能感染或改造一种语言的成大片的形态”[①]。因为 o 和 e 的变换在后来的发展过程中已经成为区别单复数的手段，o 推广到所有的单数形式，e 推广到所有的复数形式，并且这种语音的变化促使这种语言越来越多地采用了分析法或象征法。

六、语言是一个非线性系统

把语言看成线性结构是美国结构语言学的观点。该学派认为语言是一个线形的二层结构，下层为语音，上层为语法。语言是由语素构成的线性结构，而语素又是由音素组合而成，因此可以说语言是由音素的线形结构组成。如果真的把语言看成是“音素—语素”结构，那么音素和语法、语义就没有关系了。但实际上语音系统和语法系统不是独立存在，而是相互依赖的。萨丕尔认为，有些语言声调上的差别会导致语法上的不同。例如，埃维语的 subo（伺候）可以造成两种重叠形式。一是不定语气 subosubo（伺候），它的前两个音节是低调，后两个音节是高调，一是形容性的 subosubo（伺候人的），所有的音节都是高调[②]。像前面所提到的 fot：fet 的变化也是超出了语音学本身的范围，而侵入了形态学的范围。因此语音系统和语法系统并不是毫不相关的两个系统。“每一个语言学家都知道语音变化时常引起形态上的重新布置，但是他往往会假定形态很少或完全不影响到语音历史的趋向。我以为，如今的趋势，把语音和语法孤立起来当作互不相关

① ［美］爱德华·萨丕尔著，陆卓元译：《语言论——言语研究导论》［M］. 第 172 页，北京：商务印书馆，2000 年。

② ［美］爱德华·萨丕尔著，陆卓元译：《语言论——言语研究导论》［M］. 第 71 页，北京：商务印书馆，2000 年。

的语言学领域，是一件不幸的事”[①]。因此如果把语音和语法看成是相互依赖的系统，那么语言线性结构的理论基础就受到了动摇。

语言结构的线性理论还把语言看成是一个没有弹性、僵硬的系统，持有这样的观点很难说明语言的演变。而萨丕尔则坚持语言是一个开放的、不断变化的系统，他说“谁都知道语言是可变的。即使是同一代、同一地、说一模一样的方言、在同一社会圈子里活动的两个人，他们的说话习惯也永远不会是雷同的”[②]。“每一个词、每一个语法成分、每一种说法，每一个声音和重音，都是一个慢慢变化的结构”[③]。

作为一个开放的、不断变化的系统，语言的变异是如何产生的呢？这主要是由于系统中的结构关联出现了平衡破缺，各个因素就会不断伸缩折叠，但这种伸缩折叠又不可能无限制进行，而要被限制在系统的结构关联之内，于是系统会表现出强烈的非线性作用，从而变异产生了。因而结构关联是语言非线性结构中的核心概念。前面论及的 whom 就是因为在结构关联中出现了破缺现象而发生的变异。萨丕尔认为“单只一个音的改变也有推翻原来的语音格局的危险，因为它把声音的分组弄得不和谐了。要想重新建立旧的格局而在沿流上不走回头路，唯一可能的办法是叫同一组里的其他声音按类化的方式移动”[④]。他以“p \ t \ k”为

---

① ［美］爱德华·萨丕尔著，陆卓元译：《语言论——言语研究导论》［M］. 第166页，北京：商务印书馆，2000年。

② ［美］爱德华·萨丕尔著，陆卓元译：《语言论——言语研究导论》［M］. 第132页，北京：商务印书馆，2000年。

③ ［美］爱德华·萨丕尔著，陆卓元译：《语言论——言语研究导论》［M］. 第154页，北京：商务印书馆，2000年。

④ ［美］爱德华·萨丕尔著，陆卓元译：《语言论——言语研究导论》［M］. 第164页，北京：商务印书馆，2000年。

例，说明如果 p 变成了 b，那么 b \ t \ k 就不平衡了，总的语音格局就会受到损害，补救方式之一就是 t \ k 变成 d \ g，只要新的一组 b \ d \ g 不和原有的 b \ d \ g 相混杂。但如果混杂了，原有的 b \ d \ g 可以变成送气的 bh \ dh \ gh，或者擦音化，或是鼻音化。

萨丕尔还以古盎格鲁-撒克逊的变格谱为例来说明结构关联的平衡性和对称性①。

	单数	复数
称格，受格	fot	fet（更古是 foti）
生格	fotes	fota
与格	fet（更古是发 foti）	fotum

在前面我们已经提到过，经过一系列的语音变化后，o 表示单数，e 表示复数，但是与格单数的 fet 就显得很不协调了，经过一番调整后，在中古英语的初期，旧的变格谱已经让位给一个比较规则的变格谱。

	单数	复数
称格，受格	* fot	* fet
生格	* fotes	fete
与格	fote	feten

经过这样的调整，可以看出 o 都表示单数，e 都表示复数，呈现出结构关联的平衡性和对称性。

因此语言并不是一个线性结构，而是一个非线性、开放的、不断变化的系统。结构关联是非线性的核心内容。语言的变异通常发生在系统的结构关联之内，由于变异不能够无限扩大，而必须局限于其内，因此语言在强烈地伸缩折叠过程中，会呈现出一

① ［美］爱德华·萨丕尔著，陆卓元译：《语言论——言语研究导论》［M］. 第169页，北京：商务印书馆，2000年。

种浑沌运动状态，但其终极目的是要使语言系统归于平衡和对称。

七、结　　语

萨丕尔在《语言论》中没有运用浑沌学理论来分析语言问题，但《语言论》中却充满了浑沌学思想。萨丕尔已经看到，语言在形成之初就已形成了自己的基本格局，并决定着语言今后发展的大致方向。在发展过程中，语言系统会不断受到内部因素和外部条件的干扰，从而使语言呈现出确定和随机，有序和无序并存的浑沌运动状态。当这种状态发展到一定阶段，出现定性性质的变化时，语言就会出现分叉，产生新的语言。语言中看似随机、无序的现象实际上蕴含着确定和有序的一面，它们可能是语言沿流中的某些征兆。所以语言无论怎样发展，都会敏感地依赖于初始条件。只有符合初值，符合语言沿流，一个成分才能被长时间地保留下来，否则就不会在语言的发展中占有长久之席。

沃尔夫的意义研究及其价值

李宇宏

“语言是文化现象”正在被越来越多的人所接受。“由于语言系统中凝聚着所有的文化成果，保存着一切文化信息”，[①] 因此每种语言都有其特定的文化价值。20 世纪 80 年代在我国本土兴起的文化语言学，就是一门研究语言的文化性质和文化价值的综合性的语言学科。20 余年来，人们试图从不同的角度，用不同的方法来研究语言和文化的关系。用浑沌的理论和方法来解释语言和文化的关系问题，就是注意到了语言的非线性特征的结果。当然，历史语言学、结构语言学、社会语言学、转换生成语法理论、人类学，以及中国传统的语言研究和民族语言调查研究等，在理论和方法上都给文化语言学以启发。萨丕尔、沃尔夫的“语言相对论”思想，也是文化语言学的重要思想材料来源之一。

提到沃尔夫理论，人们想到的更多的是“萨丕尔——沃尔夫假说”，即“语言相对论”原则。用沃尔夫自己的话说，就是“使用明显不同的语法的人，会因其使用的语法不同而有不同的观察行为，对相似的外在观察行为也会有不同的评价；因此，作为观察者他们是不对等的，也势必会产生在某种程度上不同的世界观。”[②] “没有人能够对自然进行绝对公正的描述。即使在他认

---

① 张公瑾：《文化语言学发凡》，第 49 页，云南大学出版社，1998 年。

② ［美］本杰明·李·沃尔夫：《论语言、思维和现实——沃尔夫文集》，第 221 页，湖南教育出版社，2001 年。

为自己最为自由的时候，他也受到了某些阐述方式的限制。"①这种语法结构不同反映人类思维方式不同的观点，无论后来被诠释成强式的"语言决定思维"，还是弱式的"语言影响思维"，都体现了语言和思维之间"割不断理还乱"的关系，更渗透着一种伟大的无语言偏见、无思维偏见、无种族偏见的科学的信仰和观念。沃尔夫继承了博厄斯和萨丕尔的"语言世界观"的理念，在他的著作中常常闪耀着"四海之内皆兄弟"的平等的思想。这种思想在充斥着"欧美中心论"的当时的西方世界，无疑是另类的、新鲜的，因此既唤起了一部分思想开放者的兴趣，也招来了顽固保守者的批评。无论是支持的声音还是反对的声音，都掩盖不住人们对于"从文化和心理学角度出发，在世界范围内进行语言考察"② 的激情。半个多世纪以来，尽管人们对"语言相对论"争论不休，但始终没有放弃对语言、思维、文化之间的关系的探求。中国本土的文化语言学和国际上广为重视的隐喻认知理论也把萨丕尔、沃尔夫的理论作为各自的思想根源之一。毫无疑问，语言相对论所掀起的波澜还远远没有退去。

然而，沃尔夫对于语言学的贡献还不仅仅在于他提出了"语言相对论原则"。考察他的文章，我们可以明显地感觉到他对意义的独到看法以及意义的考察与分析在其研究中所占据的重要地位。本文主要依据《论语言、思维和现实——沃尔夫文集》（下文简称《文集》）来探讨沃尔夫论著中的意义问题。

---

① ［美］本杰明·李·沃尔夫：《论语言、思维和现实——沃尔夫文集》，第211页，湖南教育出版社，2001年。

② ［美］本杰明·李·沃尔夫：《论语言、思维和现实——沃尔夫文集》，第55页，湖南教育出版社，2001年。

一、沃尔夫的总体语义观：语言学本质上是对意义的探寻

沃尔夫十分重视对语言意义的研究，在他的论著中曾多次谈及他对意义研究的重要性的看法。一开始他便试图把语言的意义跟人的心理联系起来，他对心理学的现状表示不满，认为无论哪种心理学派都没有告诉人们怎样做才能“真正符合隐蔽的人类心理规律”，他想在语言中寻找这种规律，而能够在这方面起作用的就是语言的意义。

> 有一个事实从未被上述任何流派强调，但可以从旁观者的角度看出，即“意义”这一词语表示的原则具有极大的，也许是根本的重要性。我们将会发现，意义与语言有着极其密切的联系：意义的原则是符号象征，而其他的符号象征均从语言这一核心象征中得到启示。①

他对印第安语言的分析都是以意义的分析为基础的。他不赞成对语言进行单纯的物理的生理的探究，认为单纯的运动肌的反应揭示不了语句所表达的意义，认为“语言学是解决诸多心理问题的具有启示意义的方法”，而语言中能够体现心理层面的思维的，就是它的意义部分，所以“语言学本质上是对意义的探寻”。而“意义并非产生于词或词素，而是产生于词和词素之间模式化了的关系。……如果我们将思维看成是语言性的，那么构成思维

① ［美］本杰明·李·沃尔夫：《论语言、思维和现实——沃尔夫文集》，第 8 页，湖南教育出版社，2001 年。

真正本质的便是这种关系。……所有科学的语法都必然要深入到关系中去进行分析。”[①] 因而模式化了的关系不同，体现在表层的语法结构就不同，这说明在不同观察者的思维中建构事件的方式也不同。由此，在沃尔夫看来，“语言学真正要做的是以意义的光辉，照亮笼罩在某一群体语言之上的深重黑暗，从而照亮其思维、文化、人生观”。[②]

二、沃尔夫的隐性概念系列

沃尔夫的总体语义观是在对印第安语，尤其是霍皮语等语言的长期、细致的研究的基础上，在积极探求语言结构在人的心理层面的反映的过程中逐渐形成的。沃尔夫先后提出了这样几个跟语言和心理都有关系的概念，可称之为“隐性概念系列”，它们是：联系——共有的概念库——关系系统——心理结——隐性类别——隐性概念——隐型——隐性范畴。《文集》是按照文章写作的时间顺序编排的，所以从这些概念的逐渐提出，我们可以隐约感受到沃尔夫对隐性意义的认识的发展轨迹。

首先，联系（connection）和共有的概念库（a common stock of conceptions）是沃尔夫在1927年写给心理学家霍勒斯·B·英格利希博士的一封信中提到的两个概念。沃尔夫在信中向英格利希博士求教，看是否能帮助他找到一个术语，来表达概念之间的联系或关连性。他说：“从语言学角度来看，‘联系’十分重要，……

① ［美］本杰明·李·沃尔夫：《论语言、思维和现实——沃尔夫文集》，第36－37页，湖南教育出版社，2001年。

② ［美］本杰明·李·沃尔夫：《论语言、思维和现实——沃尔夫文集》，第36－37页，湖南教育出版社，2001年。

它必须是别人能够理解的，……在联系中起主要作用的是人们共有的概念库。”[①] 他觉得似乎还没有人更多地关注这种“共有的概念库”。所谓共有概念库，沃尔夫没有给出明确的定义，但根据他后面的表述，我们可以这样理解，就是共同具有某一方面联系的所有概念的集合，或者说，某些概念都因为某一种联系聚集在一起而构成的一个概念的集合。而这种集合是说话人没有意识到的、却又在使用这些概念的群体中普遍存在的。因此，沃尔夫说“联系以思想的可交流性为原则，而且在某种意义上，它是进入各种具体语言的普遍语言。”[②] 这一阶段沃尔夫隐约地感觉到了词与词之间的某种聚合关系，这种聚合关系的形成是由于它们之间有着某种内在的意义方面的联系。

后来，这种思想又进一步明确和发展。他认为“意义产生于词或词素之间模式化了的关系”，具有某种共同意义的词或词素形成一个“关系系统”，有些关系系统在词素层面极少有外在表现。在写于 1936 年的《原始社群思维的语言学考察》中，沃尔夫以英语中的性别为例，指出性别是个关系系统，在这个系统中的名词，比如男孩、女孩、父亲、妻子、舅舅、女士，以及成百上千的姓氏名字，如乔治、玛丽、弗雷德、查理、伊莎贝拉等，都没有区分性别的词素层面的标志，可是它们中的每一个都固定地与表示性别的代词“he”或“she”相联结。这数以千计的联结过程为了共同的目的而聚集在一个代词周围，同时延伸到全部几千个代表同一性别的名词，从而构成了一种“心理结（psychic complex)”。至此，先前的“联系”发展成了“关系系统”，先前

① ［美］本杰明·李·沃尔夫：《论语言、思维和现实——沃尔夫文集》，第 2 页，湖南教育出版社，2001 年。

② ［美］本杰明·李·沃尔夫：《论语言、思维和现实——沃尔夫文集》，第 2 页，湖南教育出版社，2001 年。

被称为“共有的概念库”的东西转换成了“心理结”。

之后，在同一篇文章中，沃尔夫接连提出了“隐性类别”、“隐性概念”、“隐型”等重要概念。这些概念的提出标志着沃尔夫关于意义问题的思考趋于成熟：

> 在英语中，表示一种性别的词并没有外在标志。性别区分的实现，是通过一种不可见的联结“交换中心”，确定某些其他的能够标识性别的词。我将这样一种语言分类称为“隐性类别”（covert class），同诸如拉丁语中性别表达的“显性类别”（overt class）形成对照。……
>
> 隐性概念与词汇概念不同，它类似于一种关系系统（rapport-system），对这一关系系统的意识具有某种直觉的性质，我们说它是被感觉到的，而不是被理解的，它也许同印度哲学中称为无形/无色（arupa）的概念或观念很相像。……
>
> 语言的隐性分类可能与物体的宏大二分法无关，它可能具有非常微妙的含意，可能没有外在标志，而靠某种区别性“反应”（reactances）与特定的具有外在标志的形式相联。我将它称之为“隐型”（cryptotype）。它是一种隐蔽、微妙、难以把握的意义，不与任何词汇相对应，但语言分析显示，它在语法中有着重要的功能。……
>
> 我将与隐型相对应的语言类别称为显型（phenotype），这以类型具有明显的类别意义和语言形式标志（或与之同时出现的词素）；也就是说，显型便是“经典

的”语素类别。[①]

按照这种表述，“隐型”应该被理解为是具有相同“反应”(即某一类词语所能出现的环境）的某一类词语所共同具有的意义，这种意义是微妙而不可捉摸的，是一种无形的观念。它与“心理结（psychic complex)”、“共有概念库（a common stock of conceptions)”，以及“隐性概念”似乎指的是大体相同的东西，是沃尔夫意义理论的核心，因此我们把沃尔夫有关意义的理论称为“隐型理论”。正因为沃尔夫能从心理层面看待语言结构，所以他能够发现以往语法研究的局限。他认为“至今为止，语法研究一直以研究显型为主，认为语言的意义完全在此。”而实际上这种语法并不令人感到满意，“至少某些语言显示，语言的意义来自显型与隐型之间的相互作用，而不是单单来自显型”。[②] 而真正能够把人们带到心理层面对语言进行深入理解的，其实正是语言的隐型。

在 1937 年的《语法范畴》一文中，沃尔夫进一步把“隐型”表述成了“隐性范畴”。隐性范畴是相对于显性范畴提出来的。

> 一个显性范畴是一个具有形式标志的范畴，这一标记出现在包含此范畴一个成分的每一个句子中（只有很少的例外)。……
>
> 隐性范畴的标记，无论是词素还是句型，都只出现于某类句子，而不是出现于某个词或某个成分所属范畴

① ［美］本杰明·李·沃尔夫：《论语言、思维和现实——沃尔夫文集》，第 39－43 页，湖南教育出版社，2001 年。

② ［美］本杰明·李·沃尔夫：《论语言、思维和现实——沃尔夫文集》，第 43 页，湖南教育出版社，2001 年。

的每一个句子。词的隐形类别一般是看不出来的，直到这个词被使用，或者在一些特殊的句型中被提到，我们才会发现这个词属于某一类，需要某种区别性的处理，甚至是排除整个句子类别的否定性处理。这种区别性的处理我们可以称为该范畴的“反应特征”(reactance)。①

而且，沃尔夫显然是把隐性范畴、显性范畴等同于隐型、显型：“一个隐性范畴也可称为‘隐型’”；“显性范畴和隐性范畴，或显型或隐型之间的差别，是在语法范畴理论中最具重要意义的两项差别之一。”②

沃尔夫把英语中的复数和动词的可能语气看作是显性范畴，而把不及物动词和性别看作是隐性范畴。并指出不同语言的显性分类和隐性分类是有差异的，在一种语言中是显性的，在另外一种语言中却可能是隐性的。隐性范畴是语法范畴，它在一定程度上与客观经验一致，不同语言对于范畴的区分不同，这可能“很好地反映了经验的差异”。可见，随着隐型理论趋于成熟，沃尔夫的语言相对论的思想也更加明晰。

沃尔夫所关注的“意义”，不是某个词所具有的词汇意义，而是一些词所共同具有的、隐含在使用者头脑中的意义，这些具有共同的隐含意义的词语在人们的心理中聚合成了一个类别。沃尔夫所关注的“词与词的关系”，也不是像“名+动”或“主+谓”这样的线性排列，而是类似这样的一种关系：一些词 A_1、A_2、A_3……都能够和某一个词 B 组合在一起，A_1、、A_2、A_3……

① ［美］本杰明·李·沃尔夫：《论语言、思维和现实——沃尔夫文集》，第 63－64 页，湖南教育出版社，2001 年。

② ［美］本杰明·李·沃尔夫：《论语言、思维和现实——沃尔夫文集》，第 68－70 页，湖南教育出版社，2001 年。

之间肯定在意义上有共通之处，他真正关心的是在意义上有共通之处的这些 A_1、A_2、A_3……之间的相互关系，以及构成这种关系的词语集合。

尽管沃尔夫对上述这些概念的表述都不是如下定义一样的清晰明确，有时甚至模棱两可，但自始至终，有一个原则却十分肯定而明了，那就是“隐”与“显”的对立。这一对立是沃尔夫最有兴趣深入探讨的东西。显性的分类总是让人一目了然，无需思考；只有隐性的分类才会引人深思，去深入挖掘隐藏在语言表层后面的心理层面的对于世界的分类方式。不同的民族、不同的语言对与世界的隐性分类是不同的，因此只有对语言中隐性的含意的充分揭示才能感知不同民族的思维方式和习惯意识。

三、意义研究在沃尔夫理论中的地位

揭示不同语言的表达意义的方式，尤其是对于语言中隐型或隐性范畴的深入挖掘，是沃尔夫具体语言研究的主要手段，也是他进一步探求不同语言使用者的思维方式的重要途径。它在沃尔夫的研究中占有举足轻重的地位。我们无法知道，沃尔夫是在研究的一开始就试图把语言结构与心理状态联系起来，从而关注了意义，还是在对语言意义的研究过程中逐渐萌生了把语言结构与心理状态联系起来的念头。无论哪种情况是真实的，我们都能够体会到“意义”是沃尔夫语言研究的核心内容。沃尔夫正是在充分考虑了不同语言的语法意义的分解，思考和论述了不同语言的“隐型”、“隐性分类”，充分意识到了民族间思维方式和文化等的不同，才最终在 1940 年的《作为精确科学的语言学》中明确提出了“语言相对论原则”。因此也可以说，没有对语言意义的深入探究，就没有语言相对论原则的产生，意义研究是这一著名论断得以诞生的重要基础。

斯图尔特·蔡斯在《文集》的序言中是这样评价的："沃尔夫将语言学作为意义分析的工具，对语义学做出了重要的贡献。"① 著名的语言学家 Hockett 也曾说过：尽管"萨丕尔－沃尔夫假说"是沃尔夫研究成果中最突出、最为人知的方面，但他关于霍皮语的报告以及有关语法理论的几篇论文才是他的主要贡献。② 的确，沃尔夫关于意义的精彩论述主要集中在 1936 年——1939 年的论文中，这在美国描写语言学占主导地位的"布龙菲尔德时代"，应该说是独具慧眼且具有前瞻性的。乔姆斯基早期在描写语言学的影响下把语义排除在语法研究之外，后来也主张把语义纳入语法系统之内，并下了很大的工夫探索句法和语义的关系，使得后来语义问题成为乔氏理论的中心议题，③ 这种变化证明了意义研究对于语言研究的重要性。生成语义学、计算语言学、认知语法、文化语言学等学科都开始试图从不同的角度探讨意义问题，也证明了语义越来越受到语言学者的重视。而在这一方面，沃尔夫则已走在了前面，他早就看出了隐藏在句子的语法结构后面的意义在语言及不同民族思维方式中所起的重要作用。他不仅提出了应该区分显性的和隐性的语法范畴，而且首次使用了"隐型"概念。《文集》的编著者约翰·卡罗尔于 1955 年就曾断言："当代语言学对沃尔夫'隐型'概念的全部含义的探索还只是刚刚开始"。④ 半个世纪后的今天，我们仍然有理由相信，沃尔夫

---

① ［美］本杰明·李·沃尔夫：《论语言、思维和现实——沃尔夫文集·序》，第 2 页，湖南教育出版社，2001 年。

② 转引自黄国文、丁建新：《沃尔夫论隐性范畴》，载《外语教学与研究》，第 299 页，2001 年第 4 期。

③ 参阅徐志民：《欧美语言学简史》，第 285—286 页，学林出版社，2005 年。

④ ［美］本杰明·李·沃尔夫：《论语言、思维和现实——沃尔夫文集·前言》，第 33 页，湖南教育出版社，2001 年。

的意义理论即隐型理论，以及他所提出的隐性概念系列必将受到人们更多的关注。

中国的文化语言学，尤其是非线性的语言文化研究，不仅要继承沃尔夫的“语言与思维、文化密切联系”的理念，也应借鉴他的隐型理论，深入剖析他对不同语言隐含的意义范畴的分析方法，并将其应用于汉语和少数民族语言的研究当中，以便进一步探讨汉语语法与汉民族思维方式的联系，以及语法结构体现出来的汉族与其他民族思维方式的异同，并把它作为文化语言学的任务之一。

音乐的“平衡与平衡破缺”

——兼论词的起源

吴 刚

“平衡”与“平衡破缺”是浑沌学中的理论，“浑沌探索对现代科学的影响，几乎覆盖了一切学科领域。”① 其中，在音乐中存在的“平衡与平衡破缺”现象，促进了词的形成。

词的根本原理在于以辞从乐。这就要讨论音乐问题。在夏商周秦汉时期，以中原华乐为主，是一种“平衡”状态；从魏晋南北朝开始，胡乐大量进入中原，打破了原来的中原华乐系统，是一种“平衡破缺”状态；到了隋唐时期，天下一统，形成隋唐“燕乐”，是一种新的“平衡”状态。而这不同时期音乐的转变，带来了辞体的变化，即词的兴起。

一

对于中原华乐，一般可以认为是汉族音乐。汉族因汉朝而得名。狭义上的最早的民族，要从国家的形成夏朝开始。从夏、华夏族到汉族的演变过程，经历了夏商周和秦汉时期。而在夏、华夏族即夏商周时期，就有了“四夷”（即东夷、北狄、西戎、南蛮）的观念。从夏朝始，就接受了“四夷”音乐，“约在公元前

---

① 苗东升 刘华杰：《浑沌学纵横论》，第183页，中国人民大学出版社，1993年。

2015年左右，有一个叫做方夷的部族，曾向夏王献出它的乐舞。到公元前1774年左右，又有许多边疆民族到夏王朝来表演舞蹈。”[①] 不过，这并不等于“四夷”音乐入主夏朝，而是带有朝贡性质的，自然不会打破夏朝的音乐系统。

到了西周，中国历史上形成了第一个音乐机构，确立了宫廷的“雅乐”体系。但遗憾的是，周代并不重视民间乐舞和“四夷”之乐，而对五类乐舞中的其他三类：六代乐舞、小舞、宗教性的乐舞，则很重视。[②] 这三类乐舞都是直接为统治阶级服务的。对另两类民间乐舞和“四夷”之乐，“统治阶级一方面虽然也要利用——用来夸耀自己的统治势力所及的广远范围，但他们究竟有些害怕，不敢接触到它们的思想实质。”[③] 说穿了，是由于或不了解、或轻视、或鄙视、或唯我独尊的心理。即便对于《诗经》，以后的统治阶级也只重视“雅”、“颂”传统，却忽略了来自民间的“国风”。而这“雅乐”，就是在“雅”、“颂”传统中发展起来的。

到了春秋时期，伴随着第一部音乐理论著作——《乐记》的诞生，表明中原华乐已形成较为完备的体系。其后的战国，儒家、道家、墨家都形成了各自的音乐理论。到了汉代，国家音乐机构——乐府的出现，促进了音乐的进一步发展。乐府的主要工作是收集民间音乐，包括少数民族音乐，这就促进了音乐不断交流。北方和西部少数民族音乐与汉族音乐相融合，产生了初期的鼓吹乐。而古琴曲胡笳十八拍以及羌笛、笳、角、箜篌、琵琶等乐器的出现，表明了这个时期，少数民族音乐和汉族音乐的交流超过了以往的各个阶段。但是，西汉乐府仅存106年，随着西汉

① 杨荫浏：《中国古代音乐史稿》，第22页，音乐出版社，1966年。
② 杨荫浏：《中国古代音乐史稿》，第36页，音乐出版社，1966年。
③ 杨荫浏：《中国古代音乐史稿》，第37页，音乐出版社，1966年。

统治的动摇，乐府被撤除，这就关闭了与少数民族音乐、民间音乐交流的大门。统治阶级为加强统治，又开始极力发展雅乐。

从上述可知，历代统治者都在极力推行“雅乐”，至此，关于南北朝之前，以中原华乐为主的一种音乐“平衡”状态，就清楚了。

二

南北朝，胡乐进入中原，打破了中原华乐系统，形成了音乐“平衡破缺”状态。

胡乐全面进入中原，还是在魏晋南北朝时期。在魏、晋朝，北方少数民族不断内迁到黄河中下游，四川、甘肃的少数民族也在川、甘、陕间移动。[①] 内迁的主要少数民族有西北、北方的匈奴、羯、氐、羌、鲜卑，史称“五胡”。[②]“五胡乱华”的结局是“永嘉离乱”、“晋室南迁”，“五胡十六国”相继登场。在“五胡十六国”中，有十三国是少数民族建立的。随着南方“刘裕代晋”、鲜卑族政权北魏统一北方，历史进入了南北朝时期。北朝的东魏、西魏、北周都与鲜卑族有关，只有北齐的统治者是汉族出身。由此看出，少数民族在中原政权的建立与频繁的更迭，促进了民族融合，同时，也为胡乐进入中原提供了机遇。

南北朝音乐融合，比较复杂。第一，少数民族政权建立后，开始传播自己的民族音乐。比如，北魏取得政权不久，就开始提

---

① 关于内迁的少数民族人口，杨荫浏说：“到西晋初年，内迁的匈奴人、羯人、鲜卑人共有九十万人。居住在关中的氐人和羌人共有五十多万人，占关中人口的一半。”见杨荫浏：《中国古代音乐史稿》，第166页，音乐出版社，1966年。

② 参见张传玺主编：《简明中国古代史》，第279页，北京大学出版社，1999年。

倡鲜卑族民歌。《魏书·乐志》载：“凡乐者乐其所自生，礼不忘其本，掖庭中歌真人代歌，上叙祖宗开基之所由，下及群臣废兴之迹，凡一百五十章，晨昏歌之，时与丝竹合奏。郊庙宴飨亦用之。”[①]《旧唐书·音乐志》说：“后魏乐府始有北歌，即魏史所谓真人代歌是也。代都时，命掖庭宫女晨夕歌之。”[②] 这两则材料，说得很清楚，“真人代歌”即“北歌”，内容是追述先祖、群臣遗迹的，而“一百五十章”，应为长篇叙事歌。平日“掖庭宫女晨夕歌之”，说明喜爱的程度。更为重要的是“郊庙宴飨亦用之”，在最高规格的活动中用此歌，说明统治者极为重视。因此，“真人代歌”即“北歌”，在北方流行也就可以理解了。

第二，西、北音乐融合。西方西域音乐传入中原，与进入中原的北方少数民族音乐以及留存的中原华乐不断融合。这比较典型的是龟兹乐的变化。公元383年前秦大将吕光受命力通西域，抵龟兹，尽得龟兹之乐。《隋书·音乐志》说：“龟兹者，起自吕光灭龟兹，因得其声。”“西凉者，起苻氏之末，吕光、沮渠蒙逊等，据有凉州，变龟兹声为之，号为秦汉伎。魏太武既平河西得之，谓之西凉乐。至魏、周之际，遂谓之国伎。”[③] 从此材料可看出龟兹音乐的变化：龟兹声→秦汉伎→西凉乐→国伎，这不单单是音乐名称的变化，而且有着音乐内容的改变。杨荫浏先生说过：“这种音乐在凉州地区内又与由中原地区带去的汉族音乐相结合，而有了改变，成为秦汉乐。约在公元431年左右，北魏的

① （北齐）魏收撰：《魏书》卷一百九《乐志》，第2828页，中华书局，1974年。

② （后晋）刘煦等撰：《旧唐书》卷二十九《志第九·音乐二》，第1071、1072页，中华书局，1975年。

③ （唐）魏徵等撰：《隋书》卷十五《志第十·音乐下》，第378页，中华书局，1973年。

太武帝得到了这种秦汉乐，加以应用，改称之为西凉乐。”[①] 由此可知，西域音乐传入中原，必然与北方民族音乐及其中原华乐不断融合。

客观上说，西方西域音乐传入中原主要有三种方式：一是西域宫廷乐舞，主要通过交聘进贡、战争缴获、王氏婚嫁等政治行为传入；二是西域民间乐舞，主要通过民间贸易的方式传入；三是佛曲，主要通过西域乐工和佛教风俗活动传入。[②]

政治是音乐传播的重要因素。据《魏书·世宗纪》所载，各国不断派使臣来朝，西域音乐也不断传入，曲项琵琶、五弦箜篌、直胡、铜鼓、铜钹等乐器随之进来。[③] 天和三年（568），“周武帝聘虏女为后，西域诸国来媵，于是龟兹、疏勒、安国、康国之乐，大聚长安。胡儿令羯人白智通教习，颇杂以新声。”[④] 这次通婚，还引进了音乐家苏祇婆与五旦七声的乐律。

商路是音乐传播的重要通道。丝绸之路的畅通促使文化与商业交流频繁。《洛阳伽蓝记》载：“自葱岭以西，至于大秦，百国千城，莫不款附，商胡贩客，日奔塞下。所谓尽天地之区已。”[⑤] 来塞下的胡商、贩客许多都擅长音乐歌舞，在商业活动中，自然会传递音乐。“后魏有曹婆罗门，受龟兹琵琶于商人，世传其乐”[⑥]，这说的就是曹婆罗门向商人学龟兹琵琶。可见，商业发

① 杨荫浏：《中国古代音乐史稿》，第 167 页，音乐出版社，1966 年。

② 参见王昆吾：《唐代酒令艺术》，第 199 页，东方出版中心，1996 年。

③ （北齐）魏收撰：《魏书》卷八《世宗纪第八》，第 191—215 页，中华书局，1974 年。

④ （后晋）刘煦等撰：《旧唐书》卷二十九《志第九·音乐二》，第 1069 页，中华书局，1975 年。

⑤ （北魏）杨炫之：《洛阳伽蓝记》（卷三），见周祖谟校释《洛阳伽蓝记校释》，第 67 页，科学出版社，1958 年。

⑥ （后晋）刘煦等撰：《旧唐书》卷二十九《志第九·音乐二》，第 1069 页，中华书局，1975 年。

展促进了音乐交流。

宗教是音乐传播的重要媒介。比如，“天竺”音乐，很早就已传入中国，而“天竺”又是佛教的发祥地。前凉张重华永乐三年（348），天竺所赠音乐《沙石疆》、舞曲《天曲》等，均为佛曲性质。“龟兹乐”中《善善摩尼》、《婆伽儿》、《小天》、《疏勒盐》诸曲，从曲名上看，即带佛教气息。而“吕光之破龟兹，得其名称，多亦佛曲百余成”；①“西凉乐”中之《于阗佛曲》已不必再论。《乐府诗集》说“杂曲”内容时，也提到“或缘于佛教，或出自夷虏”。②

以上可看出，北方少数民族政权以开放的心态，吸收了西域传入的音乐。这促进了西、北音乐的融合。

第三，南、北音乐融合。北方很重视南方音乐，杨荫浏先生说：“北魏统治者，在第五、第六世纪之间，在和南方的战争之中，又得到了南方所保存的以前的北方音乐和当时的南方音乐，把他们都带到了北方。”③ 而南方也重视起北方少数民族音乐，《隋书·音乐志》载：“及（陈）后主嗣位，耽荒于酒，视朝之外，多在宴筵。犹重声乐，遣宫女习北方箫鼓，谓之代北，酒酣则奏之。”④ 箫鼓是鼓吹的另一名称，这样，北方鼓吹也就进入了南方。而此前梁朝的横吹曲中，就有不少北歌在内了。钱志熙先生说：“现存的北朝乐歌之一大宗，为《梁鼓角横吹曲》。北朝乐歌而冠以梁朝之名，正是因为其输入梁朝后，成为梁朝乐制中的一

---

① （唐）崔令钦：《教坊记·序》，见任半塘《教坊记笺定》，第9页，中华书局，1962年。

② （宋）郭茂倩：《乐府诗集》第六十一卷《杂曲歌辞一》，第885页，中华书局，1979年。

③ 杨荫浏：《中国古代音乐史稿》，第150页，音乐出版社，1966年。

④ （唐）魏徵等撰：《隋书》卷十三《志第八·音乐上》，第309页，中华书局，1973年版。

部分。而其输入的方式，也不是零散地输入，而是大宗地输入，所以得以在整体上保存北乐的风貌。值得注意的是，南朝输入北朝乐府，在音乐上实际上也是一种互补。南朝乐府，其雅歌部分，同样是承自魏晋，但渐趋呆板、衰落，于是吴声、西曲大量地进入乐府，造成音乐上的新时代。但是吴声风格毕竟趋于软丽，这时风格刚健质直的北歌适时而进，实是对南朝乐坛的一次大调剂。"① 可见，南北音乐交融是往复进行的。

南北朝时期可谓民族音乐的大融合，但中原雅乐却一蹶不振。《魏书·乐志》载："永嘉已下，海内分崩，伶官乐器，皆为刘聪、石勒所获，慕容儁平冉闵，遂克之。王猛平邺，入于关右。符坚既败，长安纷扰，慕容永之东也，礼乐器用多归长子，及垂平永，并入中山。自始祖内和魏晋，二代更致音伎；穆帝为代王，愍帝又进以乐物；金石之器虽有未周，而弦管具矣。逮太祖定中山，获其乐县，既初拨乱，未遑创改，因时所行而用之。世历分崩，颇有遗失。"② 从以上记载看出，永嘉乱后，北方雅乐辗转五胡十六国的情形。南北朝，雅、俗、胡三乐交化格外急遽，导致雅乐沦丧。雅乐沦丧的具体原因两个：一是"乐操土风，未移其俗"③，胡人初入中原，旧俗未改，所以"乐操土风"，习于本族风谣。再者，"获晋乐器，不知采用，皆委弃之"④ 也是原因。二是"永嘉之乱，海内分崩，伶官乐器皆没于

① 钱志熙：《魏晋南北朝诗歌史述》，第 220、221 页，北京大学出版社，2005 年。

② （北齐）魏收撰：《魏书》卷一百九《乐志》，第 2827 页，中华书局，1974 年。

③ （唐）魏徵等撰：《隋书》卷十四《志第九·音乐中》，第 313 页，中华书局，1973 年。

④ （唐）魏徵等撰：《隋书》卷十四《志第九·音乐中》，第 313 页，中华书局，1973 年。

刘、石”[①]，雅乐命运，无论南北，殊途同归。《宋书·乐志》载：“晋室之乱也，乐人悉没戎虏。”[②] 祭祀竟无所用之乐，尚书询问太常祭祀之乐，太常贺循慨言：“旧京荒废，今既散亡，音韵曲折，又无识者，则于今难以意言。”[③] 后南朝虽“掇其遗散”[④]，徐图复兴，但中原华乐音乐系统被打破平衡已成事实。这就是“平衡破缺”状态。

三

中原华乐音乐系统的“平衡破缺”状态，需要重新实现音乐的“平衡”。南北朝虽有民族音乐融合，但国家不统一，音乐也尚不能统一。而等待这种音乐的“平衡”机遇，就是隋唐的一统天下。

隋文帝对南北音乐进行汇集整理，置七部乐：“一曰国伎，二曰清商伎，三曰高丽伎，四曰天竺伎，五曰安国伎，六曰龟兹伎，七曰文康伎。”隋炀帝时，又定为九部乐，即：“清乐、西凉、龟兹、天竺、康国、疏勒、安国、高丽、礼毕”[⑤]，即增加“疏勒乐”、“康国乐”，“清商伎”改为“清乐”，“文康伎”改为

① （唐）房玄龄等撰：《晋书》卷二十三《志第十三·乐下》，第697页，中华书局，1974年。

② （梁）沈约撰：《宋书》卷十九《志第九·乐一》，第540页，中华书局，1974年。

③ （梁）沈约撰：《宋书》卷十九《志第九·乐一》，第540页，中华书局，1974年。

④ （后晋）刘昫等撰：《旧唐书》卷二十八《志第八·音乐一》，第1040页，中华书局，1975年。

⑤ （唐）魏徵等撰：《隋书》卷十五《志第十·音乐下》，第376、377页，中华书局，1973年。

“礼毕”。唐武德初设九部乐，去“礼毕”加“燕乐”（狭义）；唐贞观六年改为十部乐，在原九部乐上加高昌乐。这种统一的音乐格局，为全国音乐建立了新秩序，实现了新的音乐平衡。在这九部、十部伎乐中，有今新疆吐鲁番地区少数民族的“高昌乐”；今新疆库车地区少数民族的“龟兹乐”；今新疆喀什地区少数民族的“疏勒乐”；今乌兹别克撒马尔罕境内中亚古国的“康国乐”；今乌兹别克布哈乐境内中亚古国的“安国乐”；古印度音乐“天竺乐”；古朝鲜音乐“高丽乐”。而以中原传统音乐为主、杂揉胡乐的“清乐”（清商乐）只占一份，即使勉强加上华夷相融的“西凉乐”，中原传统音乐也已不可恢复。此时的国家音乐系统已是新的面貌，不仅国内民族音乐受到重视，就是外族乐也被吸纳进来，如：扶南乐（今泰国、柬埔寨）；突厥乐（今内、外蒙古）；百济乐（今朝鲜半岛西部）；新罗乐（今朝鲜半岛东南部）；倭国乐（今日本）；骠国乐（今缅甸）；鲜卑（西伯利亚）、土谷浑（今青海）、部落稽（晋北、陕北一带）三国乐形成的北狄乐；及疑为西域乐的胡音乐。[①] 可见，隋唐燕乐“包罗万象”。隋唐实现了新华乐——“燕乐”，这种新的音乐“平衡”。

隋唐民族音乐充分融合，主要表现在：一、更改乐名。“天宝十三载七月十日，太乐署供奉曲名，及改诸乐名”（《唐会要》卷三三），公元 754 年，唐宫廷“颁布的曲名共二一五个，其中五十八个曲名是经过更改的”，“将原来汉文音译的少数民族和外国曲名改为意译的汉文曲名”[②]，曲名由“音译”到“意译”的更改，表明唐朝有意促进民族音乐融合。二、不同民族的乐曲混合演奏。《新唐书·礼乐志》载：“后又诏道调、法

---

① 参见邱琼荪：《燕乐探微》，第 279、280 页，黑龙江人民出版社，1986 年。
② 杨荫浏：《中国古代音乐史稿》，第 226 页，音乐出版社，1966 年。

曲与胡部新声合作”[①]，唐宫廷是明令提倡这样演奏的。三、乐曲逐渐改变、改编。《新唐书礼乐志》：“后魏乐府初有北歌，……盖燕魏之际鲜卑歌也。隋鼓吹有其曲而不同。”[②] 鲜卑族“北歌”，到了隋代，曲调已有变化。四、音乐融合新发展。汉族音乐和少数民族音乐交流后，产生新的音乐。凉州大曲就是如此。“西凉者，起苻氏之末，吕光、沮渠蒙逊等据有凉州，变龟兹声为之，号为秦汉伎。”[③] “其乐具有钟磬，盖凉人所传中国旧乐，而杂以羌胡之声也。”[④] 可见，它一方面吸收了中原旧曲，一方面吸收了少数民族音乐。以上隋唐音乐的充分融合，达到了新的音乐“平衡”。

综上所述，音乐经历了平衡（夏商周秦汉）→平衡破缺（魏晋南北朝）→平衡（隋唐）的发展历程。这一历程带来了辞体的变化。这是因为，魏晋南北朝时期，胡乐进入中原，打破了中原华乐系统，音乐失去平衡。齐言体歌辞不能更好的适应胡汉结合的隋唐燕乐，这时候，为达到辞体新的“平衡”，需要一种新的歌辞样式来适应胡汉杂糅的音乐，实际产生的结果是长短句即词体的形成。[⑤]

---

① （宋）欧阳修 宋祁撰：《新唐书》卷二十二《志第十二·礼乐十二》，第477页，中华书局，1975年。

② （宋）欧阳修 宋祁撰：《新唐书》卷二十二《志第十二·礼乐十二》，第479页，中华书局，1975年。

③ （唐）魏徵等撰：《隋书》卷十五《志第十·音乐下》，第378页，中华书局，1973年。

④ （后晋）刘昫等撰：《旧唐书》卷二十九《志第九·音乐二》，第1068页，中华书局，1975年。

⑤ “词所配的是隋唐新起的燕（宴）乐，一方面，中原音乐吸收了胡乐成分；胡乐在接受华夏的选择过程中，也吸收了汉乐成分，融合渗透，形成了包含中原乐、江南乐、边疆民族乐、外族乐等多种因素，有歌有舞，有新有旧，兼收并蓄，包罗万象的隋唐燕乐。”见袁行霈：《中国文学史》，第444、445页，高等教育出版社，1996年。

为什么说夏商周秦汉时期，音乐平衡状态不会产生词呢？这要说音乐与辞体的关系。《尚书·舜典》曰："诗言志，歌永言，声依永，律和声。"[①] 就是说"声"（歌曲音乐）是"永言"的，是"乐因辞生"，即"以乐从辞"。但到了魏晋南北朝、到了隋唐，就不是这样了。唐代元稹在《乐府古题序》说："在音声者，因声以度词，审调以节唱。句度短长之数，声韵平上之差，莫不由之准度。而又别其在琴瑟者为操、引，采民氓者为讴、谣，备曲度者，总得谓之歌、曲、词、调，斯皆由乐以定词，非选调以配乐也。"[②]"因声以度词"即"以辞从乐"，"审调以节唱"即依"曲调"来"填词"，而句子之长短、用韵之平上，都由"声"、"调"来决定的。后句说得更清楚"斯皆由乐以定词，非选调以配乐也"，可见，音乐决定了辞体。之所以音乐有这么大决定作用，就是因为魏晋南北朝，少数民族音乐进入中原，打破了中原华乐音乐系统。总之，这是少数民族音乐的贡献。但是，为什么说魏晋南北朝没有产生词体，而要到隋唐呢？一是，要等到隋唐音乐的统一。魏晋南北朝虽有少数民族音乐进入，但整个音乐尚未统一，没有形成新的平衡，还尚未有辞体呼之欲出的时机，这要等到隋唐。二是，还要等到格律的发展。南朝沈约的"四声八病说"，首先受到影响发展起来的是唐代的五、七言律诗、绝句，对这种韵文体建构完成之后，文人才具备了格律的基本功，才能对民间曲子词加工与改造。此后，民间词从市井、秦楼楚馆、到教坊，逐步引起了文人的兴趣，在酒宴文化的刺激下，文人词悄然兴起。

① 李民、王健撰：《尚书译注》，第19页，上海古籍出版社，2004年。

② （唐）元稹：《元稹集》（冀勤点校），第254页，中华书局，1982年。

“浑沌学与语言文化专题研讨会”会议纪要

邢海伶

2006年12月16日，中央民族大学少数民族语言文学院主持召开了“浑沌学与语言文化专题研讨会”，这是该院继2003年“语言文化研究理论与方法研讨会”后的又一次语言与文化专题学术会议。中央民族大学少数民族语言文学院的中国少数民族语言文学专业和语言学及应用语言学专业研究生以及相关方向指导教师和中国社会科学院、国家语委信息司等50余人出席了会议，会议共收到论文20余篇。会议由周国炎教授主持，共分学科理论与学科建设（主持人：张铁山教授；点评人：杨大方副教授）、学科方法论与方法（主持人：谭志满博士；点评人：张卫国副教授）、研究与应用（主持人：张磊博士；点评人：王锋副研究员）三个单元进行。张公瑾教授做了主旨发言，继后共计18位发言人做了专题论文报告，最后由丁石庆教授进行了会议总结。

本次会议紧紧围绕“浑沌学与语言文化”专题进行了热烈讨论，论题突出集中，专业性较强，论文报告人从多个视角分别提出了许多具有重要价值的论题。此外，会议内容紧凑，形式新颖，极富现代气息。现将会议内容按单元概述如下：

在第一单元“学科理论与学科建设”专题报告中，张公瑾（中央民族大学少数民族语言文学院教授，博士生导师）在主旨报告《浑沌学与语言文化研究新视野》中提出要从三个方面推进浑沌学与语言文化的研究，即普及性的宣讲、研究性的学习、理论性的探讨等，并提出要把普及和研究有机地结合起来。他提出，浑沌学的研究范围和核心问题，不同于以往分析性的思维。我们现在要重点研究随机性和无序性状态，在无规则中寻找隐藏着的规则，运用一些新概念，如初始条件，蝴蝶效应，自相似性，稳定性，随机性等解决遇到的问题。他以语言统一与文字传播的自相似性及各少数民族文字中普遍存在一些浑沌现象为例证阐述了把浑沌学理论全面运用于语言文化研究的可能性。尤其重点提出了将“熵”纳入浑沌学与语言文化研究范畴的理论构想及相关研究心得。认为从物理热力学角度解释熵的概念，“熵”的增加就是有效能量的减少，也是一种有序到无序的浑沌现象，“熵”也可运用于语言学。语言随社会的发展而发展，语言发展就是“熵”值的不断增加，它将促使语言的有效能量不断减少。语言也是不可替代的有限能源。语言文字的信息化，使概念单一化，语言简约化，语言的次要信息和感性信息减少，本民族特有的、语言情感的因素减少，使语言的交际功能发挥到极致，民族文化功能削弱。张教授指出，人类语言资源是有限的，其实信息化和标准化是对语言资源的过度开发和大规模破坏，此举将削弱语言宝库，应采取必要措施补救语言的生存权和发展权。这是“熵”定律给我们的重要启发。最后，张教授指出，浑沌学既是一种理论也是一种方法，我们要充分加以论述。丁石庆（中央民族大学少数民族语言文学院教授、博士生导师）在题为《浑沌学与语言文化研究中的几个问题》的报告中从学科建设和发展角度提出目前亟待解决的四个问题：浑沌学理论与方法引进及其相关问题、浑沌的基本特征和浑沌学相关概念的理解与把握及研究规范化问题、语言文化研究方法论的补充完善问题、学科总体规划和发展问题等，并就每个问题提出了相应的建议。尤其重点对学科总体规划和发展提出的四个建议具有高度的建设性和前瞻性：1. 凝练学科特色，并确定学科基础与发展平台；2. 组建团队，形成合理的发展梯队；3. 科学策划长远规划，合理实施短期主攻策略；4. 挖掘和充分利用各类资源。曹道·巴特尔（中国社会科学院民族学与人类学研究所副研究员）做了题为《浑沌学在社会科学研究中的运用》的发言。他从哲学与浑沌学、文学艺术与浑沌学、思维科学，心理学与浑沌学、浑沌学思维方式训练的学校、科学的教学与浑沌学、产品包装与浑沌学、企业管理与浑沌学等七个方面介绍了浑沌学在语言学之外的其他相关社会科学领域研究中的应用，并认为浑沌学在社会科学领域的运用范围正在不断扩大，成果也在增加，但同时指出目前的研究仍处于初级阶段，简单套用浑沌学概念和术语等现象较普遍，真正运用浑沌学这个理论和方法来深入研究社会科学领域问题的成果相对较少。戴红亮（国家语委语言信息司副研究员）在《认知语言学概念的浑沌学解释及启发》一文中提出了浑沌语言学的学科名称及相关概念体系，并指出该学科目前发展上的几个不尽完善之处。尔后对认知语言学的非线性思想及相关核心概念进行了浑沌学的解释和比较分析，倡导应密切关注认知语言学的发展，吸收该学科的有益成果，补充和完善浑沌语言学的概念体系。马琳琳（中央民族大学语言学及应用语言学专业博士生）在《浑沌学对语言文化研究的两点启示》的发言中认为浑沌学就是从偶然中寻找必然规律的科学，重点介绍了自己在浑沌学知识的学习中对“协同进化”概念新的理解及对语言进化中的化石化现象的思考成果，并讨论了在浑沌和分形理论基础上构建语言起源及发展的蛛网状结构方面的某些理论构想。

第二单元为学科方法论与方法专题。其中，司提反·米勒（中亚东亚语言文化研究所所长，博士）的《国外浑沌学与语言文化研究综述》的报告引起了与会者的普遍关注和极大兴趣。作为长期关注并熟悉国外浑沌学研究动态的德国学者，他在报告中指出，目前，浑沌学在国外受到越来越多的人的重视，它在人们社会生活中也越来越重要，比如金融管理，股票波动规律的波动分析等。国外一些大的金融机构还专门聘用研究浑沌学的人来关注和研究市场动态，这和经济逻辑理论是相悖的。浑沌学还可以为我们提供避免危机的方法。国外很多人甚至将浑沌学称为“灾难学”。他指出，浑沌学对社会的发展也有一定影响，许多西方国家政府已经认识到充分利用浑沌学影响社会或者人群的长期发展或短期运动的作用。近几年，掌握浑沌学写作方法的人经常被政府聘用撰写演讲稿，据说他们演讲稿非常易于被听众接受，甚至可达到意想不到的效果。在国外语言习得和语言教学领域方面也有应用浑沌学的具体成果。近年来西方主张学外语时不单纯学知识，而是要学应用及学应用的材料，培养有意识和无意识的语言能力。此外，浑沌学在现代科技领域尤其是计算机科学中应用范围也极广。计算机运用的是模糊逻辑，接近浑沌学理论。总体上，浑沌学在外国已经被普遍认可，近年来浑沌学的理论又有新的发展，当然也存在某些发展中的问题。语言学引入浑沌学理论与方法算比较早的（学科），但语言学很少有研究成果返回到浑沌学中，促进浑沌学的发展。希望浑沌学与语言学互相促进发展，互相提供新的知识理论。周国炎（中央民族大学少数民族语言文学院教授，博士生导师）在《侗台语共时语音系统中无序现象的浑沌学解释》报告中运用浑沌学中平衡与平衡破缺、分叉等理论深入分析了侗台语语音系统中的非线性现象，并计划将包括仡央语群语言在内的众多侗台语族语言共时语音系统中一些非线性现象列举出来进行分析，以期有助于认识侗台语族语言中用传统理论和方法无法解释的现象。杨大方（中央民族大学成人教育学院副教授）在《文化词汇语义变化的浑沌学观察》的报告对不同时期汉语的一些文化词语，尤其是体现儒家思想的词汇及语义的不断变化进行了浑沌学分析和解释，并以“中和”、“中庸”、“忠”、“恕，”等词为例进行了历时与共时分析。王锋（中国社会科学院民族学与人类学研究所副研究员）提交会议的论文《汉字：一个奇异吸引子》首先对奇异吸引子的概念进行了界定，尔后运用浑沌学奇异吸引子理论对汉字进行了深入而具体的分析，认为汉字即是汉语言文化系统发展的奇异吸引子，其表现为三种浑沌演化形式，并影响了汉语言文化系统的发展。吴平（北京第二外国语大学教授）的《双音节同素反序名词中的对称与非对称》一文通过举例说明词语的对称和不对称现象，阐述了汉语的线性和非线性构词形式，并对其特点进行了浑沌学解释。尹蔚彬（中国社会科学院民族学与人类学研究所副研究员）在《业隆话研究中的浑沌学拾零》中以四川阿坝地区拉坞戎语业隆方言为研究对象，对该方言系统的有序与无序、动态性与稳定性、语言与文化的自相似性等现象进行了具体分析。指出，尽管藏缅语族语言内部有大致相同的结构，我们采用浑沌学的理论视角也能发现不同语言使用者的历史和文化的不同。作为使用人口很少，同时处于多语言接触环境下的业隆话，在其发展演变过程中，浑沌学特征异常突出，适宜采用非线性分析方法。

在第三单元即主题研究与应用专题中共有 7 人发言。陈永莉（讲师、中央民族大学语言学及应用语言学专业博士生）在《浑沌学理论在公文写作教学中的应用》一文中从教学中遇到的问题和困惑入手，运用浑沌学的理论对实际问题进行了分析和解释。井兰柱（讲师、中央民族大学语言学及应用语言学专业博士生）根据多年的英语教学中遇到的各种问题，向会议提交了《克服"蝴蝶效应"影响，提高英语语音教学效果》的论文，论文就英语教学中由于各种原因致使读音上出现的各种问题运用浑沌学中的"蝴蝶效应"的概念进行了解释，并提出克服"蝴蝶效应"，培养和提高学生学习英语的兴趣和能力的方法。刘宏宇（中央民族大学语言学及应用语言学专业博士生）在田野语言调查报告《浅谈察布查尔县锡伯族双语使用中的浑沌现象》中对锡伯族语言调查材料中涉及锡伯族母语保持状态、语言转用者的语言态度和母语的传承等论题的非线性现象进行了初步分析。李素秋（副教授、中央民族大学语言学及应用语言学专业博士生）以《试析萨丕尔〈语言论〉中的浑沌学思想》为题对著名美国人类学家和语言学家萨丕尔的语言学名著《语言论—言语研究导论》一书中浑沌学思想进行了梳理和分析。认为萨丕尔在其论著中虽然没有提到浑沌学理论，但字里行间却充满了浑沌学思想，更显示了这位大师博大精深的学术思想体系。李敬（中央民族大学语言学及应用语言学专业硕士生）的论文《回族语言形成和运用中的浑沌学因素分析》主要从语言来源上的多元性、语言使用上的多阶段性、语言形成的多元因素等方面分析了回族语言形成与运用中的非线性因素。白艳飞（中央民族大学语言学及应用语言学专业硕士生）在《不相称性和分叉现象——莫旗达斡尔族村民双语及多语现象的浑沌学分析》的调查报告中对田野调查所获一手材料中的非线性因素进行了分析。吴东海（云南大学少数民族研究中心讲师）的论文《傣语四音格的浑沌性》中，以傣语四音格为例进行了论述。文章认为，从整体论的观点来看，傣语四音格实际上是一个有序和无序相统一的动态系统，不仅如此，傣语四音格的语音、结构、意义等也都是这样的复杂系统。傣语四音格可以从语音、结构、意义三个方面来分析研究，实际上，每个方面又都是一个复杂的动态系统，它们也都有各自的吸引子，各个吸引子彼此联系，相互支持，相互促进。傣语四音格某一方面吸引子的存在和发展，也会促进其他方面吸引子的存在和发展。

最后，丁石庆教授进行了会议小结。他认为此次会议信息量丰富，发言和讨论的气氛异常热烈，各位发言人都拿出了自己的研究成果。会议内容共涉及到汉藏语系、阿尔泰语系、回族语、英语等多种语言，论题内容广泛分布于语音、词汇、语法、语用，文字、方言、双语、多语、语言教学、名著选读等范围，涉及诸如无序、随机性、对称与非对称、蝴蝶效应、奇异吸引子等浑沌学概念。尤其是张公瑾先生积极探索，将浑沌学中“熵”的概念结合语言文化材料具体研究成果做了精辟论述，并高屋建瓴地提出了新的学科发展任务，令与会者耳目一新。丁石庆教授认为会议在大家努力下，达到了预期的目的。最后他希望大家牢固树立团队意识，培养集体精神，并注意理论和材料的有机结合，积极挖掘和探索具有应用价值的论题，多出成果，多出精品。

本书主要参考文献

(比)普里戈金:《从混沌到有序》，上海译文出版社，2005年。

[美]爱德华·萨丕尔:《语言论——言语研究导论》，商务印书馆，2000年。

[英]弗·帕默:《语法》[M].上海译文出版社，1982年。

《白族简史》编写组:《白族简史》，云南人民出版社，1988年。

《马克思恩格斯选集 》，第26卷 第3册，人民出版社，1956年。

安继武:《简论回族语言变化及其影响》，载《新疆社会科学》，1989年第2期。

鲍怀翘:普通话语音生理和声学分析简介(续1)，载《听力学及言语疾病杂志》，2004年第4期。

鲍怀翘:普通话语音生理和声学分析简介(续2)，载《听力学及言语疾病杂志》，2004年第5期。

鲍怀翘:普通话语音生理和声学分析简介，载《听力学及言语疾病杂志》，2004年第3期。

陈保亚:《语言影响文化精神的两种方式》，载《哲学研究》，1996年第2期。

陈敏:《浅谈“协同进化”》载《生物学通报》，2003年第4期。

戴庆厦:《语言和民族》，中央民族大学出版社，1994年。

戴庆厦:《社会语言学教程》，中央民族大学出版社，1996年。

单南平:《“理性”之美——公文文本美感的深层境界》，载《秘书之友》，2005年第3期。

丁石庆:《达斡尔语言与社会文化》,中央民族大学出版社,1998 年。

丁石庆:《双语族群语言文化的调适与重构—达斡尔族个案研究》,中央民族大学出版社,2006 年。

董雪明:《谈公文写作教学改革发展的方向》,载《赣南师范学院学报》,2002 年第 5 期。

樊绰(唐)著,赵吕甫校释:《云南志校释》,中国社会科学出版社,1985 年。

方耀楣:《混沌学——改变人们思维方式的崭新理论》,载《同济大学学报》(人文·社会科学版),1995 年第 5 期。

冯契:《哲学大词典》,上海辞书出版社,2001 年。

冯胜利:《汉语的韵律、词法与句法》,北京大学出版社,1997 年。

冯意心:《东西方思维方式的差异与翻译研究》,载《林区教学》,2007 年第 1 期。

高一虹:《沃尔夫假说的"言外行为"与"言后行为"》,载《外语教学与研究》,2000 年第 3 期。

龚锦文:《德宏傣语四音格词的结构形式及其特点》,载《民族语文》,1992 年第 2 期。

郭富强:《意合形合的汉英对比研究》,中国海洋大学出版社,2007 年。

胡裕树主编:《现代汉语》(增订本),上海教育出版社,1984 年。

黄布凡主编:《藏缅语族语言词汇》,中央民族学院出版社,1992 年。

蒋韶愚:《近代汉语研究概论》,北京大学出版社,1994 年。

金炫兑:《汉语社会交际称谓语研究》,上海师范大学博士学位论文 ,2001 年。

鞠君：《四字格中"1 + 3"音段和"3 + 1"音段组合规律初探》，载《汉语学习》，1995年第1期。

李博主编：《生态学》，高等教育出版社，2005年。

李新魁：《类别词汇释》，河南人民出版社，1989年。

李珍华，周长楫：《汉字古音表》(修订本)，中华书局，1999年。

梁文霞、朱立霞：《国外二语课堂实证研究20年述评》，载《外语界》，2007年第5期。

林焘、王理嘉：《语音学教程》，北京大学出版社，2005年。

刘东虹：《多维模式的多维分析》，载《外语教学》，2003年第5期。

刘华杰：《本征真浑沌与误差赝浑沌》，载《自然杂志》，2004年第1期。

刘艺华：《现代韩国语与汉语称呼语对比研究》，朝鲜大学校硕士学位论文，2004年。

刘迎胜：《回族语言800年发展史简要回顾——从波斯语到"回族汉语"》，载《中国文化》2003年冬之卷。

刘祯：《对回族语言的探讨》，载《内蒙古社会科学》，1991年第1期。

罗安源：《田野语音学》，中央民族大学出版社，2000年。

罗安源等：《电脑语言学基础》，中央民族大学出版社，1998年。

罗伯特·路威著，吕叔湘译：《文明与野蛮》，三联书店，1984年。

罗常培、王均：《普通语音学纲要》(修订本)，商务印书馆，2004年。

孟尊贤：《傣语四音格浅析》，载中央民族学院少数民族语言研究所编：《民族语文论丛》第一集，1984年。

苗东升、刘华杰：《浑沌学纵横论》，中国人民大学出版社，1994年。

朴京：《韩、日、中亲属称呼比较考察》，庆尚大学校硕士学位论文，2005年。

申小龙、张汝伦：《文化的语言世界——中国文化语言学论集》，上海三联书店，1991。

石小辉、郭安国：文化差异与跨语言交际，载《暨南学报》，1999年第3期。

史有为：《关于四字格及其语音节奏》，载《汉语学习》，1995年第5期。

司国红：《案例教学法在公文写作教学中的应用》，载《成人教育》，2006年第2期。

宋朝红：《协同进化在水资源领域的应用前景》. 载《水利水电科技进展》，2005年第4期。

孙汝建：《性别与语言》，江苏教育出版社，1997年。

田虎作：《混合方法研究：美国教育研究中的新范式》，载《高等教育研究》，2006年第11期。

佟慧君：《常用同素反序词辨析》，湖南人民出版社，1983年。

王锋：《从汉字到汉字系文字——汉字文化圈民族文字研究》，民族出版社，2003年。

王均等编著：《壮侗语族语言简志》，民族出版社，1984年。

王力：《汉语史稿》，中华书局，2002年。

王培林：《马克思主义哲学原理》，高教出版社，2003年。

巫凌云、张秋生：《西双版纳傣语文概况》，昆明，云南民族出版社，1981年。

吴平：《"东"和"西"、"南"和"北"在短语中的对偶运用》，载《语言学新思潮》，中国社会科学出版社，2005年。

吴平：《论反义关系之间的中间状态》，载《北京地区第三届对外汉语教学学术研讨会论文选》，北京大学出版社，2004年。

吴启禄：《贵阳布依语》，贵州民族出版社，1992年。

吴彤：《复杂性科学的方法论研究》[博士论文]，清华大学，2005年。

吴祥兴等：《混沌学导论》，上海科学技术文献出版社，1996年。

西双版纳傣族人民政府：《傣汉词典》，昆明，云南民族出版社，2002年。

西双版纳洲民委编，岩温扁翻译：《巴塔麻嘎捧尚罗》，云南人民出版社，1989年。

徐琳、赵衍荪编著：《白语简志》，民族出版社，1984年。

徐通锵：《语言论——语义型语言的结构原理和研究方法》，东北师范大学出版社，1997年。

岩罕：《傣族诗歌艺术特征片谈》，载《山茶》，1990年第2期。

颜逸明：《吴语研究》，上海教育出版社，2005年。

杨琳：《汉语词汇与华夏文化》，语文出版社，1996。

杨跃：《试论教育研究中定性与定量研究的结合》，载《南京晓庄学院学报》，2003年第6期。

叶祥苓：《苏州方言的连续变调》，载《方言》，1979年第1期。

游汝杰：《中国文化语言学引论》，高等教育出版社，1993年。

于思湘：《普通话语音美试说》，载《淄博师专学报》，1995年第3期。

玉康、李韬：《傣老汉简易会话手册》，昆明，云南民族出版社，2001年。

喻翠荣、罗美珍：《傣仂汉词典》，北京，民族出版社，2004年。

张德鑫：《谈颠倒词》，载《汉语学习》1995年第6期。

张公瑾、丁石庆主编：《浑沌学与语言文化研究》，中央民族大学出版社，2005年。

张公瑾、丁石庆主编：《文化语言学教程》，教育科学出版社，2004年。

张公瑾：《文化语言学发凡》，云南大学出版社，1998年。

张公瑾：《语言的生态环境》，载《民族语文》，2001年第1期。

张广昆：《公文写作的教学对策》，载《行政论坛》，2005年第3期。

张国宪：《并列式合成词的语义构词原则与中国传统文化》，载《汉语学习》，1992年第5期。

张武江：《非线性动力学与语言研究》，载《重庆工学院学报》，2004年第6期。

张秀鹏、赵鉴新主编：《〈爱我怒江〉乡土教材丛书之三——〈怒江经济〉》，云南省科技出版社，1998年。

赵寅松主编：《白族文化研究2001》，民族出版社，2002年。

周国炎著：《仡佬族母语生态研究》，民族出版社，2004年。

周言：《试论苏州方言的文化价值》，载《苏州大学学报》(哲学社会科学版)，2004年第3期。

周祖谟：《普通话正音问题》，载《中国语文》，1956年5月号。

邹玉华、马广斌、刘红、韩志湘：《关于汉语中使用字母词的语言态度的调查》，载《语言教学与研究》，2005年第4期。

Ehrlich P R，Raven P H. Butterflies and plants：a study in coevolution. Evolution，1964(18).

Lantolf, J.P, Language emergence: A sociocultural perspective, Applied Linguistics, 2006(4).

Larsen-Freeman, Chaos/Complexity Science and second language acquisition. Applied Linguistics, 1997(2)

Larsen-Freeman, The emergence of complexity, fluency, and accuracy in the oral and written production of five Chinese learners of English, Applied Linguistics, 2006(4)

Lucy, J.A: Language Diversity and Thought: A Reformulation of the Linguistic Reality Hypothesis , Cambridge: CUP, 1992.

Marchman V. & D. Thal, Words and grammar in M. Tomasello and D.Slobin (eds) Beyond Nature-Nurture: Essays in honor of Elizabeth Bates. Mahwah, NJ: Lawrence Erlbaum Associates. 2005.

Suriya Ratanakul et al: Languages and Cultures of the Kam-Tai (Zhuang-Dong) Group: A Word List (English-Thai Version), Sahadhammika Co. Ltd. 1996

Thomas John Hudak ed: William J. Gedney's The Saek Language, Glossary, Texts and Translations, 1993, Center for South and Southeast Studies, The University of Michigan.

Whorf, B.L: Language, Thought, and Reality: Selected Writings of Benjamin Lee Whorf, By J.B.Carroll. Cambridge, Mass: MIT Press, 1956.